Anonymus

Das neue Narrenschiff

Anonymus

Das neue Narrenschiff

ISBN/EAN: 9783743327740

Hergestellt in Europa, USA, Kanada, Australien, Japan

Cover: Foto ©ninafisch / pixelio.de

Manufactured and distributed by brebook publishing software
(www.brebook.com)

Anonymus

Das neue Narrenschiff

Hie vahet sich an das

neü narrenschiff võ narrogonia zů nutz vnd
heylsamer ler ¿ů vermeiden straff der nar-
heit mit mer erneürüg vnd lēgrüg durch Se
bastianū Brand doctoꝛ iṅ beiden rechtẽ

Aᵒ 1495

Hie vahet sich an das

neü narrenschiff võ nanogonia zů nutz vnd
beyslamer ler zů vermeiden straff der nar-
heit mit mer erneürüg vnd legrüg durch Se
hastianü Brand doctor in beiden rechten

Hi sunt qui descendunt mare in navi-
bus facientes opationē in aquis multis
Ascendūt usqz ad celos et descendūt vsqz
ad abyssos·aia cotuz in malis tabescebat
Turbati sunt et moti sunt sicut ebrius et
omnis sapientia eorum deuorata est·
Psalmo·Cvi·

Ein fourede in das
narrē schiff so zů nutz vnd heilsamer
ler vermanung vnd eruolgung der
weißheit Vernunfft vn gůter sitten
auch zů verachtung vnd straff Der
narheit blintheit irsal vnnd dotheit
aller stadt vnd geslecht der mensch
ett mitt besundarm fleiß·ernst vnnd
arbeit vormals gesamelt vnnd nun
von mimen mit vil schöner spüch-
en exempeln vnd zů gesetzten histori-
en vnd materien erlengert vnd sch-
einbarlicher erklert zů Basel durch-
Sebastianum Brant lerer beyder re
chten vacht sich an selleglich

Das sindt dye sich wagen auff das
mer in schiffen kůnde ir werck in vil
wassern Sy steigen auff bis gen dē
hymel vnnd fallen wider ab biß zů

dem abgrund ir sele was versunckt
in narheit. Sy sindt betrübt wor-
den vnd bewegt gleich wie dunckt
vnnd all ir weißheit ist verschlückt
sy habe geyrt in der eynöde in dem
wassenregen haben sy nit funden dē
weg der stat irer wonung ir sel hat
in inen abgenomen
Psalmo centesimo sexto

Sapientie·xiiij·

Du hast geben in dē mer einen weg
vnnd zwischen dem wasser flüssen
ein aller veste straß·zeygende daz du
mechtig bist auß allen dingē zů helf
fen·ob joch on schiffūg sich yemās
auff das mer ließe·Aber do mit nit
müssig wären die werck dainer weiß
heit·Darumb so vertreüwē auch ein
kleynem holtz dye menschen ir selen
vnd faren über mer seind sy erlediget
wotdē durch ein schiff ꝛc.

a ij

Ber mag wol vom glü
ckrad sagen
Ber im schiff · oder auff
wagen

das narrēschyff

Baudeca   Omes

ad narragoniam

her nach

Nit mit will faren oder
zefusz gon
Der hat sein stim nit zwischen gron

ll läd seind ietz voll heilger gschrifft
Vñ wtz.sel.ere.güt. sydt antriff
Bibel der heiligen veter ler
Vnd ander der glich bücher mer
In maß das ich ser wunder hab
Das niemans bessert sich dar ab
Ja wirt all gschrifft vñ ler veracht
Die gätz welt lebt in vinsterer nacht
Vnd tünt in sünde blindt verharrē
All straffen gassen sind voll narrē
Die fünt dan mit dorheit vmbgan
Wellē doch nit den namen han
Des hab ich gedacht zü dyser frist
Wie ich der narrē schiff auff rist
Galleen.füst.kragē.narrē.pract
Aber weilnig hon nach reischif starck
Schlyr karren stoßberen rollwagen
Ein schiff möche die nit all getragē
Die ietz sint in der narren zall
Ein teil kein für hant überall
Die stieben ia har wie die ymmen
Vil meynē zü dē schiff zü schwymmē
Ein yeder wil vor man sein
Mächer der kübt gar zeyttlich drei
Vnd bleibt dar inn all wile es gat
Ein teil die oft ymmē drein glich |pat
Etdlich der kommē drein am fall
Vnd geben doch glich für lon all
Der bildniß hab ich har gemacht
War yemā der die geschrifft dacht
Oder wellich dye nit künd lesen
Der sicht im malen wol sein wesen
Vnd findet dar inn wer er ist
Weñ er gleich sy watz im gebrist
Den narren spiegel ich diß nenn

In dem ein yeder narr sich kennt
Wer yeder sy würt er bericht
Wer recht in narren spiegel sicht
Wer sich wol spiegelt der lat wol
Das er nit weise sich achten soll
Nit auff sich halten das nit ist
Dañ nyemā ist dem nütz gebrist
Oder der woilich sprechen tar
Das er sei weiß vnd nit ein nar
Dañ wer sich für ein narren acht
Der ist bald zü ein weisen gmacht
Aber wer ye will witzig sein
Der ist fatuus der gfatter mein
Der düt mir auch dar an gewalt
Wañ er diß büchlin nit behalt
Hye ist an narren kein gebrist
Ein yeder findt dar in gelust
Vnd auch war zü er sei geborren
Vnd warumb so vil seint verdorē
Was ere vñ freüd die weißheit hat
Wie sorglich sei der narren stadt
Hye findt mā der welt gantze lauff
Diß büchlin würt güt zü dē kauff
zü schymff vnd ernst vnd allē spyl
Findt man hye narren wie man wil
Ein weiser findt datz in erfreüdt
Ein narr gern võ sein brüdern seidt
Hye findt man doren arm vñ reich
Schlymm schlam ei yedē sint sei gleich
Ich schrot hie ein kapp mächē mā
Der sich des nit gtar nemen an
Hett ich mic im süst also gschimpft
Ich forcht er het sich āders geripst
Doch hoff ich das die weisen all
Werden har inn han wolgefall
a iij

Vnd sprechen auß ir wissenheit
das ich recht hab vnd war geseit
Seidt ich sollch kuntschafft v z im
weiß
so geb ich vm namẽ ei schweiß
Ste müssen hörẽ warheit all
ob es in joch nit wol gefall
Wie wol Terencius spricht das
Wer warheit sagt verdient haß
Auch wer sich langzeyt schnytzẽ büt
Der würft ettwan von im das blüt
Vnd wann man Coleram an regt
So würt die gall gar offt bewegt
Aber ich acht nit ob man schon
Mit worten mich würd hindergon
Vnd schelten vmb mein nutzlich ler
Ich hab der selben narren mer
Den weißheit nit gefallet wol
Diß büchlin ist der selben vol
Doch bitt ich yeden das er mer
Wöll sehen an vernunfft vnd ere
Dann mein wort od schwach gedicht
Warlich han ich on arbeit nicht
zü samen so vil narren bracht
Ich hab ettwan gewacht zü nacht
Do die schlieffen der ich gedacht
Oder villeicht bey spyl vnd wein
Saßen vnd wenig gdachten mein
Ertlich in schlytten vmher füren
Jin schnee das sy wol halbs erfrürn
Ein teil auff kalbs fyeß gingen sust
Die andern rechten ir verlust
Den sy hetten die woch gehart
Vn wz in gwins dar auß möcht gan

Oder wie sy morn wölten liegen
Mit gschwetz verkauffe mäche triege
Te an selben nach zü dencken all
Wie mir ir weißwort werck gefall
Ist wunder nitt ob ich schon offt
Do mit mi gdicht nit würd gestrofft
Gewacht hab so es niemä hofft
Jn dysem spiegel söllen schawen
All gschlecht der menschë man vnd
fra wen
ye eins bey dẽ andern mein
Die man sint narren nit allein
Sunder findt man auch narrie vil
Den ich die schleiger stürtz vn wil
Mit narren kappen hie bedeckt
Metzen hand auch an narren röck
Sy wellen yetz tragen an das
Was ettwan manne schentlich wz
spitzig schüch vn außgeschnitt röck
Dz man dẽ milchmarckt nit bedeck
Wicklen vil hudlen in die zöpf
Groß hörner machen auff die köpf
Als ob es wer ein welscher stier
Sy gant her wie die wilden dier
Werffen die augen hyn vnd har
Vnd gucken inn all winckel gar
So hübsche zucht die wiber kynnen
Es ist güt auff der gassen spinnen
Do sicht man eins vnnd das ander
traben
Do mit verfüre sy vil knabẽ
Die sy grieffen vnd gaffen an
Weyb vnd man müssen kappe han
Doch söllen erber frawen mir

Verzeyhe dañ ich gantz nie jr
Die in dē narren schiff gern sindt
Der selben man ein teil hye findt
Den bösen ist doch niet zu vil
Gedencken zu kein argen will
Vnd het ich jr nie dun gedacht
So wüllen sy dar in mit macht
Sy kemen drein ee morgen zu nacht
Die heiß ich wol die gaffelstirnen
Der selben acht ich nit jr zürnen
Ich weiß auch dz ein teil mich haßē
Vnd spüren ab mir auff der gassen
Spichen ich sei ein frawē schender
Warlich sprich ich ich wer beheder
zu schonen aller frawen ere
Wo sy zu schirmen anders were
Aber die wile die mann all faren
Solt ich die frauē dan gantz sparē
Ich würd erzürnen bald die man
Die kü müß mit dē kalb recht gan
Darumb mit fleiß sich yedes such
Vindt es sich nit in dysem büch
So mag es sprechen das es sy
Der kappen vnd des kolben fry
Vnd hat sich selb wol gehüt
Vnd verdeint ein güte müt
Die im das büchlin geben will
Doch er über sech on yll
Kan er sein dañ nie gedencken
Dem wöll wir kein kapp schencken
Vor do dis büchlin erst außgeint
Gar manig nachred ich entpfeing
Als ich auch noch stets warten bin

Der ein maint er stand nit dar inn
Ich hett noch gar vil über sessen
Der ander meynt sein wär vergessen
Der dryt meint es hett nie ein füg
Es werten on das narren gnüg
Was mā dañ narrē darff zu drucke
Solch nachred müst dis büchlin.
schlucken
Etlich dye sprechē sunderbrangen
Wer ich der narren müssiggangen
So hett man mich auch niet erkant
Vor ist der narr hat mich gebrant
Doch auch zu weißheit geben stür
Gebrennte kind fürchten das feür
Etlich die wolten das nit lesen
Die meynten dem zu witzig wesen
Das sy das narren büch auff detten
Es meynte etlich von den reten
Man solt verbietē mir mein schribē
Solch nachred detten narren triben
Die vorchten das man lert sy kennē
Ich weiß vñ will sy doch nit nennē
Die auff mich auff der gassen düte
Vnd mich verachten by den lüten
Vnd triben in gespot ein lachen
Schaw das ist der kā narrē machē
Als ob ich wer jr müter gseyn
Dye andern richten auß bym wein
Vnd wolten wegen außmessen
Was ich zu vil was ich werd essen
Was recht sy oder vnrecht gesetzt
Do mit mein arbeit würd geletzt
Die selben gsellen ich yetz such

Sint fy vor nit in dysem büch
Dz ich doch gantz vñ gar nit hoff
Das ich fy nit hab ettwan troffen
Hant fy die mettē schon verschloffē
Sy kümen noch zur selnneß wol
Dis statt ich inen behalten fol
Do foll fy auch sunst nyemans irē
Ich wil fy hye zū forderst füren
Vor waren fy villicht do hinden
Darumb fy fich nitt künden finden
Das fy zeitlich vertriben mögen
Ee ander kramer außlegen
Meint yemans das ich in nit rür
Der gang zum weisen für die tür
Vnd leid fich vnd fey gütter ding
Biß ich ein kapp vō frāckfurt brig
Vnd sprech nit das ich fey zū treg
Der bott der ist schon auff dem weg
Das weiß ich dz nyemā gihan jehē
Daz ich vor hab kein narrē gesehen
Dañ ob mir sunst all küst hett gefelt
Ich hett wol ettwan eim gestrelt
yetz strel ich manchē auff dē grindt
Der doch in narrheit ist erblindt
Sunst dunckt er fich gar klüg vnd
Im wer leid dz er baß gesehē woche
Wol wer er weiß geacht gern
Vñ ist ein narr doch heür als vern

Den vortantz hatt man mir gelan
dann ich on nutz vil bücher han
Die ich lyß vnd nit verstan
Doch wer ich in der mucken schon

Vnnütze bücher

Das ich sitz vornan in dem schiff
Das hat warlich ein sundern griff
On vrsach ist es nit gethan
Auff mein libery ich mich verlan
Von büchern hab ich grossen hort
Verstād doch duñ gar wenig wort
Vnd halt fy dannocht in der eren
Das ich in will der fleügen weren
Da mit laß ich benyegen mich
Das ich vil bücher vor mir sich
Vnd ich die bücher all auff kauff
Vnd selten doch dar über lauff
Dañ so eins an der erden leyt
Stoß mit ein füß ich dran zū zeyt
Der künig ptholomeus bstelt
Das er all bücher hett der welt
Vnd hielt dz für ein grossen schatz
Doch hat er nit dz recht gesatz
Noch kund dar auff berichten fich

Der keyser Gardian des gleich
Hatt sechzig tusend zwey dar bey
Bücher in seiner librarey
Auß allen den landen er nit synnen
Das er philippo möcht entrynnen
Vil bücher han das hilfft nit vil
Wann einer sunst nit lernen wil
Was hilfft ein esel das er nit treit
Vil harpffen vn klingt nyemer seytt
Wa man von keinsten reden dut
Spruch ich da bei hab ichs vast güt
Warub wolt ich mich kümern vast
Wer vil studiert würt ein vanrast
Ich mag doch sunst wol sei ei herr
Vnd lonen ein der für mich lert
Warub wolt ich brechen main stym
Doch so ich bey gelerten byn
So kan ich jta sprechen Jo
Des tütschen ordens bin ich fro
Dann ich gar wenig kan latein
Ich weiß das vinū heisset wein
Gucklus ein gotich stultus ein tor
Vnd das ich heiß domine doctor
Des hab ich brief vnd sigel güt
Man zücht auch ab gen mir dē hüt
Vnd gnadeatis man mir yicht
Die narren kappen nit sicht
Die oren sind verborgen mir
Man sehe sunst bald ein smüllas bier
Vil sint doctores an der zall
Wenig gelerter überall
Vil seind die wellen han den name
Die sich ir kfist doch müsse schame
Würff macher für sein tür hin auß
Sein bücher die er hett ym hauß

Vnd lert von erstat ein schareckn
Vn jagt sant Clausen vm partckē
Vnd würd nie meister in eim jor
Der nye kain schüler recht was vor
Vnd stele nit nach dem doctor stül
Er wär den vor wol durch die schül
Vnd durch den bettelsack gelauffen
Vn acht nit auff vil bücher kauffe
Sunder auß wenig bücher vil
Lert vnd laß in dar zu der weyl
Vnd sprech nit ja was darff ich me
Es ist nit not das ich von gee
Vnd sůch ein mayster der mich ler
Ich hab als vil bücher als er
Vnd was er hatt das hab ich auch
Do mit verfiert sich mächer gauch
Der nit ein ganß kennt zu latein
Der will nym vnderwisen sein
Do mit verfert er sich ein wegk
Das er gar offt steckt dieff im treck
Dann ort ein mayster man dick jrre
Ein schiff ort steürmā würt verfürt
Vnd nimpt gar offt ein boden rür
Der fert wol wer sich halt d schnür
Wer sein bücher wol brauchen kait
Den halt ich für ein glerten man
Ich selber solt auch doctor sein
Vnd brauchē vast die bücher mein
So sichstu wol wie ich sy lan
Vn hie mit dē narrē werck vm gan
Doch zu dē weisen ich hin stell
Wo für man dis büch halten well
Ich hab noch bücher wol als vil
Der gleich mā etwahundert myl
Nit solt leichtlich wol finden han

Vnd kan doch als vil als ich kan
Darur machten vil bucher gelart
So weren trucker hoch geert
Man fragt ein yeden trucker noch
Was nůwer bücher erbring doch
Die werden dañ bald auff gezuckt
Darumb wůrt alles das man druckt
Verkaufft ee man weiß was es sei
Danck hab die heilig truckerey
Die hat vil gelerter leüt gemacht
Wie wol sy yetz wirt gätz veracht
Ein yeder acht sy wie er well
So ist noch manch gůtt arm gesell
Dem an der küst gätz wenig gebůst
Der nit wär halber der er ist
Wo nit die trucker in hett
Jn aller kunst als saufft gebett
Das er möch leren heim ym hauß
Das mancher lert nit zů paruß
On bücher kan man schaffen niit
Bůcher wol bruchē macht recht lüt

Wer sich auf gwalt im ratt verlaßt
Vnd feyler vrteil sich nit maßt
Dē mätel henckt wa wynt her blaßt
Der selb die suw inn kessel kasst

Von guten retten

Vil sint den ist dar nach gar natt
Wie sy bald kumen in den ratt
Die doch dz rech gantz nit verstant
Vnd blintlich an den wenden gant
Geschribne recht sint nit me wert
Der gelerten mā nit acht noch gert
Dañ es dar zů yetz leider kymbt
Kein gelerten mā iñ rat me nimbt
Die groten in dē rat nym schnieckē
Die rot pyeret auff jr haubt deckeñ
Vorauß in steten man mit macht
Der gschribnē recht gar wenig achte
Mā dunckt allein vñ macht dz mer
Dem einet volgt man durch sein er
Dem andern durch geuaterschafft
Die selben vrteil hant solch krafft
Man gtar dar von nit appelieren
Wañ sy schon leib vnd gůtt an rürt

Mā acht nit wz die saw joch schrey
Wañ mā vmfragt wer dar an sytz
Als maister küntz gesprochen hat
Der reck ein vinger auffzü stat
Des würt b recht spruch offt gztw
Biß überzwerch sich einer leit (eyt
Vnd macht dz mer bā müß es gon
Die saw die ist im kessel schon
Sy kumbt nit druß sy müß harlon
ï san richter zwischē reich vñ arm
Als vnglich das es got erbarm
Der güt Cusy ist leydrr todt
Achitofel besitzt den rot
Vil sint die wellen sein als schlecht
Vnd setzen auff vil nüwer recht
Aber solt man die mit in üben
Man würd in vast dz antlit trübē
Sy wurdē sich vast dar ab rimpfē
Allein mit andern ist güt schimpfen
Sy gdencken nit das geschribē ståd
Das es sei vnrecht vñ groß schand
Das man eim andern rechte setz vil
Die man doch selb nit halten wil
Der weißmā spricht lüg laid vñ halt
Daz recht dz außgat võ deim gwalt
Ein richter lüg eben für sich
Vñ merck dar auff fürsichtigklich
Das in sein vrteyl nit ettwas
Auß gunst vorcht lieb gab oder haß
Er tåg. laß. handel oder spiech
Do mit er gerechtigkeit abbiech
Sunder die wag er auffrecht hab
Das nit ein schüssel vnden ab
Die and in der hoch auff schwanck

Halt got vor augen vnd gedanck
Von dem er auch süer vrteil wart
Wañ im sein sel vom müd auß fart
Darumb tüg er als Moyses bett
Der all die klag des volckes hett
Getragen für gottes angesicht
Vnd nach dē willen gotes gericht
Auch wer ein recht vrteil gibt schon
Der hüt das er nit hoff dar von
Das er nit mach gerechtigkeit feyl
Do mit verlier got vnd sein heil
Die wonung würt nit füres on
Den die gab nemen vnd myet von
Das recht ist bald mit gold vmkert
Wann im ein kramer wider fert
Gedanck das der kein richter sey
Wem nit gerechtikeit wont bey
Vnd er sich billich des beschaim
Wer im zü eyge eins richters nam
So im gerechtikeit gebrist
Richten vom recht entspiungen ist
Hely sach an sein sünne leyd
Das sy verkaffen gerechtikeit
Vnd vnrech detten manchem man
Vñd er es ließ für oren gan
Darumb die sün wurden erschlagē
Vnd gottes arch hyn weg tragen
Als hely hort solch groß geschiey
Viel er zü ruck sein halß entzwey
Also solt allen den geschehen
Die schwigen so sy vnrecht sehen
Oder die wider recht selb dünt
Do mit die saw in kessel kunt
Mit büten wincken kratzen zeygen

Mit hüste reüspren vnd mit neygē
Jm ratt man dick ein ander mant·
Do mit die zweynis werden gspant
Dye arm saw nit entrinnen mag
Sy müß in kessel vnd inn sack
So bald der.römer recht ward feil
Do gieng ab als jr glück vnd heil
Wer vrteile wöll vñ raten schlecht
Der dunck vñ volg allein zü recht
Auff das er nit ein zaunsteck bleib
Do mit man die saw in kessel treib
Warlich sag ich es hat kein füg
Es ist mit duncken nit genüg
Do mit verkürtzet würt das recht
Es dörfft daz man sich bas bedecht
Ee man die saw in kessel brecht
Vnd witer fragt was mā nit wust
Dañ würt das recht verkürtzet süst
So hast kein rwswort gegen got
Glaub mir für war es ist kein spott
Wā yeds gdächt wz volgt her nach
Jm wer zü vrteil nit so gach
Mit solcher maß würt yederman
Gemesen. als er hat getan
Wie du richst mich vñ ich richt di
Als würt er richtē dich vñ mich (ch
Ein yeder wart nach seinem dort
Der vrteil die er geben hort
Darumb Virgilius in sein hell
Setz wie der stein auff ettlich fel
Ettlich den schwebt er auf dē kopff
Die warten das es sy auch klopff
Das seint die nit vrteilen vil
Beschwert haut biß auff jr zyl
Jeder sein vrteil auch dorte finbt

Der stein klopft mächt auf dē grind
Wer hie nit halt gerechtikeit
Der leyd sy dort mit hertikeit
Kein weißheit gwalt fürsichtikeyt
Kein ratt gott wider sich vertreit

¶ Wer setzt sein end in zeitlich güt
Vñ dar in sücht fraid lust vnd müt
Der greift dem narren wol an hütt
Vnd ist ein gauch wie man jm dütt

Uno geittigkeyt·

Der ist ein narr wer samlet güt
Vñ hat darbey kei fraid noch müt
Vnd weißt nit wem er solchs spart
So er zum vinstern keller fart
Wer nit tar bruchen dz sich zymbt
Der selb gar dick verbotens nymbt
Ein narr verlast sein fraiden vil
Sein sel er nit versorgen will
Vnd vorcht im brest hie zeytlich güt

Nit sorge: was das ewig thůt
O armer nar wie bist so blyndt
vólchest die rub vñ vindst dē grindt
Mancher mit sünden gůt gewint
Darumb er in der hellen brint
Sein erben achten das gar klein
Sy hulfen im nit mit lim stein
Sy lossen in kum mit ein pfundt
So er dieff leit in hellen grundt
Gib wile du lebst durch gottes ere
Nach deim tod würt ein and herre
Es hat kein weiser ye begerdt
Das er möcht reich sei hie auff erde
Sunder das er lert kennen sich
Wer weiße ist der ist me denn rich
Crassus das golt zů lest auß tranck
Nach dem in hat gedürstet lanck
Crates sein gelt warff in das mer
Das es nit hindert in zur ler.
Wer samlet das zergencklich ist
Der grabt sein sel in katt vnd mist
Die kyrch satzt auff vor altter zyt
Nun sol die geytigen weyhen nit
Dann sólche bald die gydt nach gat
Gar leicht sy vo der warheit stant
Sol man die selben yetz nit weihe
Man müst vil pfründe anders leihe
Vo dē do spricht dz geistlich recht
Sy sóllen nit sein als die knecht
In lieb des geltes vñ dienstbarkeit
Dann geit all laster mit im treit
Vnd ist ein wurtzel aller sünd
Durch die ein yeder tab vnd blind
Würt wer dar ei setzt freüd vñ wün
Der sicht golt liebtr dann die sunn

Kein mag er tulden seinen gleich
Der geytzig wei allein gern reich
Der ist der bóst in aller welt
Wer maint dz wachsen sóllt dz gelt
das doch kein wurtzel an im hat
Wie hie in zeyt stets dar nach stat
Den mag ersetigen reichtum kein
Ob er die gantz welt het allein
Vnd hat doch vast ein kurtzē bsytz
Der im nach tod wurd wenig nütz
Vil gelt han manchē übel erspußt
Bóß gelt leib ere vnd sel beschißt
Geydt ist ein falsch erfarerin
Wie sy mutz hab vñ heimlich gewiñ
Des offnē raubs ei geyrlich schlüdt
Sy würt erfüllt zů keiner stunde
Wañ sy nit hat ist sy verflücht
ye me sy hat ye me sy sücht
Die natur zeigt dem menschen an
Das er von gyettikeit solt stan
Dañ vnder allen creatur
Allein der mensch hat die natur
Das sein leib haubtvnd angesicht
Stad aufrecht gē d höch sich richt
Vnder sein fiessen hab die erd
Das er dar durch gemaittet werd
Wie er das oberst gůt betracht
Vnd alles irdesch ding veracht
Der schwalmē mist blent Chobiā
Do im der gdanck des geltes kam
Die well d ber schmeckt auf der erd
Wo im bine hunnig werd
So würt er blind. sei glicht erstickt
Wañ er ins brinnend becken blickt
Durch geyd wart Phynaus auch
erblant

Vñ im harpiezů gesenbt (erblent
Die ym sein speiß beschissen gar
Das er sy nit brauchen gran
Gyezi wart maltzig vnnb das
Er gelt sůcht vñ so geyttig was
Achor ward von dē volck verstaint
Das er den raub behalten meint
Judas do er das gelt entpfieng
Gar bald er an ein strick sich hyng
Ananias starb gechling
Do er dem heiligen geyst wolt liegē
Vnd gelt behalten mit betriegen
We eüch die hauß vñ heüsser brechē
Ein acker zů dem andern stechen
Seind jr allein dañ auf der erd
Dz niemās sunst dar von nit werd
We we dir der du rauben bist
Du würst beraubt in kurtzer frist
We auch die reich seind in Syon
Mit grossem pomp in kürchē gon
We dem der samelt nit das sein
Ein dicken kautt hauf wider ein
We dem der gyttikeit jm sambt
Vnd zů bösen sein hauß verdambt
We eüch jr reichen die do handt
Vrrer zů flucht zů gelt vnd pfandt
Weinen vnd heülen vast mit leidt
Auch kunibt bald üwer traurikeit
Vrrer reichtum sint faul vñ schrätz
Die kleid von schaben gessen gantz
Das gold vnd silber rostig ist
Der rost als eüer fleisch durch frist
Vnd wür eüch zeügmiß tůn bekant
Als weren jr vom fäür verbrant
Dz ist ein merwunder gantz glich

Das alt leüt karcheyt fleissen sich
Das einer hat auffzerung acht
So er sein reiß yetz hat volbracht
Vnd wenn der weg auffhören will
Das er erst sůch bereitschafft vil
Die erd all keind enpfahet bloß
Nimbt vns nackt wider in jr schoß
Vñ hāt wir sölch gieß ägst vñ nat
Wie wir auff zieren mist vnd kat
Belydes schöppfen tag vnd nacht
Hant noch kein wasser zamē bracht
Dañ jr einer kein boden hant
Das wasser schleüft als in den sant
Gleich wie eins wasser sůchē mag
Mit wasser nyeman filt den tag
Als durst in geydt des kragen müt
Wie Cantalus im wasser tůt
Dañ mit dē reichtum wechst d gytz
Wer aller meyst hat der hat nütz
Ob glück so vil vns auff ein stunde
Gold geb.als sandt in meres grund
Oder als sternen ob.vns sinde
Noch wer mēschlich gemüt so bilb
Das es dannoch nit reindert klag
Vmb gůt het sorg vñ angst all tag
In hunger vnd durst seind behafft
Ist allzeyt geydtes eygenschafft
Der geyttig ist gleich wie ein hunnt
Der ein stuck brots enpfachet i můd
Oder fleisch vñ verschluckt dz gätz
Vnd wartbald auff ein and schätz
Der geyttig ist neüt dann ein eyst
Dar auf der lāds fürst etwrā vischt
Dar auß der rauber sich ernert
yeder mit pfysen dar über fert

Dē kargē g'schicht gleich wie d' ül
W. e wol die vast hat vedern vil
So dar si doch auß fliegen nit
Es sey d.ann etwann nachtes zyt
Dann ir all vogel seint so gram
Vnd ruppfen ston durch vn schame
Ein reicher hat me not zu güt
Denn hab ein ygel nach dem blüt
Dann sy hört auff wann sy ist voll
Ein reicher der sugt ymer toil
Kein gelt den geidt ersettigen kan
Sunder reytz es in ye me an
Dar vmb der geitig darff stäts me
Wer nüt hat der veracht es ee
Reichtum die soll man bruchē wol
Mißbruchen man sy doch nit sol
Reichtü die soll man bruchen recht
Gleich wie mã brucht ein stolzē kne
Gelt soll mã haltē so auff ab   cht
Dz nie d' knecht dein meyster werd
O wie vil seind erwürgt dar an
Die meinten gelt für gott zü han
Vnd so si brachtē vil zü huff
Als solt man ein durm bauwē druff
Vnd meinten han die rechte sum
So stieß die kü den kübel vmb
Als müsten si von gelt vnd huß
Dem schimpf dem für der bodē vß
Die gröst reichtum auff aller ebt
Hat der der reichtum nit begerde
Dann keiner mag mer reichtü hart
Daũ wer ganz neüz gert dar van
Der geytig niemer sillet sich
Wie wol benügt d' ist vast reich rc

Wer vil neü fünd macht durch die
Der gibt vil ergernyß vn schädlich lad
Vñ trieht im selber eyn ein brand
Das in der nart nit kum von hand

Von neüen fünden

Das etwã was ein schantlich ding
Dz wigt mã yetz schlecht vn gring
Ein ere was etwan tragen bert
Das wz gar manlich schö. vn wert
Do wurden man auch billich geert
yetz hand die weibischē geüch gelert
Vnd schaben all tag jr zwileckbackē
Si wäschēs dz sy werdē schmackē
Vnd schmiere sy mit affe schmalz
Vnd tünd entblössen nack vn halß
Vil ring vnd grosse kettin dran
Als ob sy vor sant lienhart stant
Der menschen bald thüt enbinden

Das er sein kettin nim kan finden.
Mit schwebel.hartz.biffen das har
Dar eiu schlecht er dan eyerklar
Das es jm schiff elkoib werde kruß
Der henck den kopff zů fenster auß
Vñ blaycht dz har bey ummer feür
Dar vnder werdendt leüß mit teür
Die treügen yetz wol in der welt
Dz tůt all kleyder seind voll felt
Rock.metel. hembder vñ biustůch
Pantofel.stifel.hosen.schůch
Wild kappen.metel vmblauf drã
Der teüdtsch sitt will gantz aufgan
Mã wirt schier büstab schreibe drã
Das man sech an der lyberey
Was gschlecht der naren yeder sey
Dañ treit man kurtz.dñ lange röck
Dañ grosse hüt.dañ spitzig mit eck.
Dañ örmel lang.dañ weit.dañ eng
Dañ hosen mit vil farb vñ spreng
Ein fundt dẽ andern kü entweicht
Dañ meschlich gemiet ist also leicht
Das zaygt das in dem hertzen leytt
Ein nar hat endrung all zeyt
Dann d weiß mã spricht dz dz kleit
Waz in dem menschen steckt vßleit
Wir wanckelln vast in aler schand
Vil neüwerung ist durch alle land
Etlich beschroten jre röck
Das einer kum den nabel deck.
Kein grösser schad wüst an zů tůn
Anon der künig Naas sun
Den botte dauids.dann das er
Von ersten in jr bärt abscher
Dar nach ir kleider ab ließ hauwen

Daz es ein schand wz an zů schowz
Für war spnich ich wer ye erdacht
Das man die teütsche dar zů bracht
Das sy so schentlich eynher gan
Der hat in groß schmach an getan
Er möchts kü mer geschmecht han
Vnd hat sich baß an in gerochen
Dañ het er jr gar vil erstochen
dañ wã tütsch landt sein tapfarkeit
Verloren hat vnd erberkeit
So ist es bald darumb beschehen
Das mã würt grossen jamer sehen
Pfuch schand der teütschen nacion
Das die natur verdeckt will han
Das man dz blößt vnd sehen lat
Darumb es leider übel gat
Vnd würt bald han ein bösern stãd
We dem der vrsach gibt zů schand
We dẽ auch d solch schad nit stroft
Jm würt zů lon me dann er hofft
Darüb wer sich kleidt ander me ß
Võ farb vngstalt läg kurtz vñ groß
Dann im rõ seinem stadt sich zym
Ober der gmein brauch zeignet ym
Der selb ist gottes stroff vnd zorn
Warten als got selb hat geschworn
Ich will mein straff über die lon
Die inn eim frömdē kleidt her gon
Vor auß wie priesterschaft mit sitte
Geziert sont sein erlich beschnitten
Als sollens auch geziert sein
Mit gemeineẽ kleid.erlich vnd fein
Mã sech yetz pfaff n ünch prelatẽ
Wie sy im seltzen keidern wratẽ
Vnd kersehen ein teil auff der erd

Vnd gont mit seltzen weiß vnd gbard
Den leyen sy sich glichen wend
Die kleider hinden seind zertrent
Vnd müssen han ein langen splatt
Das es kein zier hat nach gstalt
Mã muß in sehen wamß vnd hosen
Die hofzuch bringt die frantzosen
Breit müler jr pantofel haben
Man streiß dar ein ein karchen nabe
Laid gand lüsischen auff der erd
Do mit der stab bewegt werd
Als kemen hundert reisig pferd
Doch kümt sy vns ein deinst dar an
Das in der katt bleibt hangen dran
Vnd segen vns strassen. vn gassen
So sy das katt all an sich fassen
Ein über schwencklich zier an kleide
Gibt anzeig einer üppikeit
Hört was got Esaie sprech
Darumb die dochter Syon frech
Auffrecht mit gestreckten helsen stãt
Vnd mit den augen wincken gant
So wirt der herr sy machen kal
Vnd blössen jr haubt überal
Vnd wirt hin nemen auff ein tag
Dz mã kein zier der schüch me trag
Kein ring kein ketten kein fürspang
Noch kein gezier am hör me hang
Der sieß schmack wirt sticken vertier
Die gulden schnür ein seyl wirt hert
Die seiden bind ein hrrin kleid
Kal wirt der kopff der krus har treit
Het Absolon kein har gehan
Er wer ghangen nit dar an
Der reich man trug purper vn byß

Vnd was noch todt der hellen griß
Holofernes saß in purper goldt
Jn edlen gsteinen wie er wolt
Wie er sein tag hat die getrangen
Ward er von Judith dun erschlage
Herodes hat an guldin kleide
Das er im göttlich ere zu leidt
Vnd ward võ engel gotts geschlage
Dz würm sei ingeweidt durch nage
Jch dürfft einer eygnen liberey
Solt ich eins yeden fantasey
Beschriben vñ solch nerrisch ding
Wie yeder ettwas neiis auff bring
Aber das sy der pschluß dar von
Was sünd vñ schad dar auß entsiõ
Das würt der leyden pein mit ein
Wer auff bracht hat in die gemein
Ein neüwe fund vñ bruch im land
We we der welt vor sünd vñ schad

Wie wol ich auff der grüben gan
Das scheintmesser im hinder han
So vicht mich narheit als vast an
Das ich jr nie entrinen kan

Der alt narr

Mein narheit laßt mich nit sei greiß
Jch byn vast alt doch gãtz vnweiß
Ein böses kind von hund ert jor
Den jungen trag ich die schellen vor
Den kinden gib ich regiment
Vnd nach mir selb ein testament
Das mir leid würt nach meine todt
Jch gib exempel vnd böß rodt

b j

hayntz naß

Dz würt mich nach mei tod ergetzē
Das er mich wiert so gantz ersetzen
Jr treibt ietz gātz seins vattis gbeidē
Er wiert ein gsell jm haffen werden
Vñ sprechen zů dem iungen nůn
Also wolt ich vnd also tůn
Waň es mir noch als wol zů stund
Da welt halb sůst vercht ich kei sůd
Jch wolt noch diß vñ yens erdēckē
wie ich auß sünd hobloch vñ glēcrē
Vñ wolt mich haltē das mā sprech
Das ist ein schöne fraw vnd frech
Aber der pflůg ist mier gzogen
Durch mei zwilchback seite vñ au
Vñ hat mier runtzeln eingestert (gē
Die ich mit tyrē netz hab geschmirt
O leben wie bistu do hin
Nů wolt ich doch gern frölich sein
So will die hitz mier bleiben nicht
Gleich wie einer altē badstub gschi
Do helena in spiegel sach (cht
Jr runtzen do weint sy vnd sprach
Wie bin ich zů dem alter kummen
Warům hat mā mich zwirē gnome
Vñ durch mei schön geraubet mich
So yetz so vngestalt bin ich
Do mylo in sein alten tagen
Sach ringen vñ ein ander schlagen
Do weinte er vnd besach sein arm
Vñ sprach o sterck daz got erbarm
O war zů seine nun glyder worden
Mir was auch wol in disen orden
Nur seind die arm nun leider todt
Do mit der alter yetz vmb gatt
Aber wil gantz kein witz me hau

Vnd treib was ich iung hab gelert
Meine boßheit will ich sein geart
Vñ gthar mich rieme meiner schād
Das ich beschissen hab vil land
Vñ hab gemacht vil wasser trieb
In boßheit ich mich alzeit iieb
Vnd ist mier leyd das ichs nit mag
Volbingen me mein alten tag
Aber was ich yetz nymm mag thůn
Wil ich entpfelchē heintz meim sůn
Der würt tůn was ich hab gespart
Er koppt yetz mir nach in die art
Es stat im dapfferlichen an
Lebt er es würt auß im ein ma n
Er schickt sich gar wol in das spil
Freilich es wirt im nit zů vil
Man můß sprechen es sey mein sůn
Daß er dē schelmē recht wirt thůn
Vñ wirt sich in kein důrgē sparen
Vnd in dē narrenschiff auch farē

Brüder ainrat wil bamzen gan
Susannen richter zeigten woll
Was man ein alten trauwen soll
Es ist auß gangen als vns seit
Die gschrifft. von alten all bosheit
Von dem Cecilius vns seit
Das seint die alten in nariheit
Das sy seind argwanig on syn
All erberkeit verlast in ym
Der allter etwan erlich was
Do er sich weißlich hielt vnd baß
Do was er aller eren wert
Des alters yez gantz niemäs gert
Ma schäbt sich sein in wild gstalt
Vnd begeren doch all werden alt
Der alter ist darumb vnmer
Das er sich weiß der weißheit ler
Vnd hat sein jungen tag verzert
Das er nit recht ein hat gelert
Sein krefftig zeit hat er geleit
An wolust vnd an yppikeit
Vne würt auch von den sünde ee
Verlassen. dann er selbs ab stee
Darumb wann er in alter kund
So lebt er on syn als ein hemd
Die heilig gschrifft die alten nennt
Sy seyen in weißheit erkene
Darumb die priester alle sant
In der gschrifft werden alt genant
Lüt das sy alt narten söllen sein
Sunder das auß weißheit schein
O wie vil findst redlicher leit
Die erlich gelebt hand lange zeit
Der weißheit stat in übung hart
Biß in den todt generet ward

Als Sophocles. Hesyobus
Synmonedes. Stesichorus
Homerus vnd pythagora
Zeno. Celantes. Seneca
Democritus vnd Socrates
Themistocles diogenes
Als quintus fabius maximus
Scipiones vnd sabridus
Curü Corü canius
Vnd der blind appius claudius
Der hat neün kynd gewachsen schö
Die im so ghorsam vnderton
Waren wie wol er alt vnd blint
Wz als nit vil yez kinder sint
Solon wolt des beryemet seü
Dz im all tag gieng weißheit ein
Vnd das er alt wurd durch sein ler
Catho ün rechnet für grosse er
Das er was alt bey neüntzig jor
Vn hat kri kriechsspiach gelenet vor
Vnd lert die selb im alter doch
Als ob er war ein jüngling noch
Plato was achtzig jar geert
Vn starb das er noch schüb vn lert
Des gleich socrates hie vor
Lerend lebt neün vn neüntzig jo:
Des selben maister Gorgias
Hundert vnd siben jar alt was
Vnd hort nye auff an seiner ler
Jo do man von im vorschet ser
Was in so lang glust leben doch
Gab er ein antwurt. ich hab noch
Kein vrsach das ich schelten sol
Den alter. dann er thüt mir wol
Das was ein selig antwurt schon

b ij

Die von eim weisen auß solt gon
Was mag den alter frawen mer
Dann dz er leß sollch kunst vnd ler
Die er hat gelert sein iungen tag
Do mit vertreibt er leyd vnd klag
Cyrus.als penophon vnß seyt
Do er lag streben im abseidt
Sprach er het entpfunden nye
Das er wär krencker worden ye
Im alter.dann er was dar vor
Do er noch bet sein kintlich ior
Dreihundert ior er lebt Nestor
Als sagen ettlich geschrifft für wor
Sein honigsuße wort im doch
Vom mund im alter flussen noch
Das Agamemnon im wunst mer
Das er het seiner fünff im her
Dä er ye wunst das er möcht han
Ze hend.als aiar was ein man.
Der doch wz starck iüg frödig gar
Jo sprach d fürst der kriechen schar
Hett ich fünff vnserm nestor glich
So müst troy bald auffgeben sich
Man liße von Masunssa das
Er neünzig iar seins alters was
Noch gieng zü füß er also ser
Das er keins rosses achtet mer
Vnd wann er reit steig nie ab
Als ob er mied wär worden drab
Kein reg in dar zü brachte noch kelt
Das er sein haube ye deckon welt
Vnd was sein leib so trucken doch
Als ob er all sein hytz het noch.
Zü lacedemon die rattsherren
Nant man die alten.in zü eren

Man nam kein iuugen do in rott
Daim wenig nutz von in entstot
Zü rom man sy die vetter nant
Senatores durch welsche lant
Alein die teütschen nienen kindt
Die nie zum scherer kommen sint
Die müssen vrteil spalten leren
Ee dann sy ye kein vrteil hören
gleich wie schwach blöd seid die kind
Die iungen starck vn freüdig sint
Mit nutz die manlicheit vmb gat
In dapferkeyt der alter stat
Das gibt dye natur yedem ein
Seon in seim wesen vnd stet sein
Vn ob wir anders sihen dick'e
Dz kümpt ettwan von vngeschickt
Als ist es vmb ein alten ouch
Der weiß solt sein vnd ist ein gouch
O alter war gedenckst du hin
Du hast vil iar vnd wenig sinn
Du hast mer acht das dir sey leidt
Daz du nim treiben macht bescheit
Dann das du reüwen do von hast
Dz du doch nim volbringen magst
Aber was vrsach ist dar an
Dn hast dein tag nie güts getan
Darumb wil dier gott ginnen niet
Daz du solt hie,en hie'in zyt
Manchen dem hindert got sein f P
das er in nie erhören müß.
Ein alter nar seiner sel nit schont
Schwer ist recht tün ders nitt hatt
                    (gwont
Wer sein kinden übersicht
Irn müwil vnd sy straffet nicht

Dem wiert ein sollch spil zů gericht
Das jm zů letst vil leides geschicht.

Von ler der kind

Der ist narheyt gantz erblindt
Der nit hat acht daz seine kind
Mit züchten werden vnderweiße
Vñ er sich sunders dar auf flaißt
Das sy gont jrloß on all stroff
Gleich wie on hyertē gont die schaf
Vnd in all mütwil übersicht
Vnd meint sy dürffen straffēs nicht
Sy seyen noch nit bey den joren
Das sy behalten in den oren
Was man in sag straff oder ler.
O grosser dor merck zů vnd hör
Die jugent ist zů behalten gering
Sy mercket wol auff alle ding.

Was man in neüwe heffen schitt
Den sellben gschmack verlont sy ni
Ein iunger zweig sich biegen lat
Wann man ein alten vnderstat
zů biegen so knelt er entzwey
Zeitlich straf brigt kei sorgklich gsch
Die růt ð zucht vertreibt no sch (rey
Die narheit auß des kides (matz
On straffüg seltē yemās lat (hertz
Alls übel wechßt dz man nit wert.
Hely was recht vnd lebt on sünd
Aber das er nit strafft sein kind
Des strafft in got das er mit klag.
Starb vnd sein sün auff ein tag
Das man die kind nit ziechen will
Des vindt man Catheleinen vill
Es stünd yetz vmb die kind vil baß
Geb man schůlmeyster jn als es wz
phenix den pelius seinem sün
Achill sůche vnd zů wole thůn
philippus durch sůcht kriechē laub
Biß er seim sun ein meyster fand
Den grösten künig in der welt
Ward arestoteles zůgeselt
Der selb platonem hort lang ior
Vnd plato Socratem bar vor.
Aber die vetter vnser zeit
Dar vmb das sy verblent der geyt
Nemen sy auff söllich meyster nun
Der jm zum narrē macht ein sun
Vnd schickt in wider heim zů huß
Halb narrechter dann er kam druß
Des ist zů wundern nit dar an
Das narren narrecht kinder han.
Vor auß der weiber täding ist

b iij

Sy wolten gar gern alle frist
Vß yeren kinden ziechen herren
Aber wen man sy zucht soll leren
Vnd sy mit worten straiche anfert
Nein sprechen sy. der ist zühert
Er halt mein kind so gar on massen
Es ist nit vm ein baum gewachsen
Das man es also hert soll halten
Ich ließ sein ee als vnglück walten
Soll ma mier mei kind also schlagẽ
Es möchtz ein esel nitt ertragen
Ich wills dem meister also sagen
Das er es freilich keim me thüt
Er ist ein schelm jm leib vnd blüt
Schaw zü wie hat mein kind sölch
Die schnatẽ seid i auf geblasẽ(mal
Er sols keim narre han gethon
Mei kid müß nimer i die schülẽ gon
Es müß mir nu do heim wol bleibẽ
Solch wort künt nancht frawẽ trei
Vñ meinen kinden also helffen (bẽ
So werdẽ lappẽ dar auß vñ gelffen
Vnd nemen in der weisheit zü
Gleich wie in gugeln gsang ein kü
Vor auß die wittwẽ wend nit leide
Das ma jr kinder straff zü zeitten
Sprechẽ sollt ich dz lassen geschehẽ
Vnd solle vor meinen ougen sehen
Das ma mir hielt mein kind so hert
Man schlöcht es als het es gemört
Samer botz hür ich wils nit thün
Ich han nur den eynige sün
Dẽ mir sein vater hat verlossen
Ich wil jn in kein kercker stossen
Das ein yder in halt wie er well

Er mag sunst sein ein güt gesell
Ob er schon neüt kan dañ sackpfeifẽ
Vñ flügen an der stiernen greiffen
Sein vater hat jm wol so vil gelon
Das er wol mag zü den gesellen gon
Es gerade warlich gar selten wol
Wann ein wittwen erziechen sol
Ein kind dz es recht wol gerot
Das ist sunder gab von got
Got geb meiner müter ewigs leben
Die mich all zeit zü ler hat geben
Wie wol sy ist im wittwen schein
Gar nach bey dreysig jaren gesehen
Was doch jr fröd das ich lert gern
Es wolt sy meiner gsicht enbern
Ir hoffnüg ich würd ein güt gesell
Ich sey geraten wie ich well
So geb jr gott in himels tron
Sein segen. tu vnd ewig lon
Crates der alt sprach wann es jm
zü stünd. wolt er niett heller stimm
Schreigẽ. Jr narren vnbedacht
Ir hant zü sameln gelt groß acht
Vnd achten nit auff eür kind
Den jr solch reichtum sameln sind
Aber üch wirt zü letst der lon
Wan eür sün in rat seit gon
Vñ zucht vnd eren stellen nach
So ist in zü dem wesen gach
Wie sy von junger hand gelert
Dañ wirt des vaters leyd gemert
Vñ frist sich selbs das er on nutz
Erzogen hat ein winterbutz
Etlich tünt sich in büben rott
Die lestern vnd geschmehen got

Die andern hencken an ſich ſeck
Dyſe ver ſpilen roß vnd röck
Die werden praſſen tag vnd nacht
Das würt auß ſolchē kindē gmacht
Die man nit in der jugent zücht
Vnd mit eim maiſter recht verſicht
Dann anfang. mittel. end der ere
Entſpringt allein auß güter lere
Ein loblich ding iſt edl ſein
Aber frömd iſt es. vnd nit dein
Es kummbt von dein eltern har
Ein köſtlich ding iſt reichtum gar
Aber das iſt des glückes vall
Das auff vnd ab gang wie ein ball
Ein hübſch ding der welt glory iſt
Vnſtatbar doch. dann alzeyt gbriſt
Schamheit des leibes mā vil acht
Wert etwan doch kum über nacht
Gleich wie geſuntheit iſt raſt liub
Vnd ſtilt ſich ab doch wie eni dieb
Groß ſteck achtmā für koſtlich hab
Nymbt doch rō krancheit alter ab
Darumb iſt neützig vnd ölich mē
Vnd bleiblich bey vns. dann die ler
Gorgias fragt ob ſelig wer
Von Perſia der mechtig herr
Sprach Socrates ich weiß noch
Ob er hab ler vñ tugēd ycht (nicht
Als ob er ſprech. das gwalt vñ gold
On ler der tugend nützt ſoll

Wer zwiſchē ſtein vñ ſtein ſich leit
Vnd vil leüt auff der zungen breit
Den wol iſt mit zwitrechtikeit

Den widerfert bald ſchad vñ leyd

Zwitracht machen

Mancher hat ſunder fröd dar an
Das er verwirrt yederman
Vñ manchen mag diß hör auff baz
Dar auß vnfrütſchafft ſpringt vñ
Mit hinder red vñ llegen broß (haß
Gibt er gar manchem dick ein ſtoß
Der das erſt über. laſt entpfindt
Vñ machet ein vintb auß ſeyn fründ
Vnd das ers wol beſiglen mög
Lügt er das er vil dar zü lög
Vnd wills in beichts weiß han getō
Das nit verweiſung kum dar von
Vnd wil neützt mit zü ſchaffen han
Dann er es vnder der roſen het
Vnd in dein eygen herz geredt
Vñ wär im leid das man s vernem
Vnd das es weitter auß hin kem

Meinen do mit gefallen wol
Die welt ist sollich zwytracht vol
Lieber gfatter was soll ich sagen
Die hat dē müpf auff euch geschla
Vnd hinder redet euch so vil (gen
Das sy euch wärlich sagen will
Ich wolt. vnd ist mir sicher leidt
das euchs ein ander hett gescidt
Aber ich mags euch nit vschweigē
Der hymel hangt nit als voll geigē
Getruwen im nit gantz zu wol
Jr werdens inner auff ein mol
Dz ich euch recht vñ war han gseit
Es ist nit als es wollen dreit
Vnd ist mir leid durch mein blut
Das es euch als vnfreintlich thut
Ich beins erst innen worden necht
Jo gfater wüsten jrs erst recht
Es wurd euch wund von im nemē
Das es sich nit tut offenlich schemē
Doch liebe land es bey euch bleiben
Die mann dye leren das von weibē
Das man eins auff der zungē trag
Weitter dañ auff eim spyttel wag
Als Chore tett vnd absolon
Das sy groß anhang mochten han
Aber es schlytz in übd auß
Jn allem land ist alchynius
Der freünd zertrag vñ hinder lieg
Vnd zwischen tür vnd angel tieg
Sein viger. doch wirt mächer kliebt
Ders doch zu klagē sich beschembt
So würt auch manchē dick dar vō
Das im gibt verdienten lon
Als der der Saul erschlagē hett

Vnd die do todtē hisboseth
Als dem der zwischen milstein leidt
Gschicht. wer vil zwitracht macht
Mi sicht gar bald am wesen (alzeit
Was einer sagt vñ sey ein man (an
Waß er mit lip lap reding kumpt
So merck im wol an zu stund
Ob es gantz auß eim güten grund
Bürg man ein namē hinder die tür
Erströckt die oren doch er für
Syderites der schenelich stein
Der ist yetz allenthalb gemein
Do spricht Solinus wo der ist
Macht er zwitracht zu aller frist
Den stein warff iason in Colchida
Vnd Cadmius in boecia
Vnder die brüder die do woren
Erst newlich auß der erd geboren
Das sy den neythart wurden spilen
Biß sy all todt zu boden fielen
Durch den stein ward Troia gfalt
Vñ mindert sich der Römer gwalt
Auch aller anders reich ab nam
Durch zwitracht wie es erst auff kā
Do der stein kam gen Babylon
Do wolt der turn nym fürbaß gon
Das vneins Arstobolus
Was mit sun brüder hicanus
Des kam gantz in der Römer hand
Durch ponpeyum dz jüdisch land
Discordia hat Epfel vil
Die sy noch ettwan vnderweill
Würfft zwischē freid vñ güt gesellē
Daz sy jr freintschafft ab tilnt stellē
Als sy verwürt die drey gespylen

Die mal ... gefiel ii
Das zwo ... ... obste meine
Biß Pariß red an auf bescheint.
Das Jsmahel ward abgescheiden
Von gottes volck. under die heyden.
Was nit sein muter schuldig dran
Sunder das er wolt zwitracht han
Mit Jsaac. vnd in zü setzt
Ward er am recht seins erbs gelegt.
Wen brüderliche lieb verdrüsst
Vnd er mit zwitracht die bescheisst
Das er tugend in laster kert
Vnd mit liegen. varheit verkert
Der selb variat got durch sein haß
Vnd thüt ein mort gleich wie iudas
Der selben opfer gott nit sicht
Jr gab ist im genem auch nicht
Wer zwitracht vnd vnhelligkeyt
Macht vnd in im verborgen treyt
Von den der prophet also seyt.
Herr löß mein sel zü aller stund
Von böser zung vñ falschem mund
Selig ist wer do ist bedeckt
Das in kein böse zung befleckt
Solch zwitracht vnd vnhelligkeit
Der teüfel dick inn klöster treyt
Das die doch fridlich solten sein
Vnd andern geben gütten schein
Jn zwitracht fallen vnd mißhell
Do nit besitzt er hey manche zell
Dann er weißt das vneinigkeit
zerbricht vil stet vñ macht groß leit
Vñ dz die menschen durch mißhell
fallen in grosses vngefell.
Als hat die cristenheit yetz lang

Gelitten abbruch vnd abgang
Die weile vnhelligkeit regiert
So würt dz schifflein übel gfiert
Do mit der dürck yetz triumphiert.
Des gibt vegecius ein ler
Das der do haubtmã ist im her
Lüg ob er zwitracht durch all sachẽ
Vnder sein veinden. müg gemachẽ
Vnd zwischen in mach hoi auf hoi
So hat ers spil gewunnnen voi.
Do der erst Soldan sterben wolt
Gbot er. das man berüffen solt
zü im all sein sün zü dem bett
Das yeder ein rüt bey im hett
Do er sy all schon voi im sach
Mit wolbedachtem müt er sprach
Das sy zü samen binden solten
Vnd lügen ob auch brechen wolten
Die rüten also zesamen gbunden
Die sün zü brechens vnderstünden
Aber jr keiner mocht es thün
Do gbot er das ein yeder sün
Jn sunders brech sein rüt allein
Als brachens sy zü stucken klein
Sprach er als ist auch üwer reich
Wañ eins seind vnd fridsamlich
Vnd jr es mit ein ander haut
Mag eüwer reich wol han bestãdt
Aber wañ jrs nit went bekennen
Vñ durch zwitracht eüch tün zer
So müge jr nit blaibẽ schon (trennẽ
Vnd würt bald eüwer reich zergon
Micipsa der der auch des gleich
Jch laß eüch sprach er ein güt reich
Wann jr eins wöllen sein vnd güt

Wo üwer einer das nit thůt
Vnd zů zwytracht sůch böß vrsach
Sag ich wurt eüer reich zů schwach
Sertorius do sein ritterschafft
Nit wolten streiten sampt behafft
Sunder wolten zelen jr schar
Ließ er zwäy roß in füren dar
Eins starck vñ jüng.dz and schwach
Vñ rüfft ein alten man vñ sprach
Er sole des starcken rosses schwantz
Mit eyntzige har auß ropfen gantz
Das selb geschach.dar nah er wolt
Das man dem schwache ziehen solt
Auf ein mal auß sei schwätz vñ har
Das möcht doch nit geschehe zwar
Dar auß zeygt er was würt zerteilt
Das das dest leychter würt geseilt
Dann yedes reich zerteile in sich
Mag nit vor stan dem wider stich
Als dett auch Storylus sein her
Er ließ zwen hund sich beyssen ser
Vnd mit den zenen grüslich rauffe
Bald ließ er ein wolff gen in lauffe
Do des die zwen hund namen war
Sy liessen von irem beissen gar
Vnd detten sich zů samen beid
Den wolff zů iagen durch dye heid
In wer sinst beyden geschen leid
Auß zwitracht dick vñ vil geschicht
Als Aristoteles bericht
Das vnfal weich auß keiner sach
Als den zů Syracusa gsach
Durch frid auf wrachse kleine ding
Vnfrid zerbricht die grossen geding
Treü vñ lieb macht all ding erhöcht

Vntreü sein eygen herten schlecht

Wer nit kan sprechen ja vnd nein
Vnd pflegen ratt vñ groß vñ klein
Der ziech den narren pflüg alleir
Vñ mach sein gauch mir nit gemein

Nit ratts pflegen

Der ist ein narr der weiß meint sein
Vñ weder glipf noch maß tůt schei
Ja wenn er weißheit pflegen will
So ist ein gauch sein veder spyl
Vil seint von worten weiß vñ klůg
Vnd ziehen doch den narren pflůg
Das schafft das sy auff ir weißheit
Verlassen sich vnd bescheidikeit
Vnd achten auff kein fremden ratt
Biß in vnglück zů handen gat
Sein sinn Thobias allzeit lert

Das er an weisen rat sich kert
Dar vmb das nit volget gütem rot
Vn den veracht die haußfraw loth
Ward sy geplaget durch got dar vō
Vn māst do zū eim zeichen ston
Großmechtig land die seind zerstört
Durch rätt die mit waren gelert.
Vnd retten ein kindschen aufschlag
Biß in die pfeiff im himel lag
Do Roboam nit volgen wolt
Die alten weisen als er solt
Vn volget den narren do verlor
Er zechet geschlecht. vn bleib ein dor
het Nabuchodonosor Daiel ghört
Er wär nit in ein tier verkört
Machabeus der sterckest man
Der vil groß tugent hat ge. hat
het er gefolget iorams rott
Er wärni e so erschlagen todt
Wer all zeit volgt sein eygen houbt
Vnd güte rat nit volgt vnd globt
Der acht auff glück vn heil gātz nit
Vnd will verderben ee dann zyt
Ein freündes rat niemens veracht
Wo vil red seid ist glück vn macht
Achitofel sich selber rodt
Das Saul nit volget seinem rot
Der vas in rat sein heren frind
Vn durch sein tod seins selbs rindt
Wer nit mag han das man in lert
Dem gschicht recht wz im widfert
Wer nit gern hat das man jm rat
Dem gat es wol wie es im gat
Dem heren we der lieber hat
ein pfeiffer dann ein träien rat

Der me acht himb vnd weder spyl
Dann das er hab gelerter vil
Der gschatzt schreyber pomponius
Der spricht in einer gschatzt allius
On kunst ist sunst kein leben mer
Vrsach des lebens ist die ler
Als hab ich bracht mein tag do har
Spüche er biß noch jns achzigst iar
Noch ist mier wie ich hör die stim
Die iulianus sprach von jm
het ich ein süß gesetzt in das grab
Dannocht stünd ich der ler nit ab.
Des gleich ō alt sant Augustein
Der gar vil iar was bischoff gsein
Spiäch ich wölt in mein alter gern
Das ich möcht vō eim kindlin lern
Wie ich got vnd dē menschn leb
Vnd von meim lebē rechnung geb.
In allen zweifelhafften sachen
Sol mā rat han. vn äschleg mache
Vn samelln auß dē land die alten
Do mit mag mā ein land behalten
Das es in gütē weisen stade
Dann alte weisen gent güt rat
Voi auß dapfer vnd erfarē
Seint. vnd kein träi noch warheyt
Die selbe erfolge hie groß ere (spare
Doch würt dort ir loning niere
Ob schon die fürsten etwan haben
Me freitschafft zū a köppliß knabe
Dann sy zū güttenn rätten handt
Das doch ein heren ist groß schad
So söllen doch die frummen rāte
Bleihen an treien vmb eren ståde
Es bringt gar dick ein eintzig tag

Das sunst mäch jar nit bringe mag
Solch früntschafft die zeigat behēd
Gekauffte lieb nimbt bald ein end
Wer wel der merck.ich mein es güt
Die leng es doch nymer wol thüt

Vnd guckt wo er zum narren werd
Der schleifft die kappen an der erd
Wer hat böß sytten vnd geberd
Vnd durch all gassen such geferd

Von besen sytten

Vil gand gar stoltz in schauben har
Vnd werffen die köppf har vñ dar
Dann hin zü tal dañ auff zü berg
Dann hynder sich dann überzwerg
Wann er wer in der vogel orden
!Mã sprech er wer witthelsig worde
Dañ gand sy bald dañ gar gemach

Das gibt ein anzeig vnd vrsach
Das sy haure ein leichtferig gemūt
Vor dem man sich gar billich hūt
Als dann Salustius beschreib
Catheleinã.was werck der treyb
In solchen sytten findt man woll
Wañ mã sein gesicht durch lese sol
er hat vil nachkūm noch auff erdt
Die sich wildt stellen mit geberdet
Vor auß die gaistlich solten treuwer
Wyld bossen yetz vorn lūten treibē
Die wöllen von dē schiff nit flüchen
Die kappen sy an seylen ziehen
Es sey mir ioch lieb oder leidt
Wend sy mur han das narren kleidt
Mit allem wesen vnd spazieren
Went sy die kapp allein yetz fieren
Es ist mir leid das ichs soll sagen
We dem der in das thüt vertragen
So er es doch wol möcht gewendi
Böß sytten tünt gar nāche schendi
Gleich wie ein glid dz man veracht
Dem gantzen leib ein masen macht
Vnd wie ain schaff das räudig ist
Verwaist ain gantze herde mit myst
Vñ ein grind schibig saw verderbt
Das ye eins von dem andern erbt
Als ist es auch wann man noch lat
Ein bösen sein vnerlich stadt
Do mit verweist wūt dick ein land
We we der welt ab böser schand
Wer weiß ist vnd güt sytten hadt
Dem selb sein wesen wol an stadt
Vnd was der selb anfacht vñ thüt
Das dunckt ein yedm weisen güt

Die war weißheit vacht an mit sich
Sy ist zühtig stil vñ fridsam (am
Vnd ist ir mit dem güten wol
Des ville sy got gnaden vol
O pureina der jüngling was
Als gar schön auß der massen. das
Von seiner schön die frawen all
hetten böß glüst vnd wolgefall
Das in all man in allen gassen
Anfienge durch argwon zu hassen
Aber do mitt er nitt geb schand
Vñ ergernuß sunst mancher hand
Vñ das man sech das sein hübscheit
Wer künsch. nit zu vnluterkeit.
Im oder ander solt antspreyssen
Det er vil bletz inns antlyt reissen
Vnd macht sein antlyt also wüst
Dasman in darumb loben müst.
O gott der jüngling was ein heid
Vnd trib doch solche erberkeydt
Wañ die ein cristen mensch töt nun
Er meint got solt ein zeichen thün
Lob hab der edel jüngling werd
Er hat kein gsellen mer auff erd.
Mã kan kein rock me recht an tragē
Mã müß in über die achsel schlagē
Die ermel nennen in die hand
Do mit der leib vorn offen stand
Als würt die welt gereitz zu schand
O frövelich scham ws soll ich sage
Das du yetz traibst bey vnsern tagen
Junckfrawen zucht ist gar do hin
Die dye natur gab etwan jn.
Als von Rebecca wir verston
Do die sach jsaac var ir gon

Vnd sy mörckt das er werden solt
Ir eeman. dem sy doch was holt
Barg sy jr houbt. vnd floch vō dan
Das er sy nit solt sehen an
Wo seine yetz nun semlich iūgfrawē
Sy giēg ee an wischmarckt schowē
Vnd liessen stät zur türen vß
Vöschtrend man sech sy nit im huß
O frawē zucht wie bist so schwach
Wie gar verlossen ist dein sach
Erwā möcht mā groß wund scho
Von erbern gelerten frawē (wen
Es wär kriechs oder schon latein
Als ist hortensia gesein.
Scipionis cornelia.
Vnd Socratis aspasia
Vnd ander der gleich vil zo mol
Die ich noch möcht erzelen wol.
Als paulum vnd Eustochium
Von deß leß man hieronimum
Vñ ander frawen den er schreibt
Den ewig ere vndglou bleibe
Num dar man töchter lassen leren
Die man sunst ziehen will zu eren
Dē mäche stät vñ schamhafft blib
Wañ nit der narr jr bulbrieff schrib
Vnd sy die lesen künd allein
Vñ schreibē draussein brieflein klein
Do mitt die scham zu rucken kan
Vnd sy böß sitten an sich nem
Vñ ettwan tät me dañ sich zem
Der e frawen vñ wittwen wesen
Wirt man bey andern narten lesen.
Es wär dañ das ich hie solt rieren
Die andern man so bald tünd fierē

Vnd nemen zů der er so bald
Ee dann der voider ist recht kalbt
Der sy ein iarlang solten weynen
Als keyserliche recht dz bescheinen
Do truren sy acht tag dar vmb
Sy fõrchten das er herwider kum
Dar an wirt frowen scham gespürt
Das sy an dem sunst dickmal irt
Su. ist ist noch vil ein grõsser schad
Wañ ein eemã zeücht auß der land
Vff walfart oder krieges louff
Oder hanttyeret mit dem kouff
Vñ bleibt auß.xij. vierzehē wochē
So spricht die fraw er sey erstochē
Ich weiß wol das tod ist mein mã
Ich will ein andern eemã han
Ich treüwet die leng mich nit bgan
Solt mier die werdstat mässig stã
Kein will me beiten auß der zeit
Die das keyserlich recht gebeüt
Das sy sechs iar solten sparen
Vnd von jm eygentlich erfaren
Ob er wär lebet oder tod
Aber in ist zů mannē nott
Wañ wider kumpt ð recht eeman
So will sy dann von dem nit lann
Den sy hat seyt har ouch versücht
Do mit so werden sy verrůcht
Das sy im eebruch backhart machē
Das söllen sein gar eelich sachen
Wañ sy ein tolleramus hande
Der selben brieff ist voll als landt
Der frawen zucht so vast nimpt ab
Das ich ein grosse fürsorg hab
Das ir gůt lob sich mindern werd

Sy zlechen die kapp an der erd
Die best gezierd. vnd hõchster nam
Dz seint gůt sitten zucht vnd scham
Besser ist haben gůt geberd
Den alle reichtum auff der erd
Vß sitten man gar bald verstat
Waß einer in seim hertzen hat
Mancher der sitten wenig schont
Das schafft er hat sein nit gewont
Keiner ist reich in seinem stat
Der nit gůt sitt auch an im hat ꝛc.

Wer vnrecht.gwalt. tůt einem mã
Der im nie leides hat gethan
Sunder in für ein freünd gehã
Do stossen sich sunst zehen an

Sõ waren freündē
Der ist ein narr vñ gantz dorecht

Der einten man chen tüt vnrecht
Dañ er durch gar mächē tröwt
Der sich darnach seins vnglücks
Wer seinē freünd ein übels tüt(fröt
Der all sein hoffnüg. treü. vñ müt
Allein gesetzt hat auff im
Der ist ein narr vñ gantz on sinn
Frätschafft ist ei vast mechtig bād
Vñ krefftiger in frōmden gwand
Pañ zwischen gsybten freündē dick
Dz schafft dz dises kumpt võ glück
Das einer dein verwanter sey
Aber auß eygnem willen frey
Wirt außerwelt ein gsellig freünd
Solch minder ab zü keren seindt
Das sy ein freünd in nöten lossen
Dañ trwe dick die blütes genossen
Darumb wann einer im erwelt
Ein güten freünd im zügeselt
Der lüg das er selb mitt im leb
Vnd leichtlich in nit übergeb
Dañ menschlich leben ist verloffen
Wañ es nit hat ein freids genossen
Dem es vertreü leib eren vnd güt
Solch freitschafft machē dick wol
Vñ ist mächē zü güt erschossen
Der hat eins gütes freind genossen
Des treü er wol spürt vñ war nam
Do widerwertikeyt im kam
Die selben lobe mā auch vil mer
Dan die in glück mit güt vñ er
Den freünden bey gestanden seindt
Jn nöten wirt bewert der freinde
Man list nie was freind hab gehā
Sardanapalus der vnrein man

Git zweifel der do manchen hat
Der mit im woll was frie vnd spat
Dye weile man aber keinen findt
Der im sein nöten wol sein freündt
Do in abachus an wolt gan
Vnd im sein reich gewinnen an
Spricht mā er hab kein freind gehā
Man hat Oresten ine erkent
Vñ wirt me in der gschrifft genent
Durch freüntschaft die er hielt so fri
Mit seinem gesellen pylady
Dann er gelobt ward vmb das
Agamennon sein vatter was.
Man findt der selben freünd nit me
Do einer für den andern ste
Wann es im an die bitmtremen gee
Als Giaccho tett lectorius
Oder sein freünd pomponius
Als david was vnd Jenathas
Damon vnd sein fraind pythias
Oder der schildknecht salis was
Als Achilles vnd patroclus
Als Theseus vnd pyrithous
Volumnius vnd lucillus
Celtus vnd petronius.
Solch lieb hat alexander gthon
Sein güten freünd Ephestion
Das er nit allein sein glück samnen
Sunder auch mit in teile sein namē
Das was auff erd die erlichst gob
Dz er seim freünd günder sollich lob
Wo findt mā das me. ho non plus
wo gelt gbrist do ist freüntschaft vß
Möcht einer sei freünd all verderbē
Das er ir güt möcht bald hererben

c ij

Oder sy in ein löffel ertrencken
Mächer wurd sich nit lang bedecktē
Reiner so lieb sein nächsten hæt
Als dañ jm gsatzt geschriben stæt
Der eygen nutz vertreibt all recht
All freü tschafft lieb. sibpschaffc ge
bei findt mā moysi yetz gleich (schecht
Der andere lieb hab als selbs sich
Oder als was Neemeias
Vnd ð gotz vörichtig Thobias.
Wenn nit ð gmein nutz ist als werd
Als eygen nutz des er begert.
Dē halt ich für ein menschen gouch
Was gmein ist. das ist eigē ouch
Doch Caym ist in allem stadt
Dem leyd ist was glück's Abel hat.
Freündschaffc wañ es gæt an ei not
Gott vierundzweintzig an ein lot.
Vnd die die besten meinen sein
Gott sechs vierleing auf ei quintlei
Biß nit gen freünden hert scharff
Du weist nit wa man jr bedarff
Der thüt jm selber vnrecht vil
Wer mit freünden zürnen wil
Den eltern soll man miltikeyt
Den freunden dienstlich sein bereytt
Recht thün gar aller welt auff erd
Dz heißt eins weisen menschē gberd

Wer ydem narren glauben will
So mā doch h tð gschuffc so vil
Durch aberglaub laufft hundt mil

nit globē ð geschrift

Der ist ein narr der nit der gschrifft
Will glauben die das heil antrifft
Vnd meint das er leben söll
Als ob kein gott wer noch kein hell
Verachtend all predig vnd ler
Als ob er nit sech noch ghör.
Kem einer auß den todten har
So lieff man hundert meilen dar
Das man von im hört neüwe mer
Was wesens in der helle wär
Vnd ob vil leüt füren dar ein
Ob mā auch do schēckt neüwā wei
Vnd des gleich an der affen spil
Nü hat mā doch ð gschuffc so vil
Von alter vnd von neüer ee
Man darff kein zeügniß fürter me
Noch süchē die kappel vñ die kluß

Man hat nit moysen allein
Sunb prophetē groß vñ klein
zwölfboten vnd euangelisten
Vnd sunst vil ander gutē christen
Die vns den weg der selikeit
Durch jr gschrifft hant anß geleyt
Dz ich dē hielt wol für ein tauben
Der mer wolt einem todten glaubē
Wañ allem dz man gschribē findt
Aber die welt ist also blindt
Das sy nit me gedenckt all stundt
Dañ von der nasen biß in mundt
Wier seind allein dar auff geflissen
Das gott nit vill das wir es wissen
Vnd was vns wär zu wissen not
Nach dem vns vnser hertz nie stot
Wir begern vns allein bekümeren
Dz wider got wir möchten zinieren
Vnd bauwen auff Babel den turn
Das ob got joch über vns erzurn
Wier möchtē seini zor entfliechen
Vñ vns auß seinem gwalt entziehē
Aber es gschicht zu keiner zyt
Die gschrifft mag vns liegen nit
Got redt das auß der warheit sein
Wer hie sünd thüt. d leide dort pein
Es sey dañ dz es im word laid
Vñ got im tüg barmhertzikeidt
Die er kein sünder ye verseit
Wer sein tag zu weißheit kört
Der wirt in ewigkeyt geert.
Gott hat geschaffen das ist wor
Das sech das oug. vnd hör das or
Darumb ist dar blindt vnd eroubt

Der niet hört wißheit vnd jr gloub
Wir hören gern neu mer vnd sag
Jch vorcht es küme bald die tag
Das man me neur mer ward jnn
Dañ vns gefall vnd sey zu sinn
Jheremeias der schrey vnd lert
Vñ ward von nieman doch gehört
Jo ward die welt ye me verkört
Noe der prediget lange dar vor
Weil er die arch macht hundt ior
Aber man spotet sein dar an
Vñ sprachen sich was gouckelman
Der meint er wöll got überleben
Solch antwurt ward von dē auch
Do in d prophet ryet vñ seyt (geben
Sy sprachen jo beyt widerbreyt.
Du seytest vns wenig ouch dar von
Vnd ist gantz wenig dran.
Des gleichen tünt noch narren me
Des müß har nach gon plag vñ we
Gāg hin sprach got zu dē prophet
Sag was der herr gesprochen hett
Jr werden cüch selbs all bedöien
Jr werden mit den oren hören
Vnd werden doch das niet verston
Jr werden sichtlich sehen an
Vñ werden doch neut nemen war
Dann jr hertz ist erfeißtet gar
Jr oren seint verstopfet zu
Jr ougen seint verplent also
Das sy nie mügen schan zut
Jr oren ouch gehören neut
Das nit wann sy horten villicht
Vnd mit den eugen hetten gsicht
Jr hertz villeicht sy zu mir köt

e iij

Vnd ich fy gnediglich erhör

Wer nit vor gürt ee dann er reyt
Auff künfftig vnfall rüstet neyt
Vnd sich versicht vor hin in zeit
Des spot man felt er an ein seit

Nit vor bedencken

Der ist mit narheit wol vereint
Wer spricht dz hett ich nit gemeint
Dañ wer bedenckt all ding bey zeit
Der sattelt wol ee dan er reyt
Wer sich bedenckt nach der gebat
Des anschlag gmeilich klibt zů spat
Wer in der that gůt anschlag kan
Der můß sein ein erfarner man
Oder hat das von frawen gelert
Die sind solch rates hochgeert

Ein frantzos sein sach vor zů richt
Ein lumbard ist gůt in der geschiht
Die teütschen machen ir anschlag
Wann mans nit widerbringen mag
Vñ sind gar weiß nach d' geschicht
Dar vor gedencken sy sich nicht
Das spot mã ir in manchem gdicht
Hett sich Adam bedacht vor baß
Ee dan er von dem Appfel aß
Er wer nit durch ein kleinen byß
Gestossen auß dem baradiß
Hett jonathas sich recht bedacht
Er het die gaben wol veracht
Die im Triphon in falscheit bot
Der in erschlůg dar nach zů tode
Gůt anschleg kumpt zů aller zeit
Julius der keiser in dem si reit
Aber do er hat sind vnd glück
Saumbt er sich an ein kleine stück
Das er die brieff nit laß zů hande
Die im in warnüg warent gesandt
Nicanor überschlůg gering
Verkaufft das wiltpret ee ers fieng
Sei anschlag doch so gröblich felt
Zung hadt vñ gribt man im abstrelt
Gůt anschleg die sind allzeit gůt
Wol dem der sy bey zeyten thůt
Mancher eylt vñ küpt doch zů spat
Der stoßt sich bald wem ist zů not
Wär asahel nit schnell gesein
Abner het nie erstochen ein
Hab rat ee du all ding an vachst
Wañ du schon den rate emphachst
So kumbst du zů dem werck noch
Kein ding man über eylen sol (wol

Man spricht wem sy zů nott darůb
D is er zů bald in hymel kum
Der far ettwan zů bald dar duch
Mit eylen eren mache böß frucht
Verganges soll mã gdecklich achtē
Das künfftig sol man vor betrachtē
Das gegeswertig ordinieren
So mag man ein rechte lebēt fyerē
Wer nit das künfftig wol versicht
Den silben dick vil leides geschicht
Do er sich nit hett eingericht
Wer vor gedeckt sei künfftig schade
Der würt dest minder hart beladē
Wer im fürseßen kan ein ding
Dan ist es dar nach gar gering
Ein pfeil den man fürschen habe
Der selb gar dick vast wenig schadt
Mücher eins vnfals trurt vil weile
Dz schafft dz ers vor nit hett gemie

Von buolern

An meinem seil ich draffßere jech
Vil narren, affen esel gench
Die ich verfür, bertüg vnd leich (ich
Mei gspanē seid gäß wibsch vil we
zů dē ich mich falsch freielich schm
Vñ gib mãchē eī narē streich (eich
Wann ich in bey den augen reich
Dz er würt durch alß anelüt bleich

Frauw Venus mit dem ströwen ars
Byn nit die minst im narren fars
Do wissen die wol sagen von
Die in frauw venus berg went gon
Do hab ich narren vil verfiert
Der mich nit keiner an hat geriert
Den Tanhauser hab ich gezogen
Wer es war es wer nit erlogen
Der tüffel hat sy all betrogen
Jch züch noch zů mir narren vil
Vñ mach eī gaucz auß wē ich will
Mein kunden keiner m un nit all
Die ich bracht han ein schetlich fal
Wer hat gehört von Circes stall
Dar inn law beren vögel schwein
Jn menschē gstalt dick seint gesein
Wer von Calypso auff dem mer

hat gehözt. vñ der Syrenen her
Die durch ir gsang vnd seitten spyl
Vmbkert hant manig schiff vñ kiel
Die all verfůrent an meim ioch.
Der götck voz gwalts ich hab noch
Welcher meint dz er witzig sey.
Den dunck ich dieffin narren brey.
Wer ein mal wirt von mir verwůnt
Dē macht kein kraüter krafft gesunt
Dar vmb hab ich ein blindē sin
Kein bůler sicht was er soll thun
Mein sin ein kind ist nit ein man.
Bůler mit kintheit kunt vmbgan
Von jm wirt selten dapfer wort
Gleich wie von einem kind gehort
Mein sun stat nackt vñ bloß all tag
Dañ bůlschafft nenen bergen mag
Solch lieb die flügt nit lang sy stat
Dar vñ mein sin zwen flügel hat
bůlschafft ist leicht zů aller frist
Neüt vnsteters auff erden ist
Cupido treit sein bogen bloß
Auff yeder seit ein kocher groß
In ein hat er lang hacken pfyl
Do mit trifft er der narren vil
Die seind scharpf guldē hacket spitz
Wer troffen wirt d köpt von witz
Vñ tantzt har nach am narrenholtz
Im andern kocher vogelholtz
Seit stöpf mit bley beschwert nit le
d erst macht wild d zå fleücht (icht
Wen trifft Cupido. den enzündet
Amor sein brůder das er bsinde
Das seind zway böse hůren kinde

Man mag gar hart löschē die flam
Die bidom ir leben nam.
Dar durch ir kindr media brant
Ir brüder tödtet mit jr hande
Het sich diß nit für so gemeret
So wär in Troya gantz verzeret
Tereus sein geswey geschmähet nie
Pasiphae Taurum vermydt.
Phedra Theseo für nit noch
Der Ariadnen voz hett doch
Noch sůcht an jrē stieflsun schmoch
Scylla dem vatter ließ sein hoz
Hyacinctus wär kein ritterspoz
Leander mit seim schwimmen det
Messalina blib dem keyser stet.
Mars auch nit in der ketten lag
Procris der hecken sich verwag
Sapho nit von dem berg ab fiel
Syren vmbketten nit all kiel.
Circe ließ faren für die schiff
Pan. Cidops nit so leitlich pfiff
Leucothoe weirouch gbar
Mirrha wer nit Adonis schwer
Byblis wär nie dem brůder hold
Dane enpfieng nit durch das gold
Nictimine flug nit auß bei nacht
Echo wer nit ein stim gemacht
Tisbe ferbt nit die weissen bör
Athalanta kein lewin wer
Der weiß man als ein roß nit gieng
Virgilius an dem turn nit hieng
Aber was soll ich fabelen schreiben
Ich mag wol bey d warheyt bleibē
Wie des leütē weib ward gschme

(cht

i

Vñ drum erfragat noch ein gslecht
Dauid sach welchen Bersala
Sampson verträuwt Dalide
Die abgöt Salomõ betret an
Amon was seiner schwester man
Joseph verklagt ward als vor auß
Bellerophon vnd hyppolitus
Quideo was der keiser graũ
Das er der bülsch afft let an nam
Got hat diß laster gehasset mer
Vñd ist darumb erzürner ser
Do Jsrahel sich machet vnr̄it
Vñd mit dē töchteren moab gmein
Do hieß all fürsten hencken got
Auff gen der sunn. durch sein gebot
wurden erschlagē sunst dar von
Vier vnd zweinig tausent man
Das phinies jambri erdöt
Durch solche sünd darumb er hēt
Ein ewig priesterschafft erworben
Süst wer dz volck villicht verdorbē
Der herr sprach. Jsrahel lüg schaw
Das in dir sey kein gemeine fraw
Die Römer verbutten ser
Dz mā kein gmein fraw het im her
Dañ sy vürte das durch solch sünd
Groß vnerdlich schad vñ schad, ent
Der erst der frawē hat im her (schād
Anthonius verlor seine ere
Vñd ward ein offner veinde erkant
zü Rom dem ganzen vaterland
O waz vnrat ist aufferstanden
Wie mancher ist kũmē zü schanden
Durch vnkünscheit in allen landē
Zü sagen ich mit vnderstee

Es kem zü weißheit mancher me
Wer hat mit frawen vil erdeng
Dem würt verbrent sein consciēntz
Vñd mag genzlich nit dienen got
Wer mit in vil zü schaffen hat
Die bülschafft elm yde stand
Gātz spotlich nerrisch vñ ein schad
Doch vil schendlicher ist sy dann
So bülen thünt weib vnd man
Der ist ein narr der bülen will
Vñd maint doch haben maß vñ zil
Dañ dz man weißheit pfleg vñ bül
Mag gantz nit stan in einem stül
Ein büler würt verblent so gar
Er meint es nem sein nyemant war
Er stelt sich in ein winckel dott
Vñd sicht ein halb stund an ein ort
Vñ wē ers recht beschawt bei licht
So wisst er selb nitt was er sicht
Wañ er recht wissen wolt die mer
So sech ers yeder medan er
Man merck ein gar wol ab allzeit
Wo im der haß im pfeffer leit
Diß ist das krefftigst narren kraut
Diß kappe klebt lang an der haut

Der spricht daz got barmhertzig sey
Allein vnd nit gerecht dar bey
Vñd das er hab das hymelreich
Dē gensen gemacht dar iß in gleich

Von vermeſenheit

Der ſchmiert ſich wol mit eſels ſchmaltz
Vñ hat die büchẽ an dẽ halß
Der ſprechen gtar.das got der her
So bermig ſey. vnd züm nit ſer
Ob mã joch ettwan ſünd volbring
Vnd wigt die ſünden alſo gering
Das ſünden ye ſey gantz menſchlich
Nun hat doch gott das himelreich
Den genſen ye gantz nie gemacht
So hab man allzeit ſünd volbracht
Vnd vach nit erſt von neüwen an
Die Bibel er erzden kan
Vnd ander ſunſt hyſtorien vil
Dar auß er doch nit mercken wil
Das allenthalb die ſtraff dar nach
Geſchriben ſtat mit plag vnd rach
Vnd das got nie die leng vertrüg
Das man in ein backen ſchlüg

Got iſt ſchön ſchön aber hart
Jr ſprachen er doch wol verſtat
Wiewol ſein barmung iſt on maß
Ein zal gewyeße vnentlich graß
So bleibt doch ſein gerechtikeit
Vnd ſtrafft die ſund in ewigkeit
An allen den die mir thünt recht
Gar offt biß in das fünfft geſlecht
Man durch leß all hiſtorien gar
So mag man eben nemen war
Das got hat mächẽ gſlecht getã
Vnd durch tugent laſſen auff gan
Das es gewachſen iſt gar vaſt
Aber wann tugent im gebraſt
So hört auch auff barmhertzigkeit
Vnd ward der ſamen gantz zerſtrewt
Vach an mit dauid.dar nach har
Durch alle keiſer künig gar
Durch flauianer. Anthoniner
Vñ durch dz gſchlecht der karoliner
Durch ander groß vnd nider ſtam
Wann es biß auff das höchſt auff kã
Wann dañ güetthat tugent ab nam
So hört auch auff die gnad des her
Jo weill ich veſter dir diß mere (rẽ
Die weil der. Römer tugent werdt
Die dan die gröſſ was auff der erde
Jn maß das got ſelb küeſchafft gyt
Das gröſſer tugent niemans nit
Auff erden ye gebruchet hat
Dann weile zü mã der Römer ſtadt
Des wöl ün got ſolch tugent lonen
Vnd vnderwarff in alle kronen
All reich der welt auch verre landt
Vnd thet ſein barmung in b.kant

Aber so bald sy fiengen an
Von solcher tugent ab zů lan
Do ließ auch got sein barmung ab
Do mir zergieng dar römer stab
Vnd ist zerschmolzen wie der schne
Das man kum yetz sicht wie er stee
Got wíll das er wider auff stee
Dz gschicht on zweifel wan wir lât
Vnd von den schwerë sünden stant
Vnd richten zů dem weg des herrë
Das vnser tugent sich werd mare
So hab ich gantz kein zweifel dran
Got sech vns gnedcklichen an
Vnd teilt mit vns barmhertzikeit
Die er keim volck nie hat verseit
Gar dick das jüdisch volck ab nam
Das es biß auff die trüsen kam
Aber so bald sy sich bekerten
Vnd gůtte werdc vnd tugêt merte
So that in got sein barmung schein
Biß es zů letst nit me möcht sein
Darü in der weg ist vnder gangen
Sy haben dan den tauff empfangê
Wir waren auch des selben bscheit
Dann gott nit laßt sein gerechtikeit
Barmhertzikeit die lang nit stat
Wann got gerechtikeit verlat
Vor ist der hymel ghört nie zů
Den Gensen aber auch kein kü
Kein narr. auff esel oder schwein
Kumbt ymer ewigklich dar ein
Vnd was kört in des teüfels zall
Das nymbt in niemen überall

Wer bawen wil der schlag vor an
Was kostens er dar zů müß han
Vnd was im vnd zů werd gan
Er würt sürist vor dem end abstan

Narrecht anschleg

Der ist ein narr wer bauwen wil
Das kosten werd vnd ob er mag
Volbringê nach solch nach se äsch
Vil hât groß baw geschlagê an (lag
Vnd möchten nit erbey bestan
Dann ee sy kamen an die steg
Do giengen zimer leüt hin weg
Das er in nit me hat zů lonen
Es ist vergebens nit gůt frönen
In disem laster sine vor an
Die geistlichen.die wend yetz han
Groß palast hüser grosse sel

Als ob sy weren Cardinel
Buwen groß schlosser türn vñ zinne
Vñ lad ð eyerchë dach durch rinne
Vnd trieffen ab biß in den chor
Die krichen stont mit halben thor
Es ist niet also gschehen an
Geistlicheit solt jr notturfft han
Dañ es auch ist weltlichen herren
Verbotten. das sy nit sont meren
Jr hüser. mit der armen güt
Wedem der sein hauß bauwen tüt
Vñ vndtruckt sein fründ on recht
Vnd nit den lon gibt seinem knecht
Dañ wer ein hohes hauß im baut
Der sůcht sein fall. ee dañ ers trawt
Der künig Nabuchodonosor
Er haub in hoffart sich enbor
Das er Babilon die grosse statt
Durch seinen gwalt gebauwen hat
Vnd kam im doch gar bald dar zů
Das er im feld bleibt wie ein kü
Nemroth wolt bauwen hoch in luft
Ein grossen turn für wassers kluft
Vnd schlůg nit an das im zů schwer
Sein bauwen vnd niet müglich wer
Man bauwet vñ ziert ertz mäche sal
Vnd malt in durch auß über all
Mit histories vnd vil der geschicht
Den armen man. doch niet an sicht et
Der vor der tür in hunger stat
Das man im geb ein stücklin brat
Jo solt man es auß rechen weyt
So scheynd vñ züg man ab arm leüt
Do mit man holtz vnd stein bekleit
Es ist doch got im hymel leyt

Wie wol solch banë wol zů nimbt
Doch ist er me dañ sich wol zymbt
Man sech was baw durch alle läd
Vnser vorfaren gebrauchet hand
Man zal har wie vor alten jaren
Die menschen in den baumen waren
Vñ hetten dar in güte zeit
Dañ nyemans dem gebräst do neüt
Do Romolus rom bauwet auß
Wont er doch in eim kleinen hauß
Die alten römer auch des gleich
Durch die auffwuchs daz römisch
herr auf bauwe gätz kei acht (riech
Jr heütlein leymë warent gmacht
Mit stupplen. halmen über strewt
Des gleich von abraham man seit
Das er wont in dem gelobten land
Vñ sein hauß hat ein leimin wand
Do wont auch Jsac vnd Jacob
Dë doch, dz gantz land was gelobt
Jch wil der heilige veter gschwigë
Die in der eynöd wolten ligen
Vor auß christ vnser herr vnd got
Kein eygen hauß gehabt hat
Jo ward er in kintlichen jaren
Jn einë frömden hauß gebore
Darüb der liëb Bernhardus spricht
Jch bit eüch durch brüdlich plicht
Lant vnß nit bauwen hie auff erd
Als ob hie vnser wonung werd
Dañ wir hie seind in bilgerschafft
Vnd wonen stet in riterschafft
Wir müssen ye doch von der welt
Wan wir hie hand ein klein gezelt
Da mügen wir bald lauffen auß

Vngern schaide man võ grosse hauß
Das man auß einem hüttlin spring
Jn himel ist besser vnd ring
Da ñ auß eim palast kumen dar.
Das man nit ee zur hellen far.
Aber das ich kum auff mein bauwē
Dar võ mancher entpfahet ruwen.
Wer kaufft ein vorgebauwes hauß
Der gibt sein gelt nützlich auß
Des halt ich für ein weisen man
Der jm mit gelt frid schaffen kan
Er gwint dañ das halb daran.
Es bauwet nit yeder als vil auß
Als vor zeiten tet lucullus.
Lieber wil ich ein alt hauß han
Mit schilt vñ helm eins andern mā
Dā dz mit schilt vñ helm mein huß
Sein wär. vñ ich müst weichē druß
Wer bauwen will das in nit reü
Der bedenck sich wol ee dā er bauw
Dañ māchē kumpt sein reü zu spatt
So jm der schad in seckel gat.
Wer etwas groß wil vnderston
Der soll sein selb bewerung han
Ob er müg kumen zu dem stad
Den er im fürgenomen hade
Do mitt jm nit etwas zufall
Vñ werd zu spot den menschen all
Vil weger ist neüt vnderstan
Dann mit schad vñ gspot ablan.
Pyramides die kosten vil
Vñ labirinthus bey dem Nyl.
Doch ist es nun als langst do hin
Neüt ewigs mag auff erden sein
Die zeit die frißt all ding da hyn ꝛc·

Billich ist künftig armüt felt
Wer stätz nach schleck vñ füllē stelt
Vnd mit der follen rott sich helt.
Oder das praffan zugefelt

Von praffern

Der thut dem narren an die schü
Der weder tag noch nacht hat rü
Wie er den wenst füll vnd dē buch
Vñ auß jm selb mach ein weischluch
Als ob er wär dar zu geboren
Dz durch in wurd vil wies verlorn
Vnd er wär ein teglicher ryff
Der gehöit wol in das narren schiff
Dann er zerstöit vernunfft vnd sinn
Des wirt er vor sein alter jnn
Dz m wirt schlottern kopff vñ hēd
Er kürtz sein leben vnd sein end
Ein schedlich ding ist vmb den wei

D ij

Bey dem mag niemam vitzig sein
Wer fred vñ lust dar in im sücht
Ei trückner mensch gar niemás rücht
Vñ weiß kein maß noch vñd scheit
Vil vnkünscheit küpt vß diückheit
Vil übels auch dar ans entsilingt.
Ein weiser ist wer sittlich trinckt
Noe mocht leiden nit den wein
Der in doch fand vñd pflantein
Vñ d zu sodoma nit mocht sünden
Ließ sich durch treübel überwinden
Die töchter moab lüden zu gast
Die sün israhel.truncken vast
Vñ hett gmeinschaft mit dé frawé
Des ließ sy got schentlich zerstrowé
Der weißman seit in sprüchwort sel
Ein vnkünsch ding sey vmb dé wei
Der buch d von dem wein aufwalt
Der selb i vnkünscheit leichtlich fals
Loth fiel durch wein zur anön fart
Durch wein d touffer köppst wart
Wein machet auß eim weisen man
Das er die narren kapp streifft an
Do israhel sich füllet wol
Vñd in der buch was me dann vol
Do fiengen sy zu spilen an
Vñd musten do gedantzet han
Got gbot den sünen Aaron
Sy solten sein als weines on
Vnd alles das bo truncken macht
Dz priesterschafft doch wenig acht
Von den gsst Isaias hett
Das der priester vñ die prophet
Neüt haben gewißt vor trunckheit
Ein trunckner weißt nit was er seyt

Vñ wie d neü most wirft auß hoch
Die trüsen int das puncenloch
Als fert dé truncknié in sein munt
Alles daz jm in sein gedencké kunpt
Es sey heymlichs bös.oder gůt
Darumb die gschüfft verbieten tůt
Dz má den kinden nit geb weñt
Dañ bey dé mag neüt heimlichs sei
Noe sein scham sechßhundert ior
Verborgé hat vñ gdeckt dar vor
Vñ auf ein stund als er drück weint
Do mocht sy nim gedeck t ein
Do holofernes truncken wart
Verlor den kopf er zů dem bart.
Thamiris richt zů speiß vnd tranck
Do sy den künig Cyrum zwanck
Durch wein lag nider Bennadab
Do er verlor noch all sein hab
All ere vnd tugent gar vergaß
Alexander wañ er drüncken was
Vnd det gar offt in trunckenheit
Das im ward selber dar nach leydt
Do woien gedruncken hat Amon
Dot insein bruder absolon
Prolomeus schlüg Simon zů todt
Do er vor wein getrunckén hat
Die schiflaüt im Tirenschen mer
Hetten gedruncken wein als ser
Vñ wolté bachů zů hert anrüren
Das sy dz schiff nim kundé füren
Noch wolten sy nit von im lon
Biß er jr schiff macht vndergon
Der reich man dranck als ein gesell
Vnd aß des morgats in der hell
wer mésch wer frey.kei knecht gesá

Wañ trunckenheit nie wår vñ weiß
Wer wein vñ velst speiß fleisset sich
Der wirt nit selig oder reich
Dem we vñ seinem vatter we
Dē würt krieg vñ vil vnglücks me
Wer stets sich füllet wie ein kü
Vnd wil eim yden drincken zů
Vnd wartē als daz man im bringt
Dañ wer on not vil weis außtrickt
Er ist gleich als der anff dem mer
Entschlofft vñ leit on synn vnd wer
Als thůnt die auff dē piaß hab acht
Schlēmē vñ dēmen tag vñ nacht
Dē treit d würt nach kütschafft zů
Ein bůg vnd vierteil vō einer ků
Vnd bringt in manbel freygen. reyß
So bezal en sy in auff dem einß
Der wein d macht grim freidig leüt
Die schlagen vechtē wend allzeit
Pētheus ward vō seiner můter gar
zeryssen vnd seinr můmen schar
Dann sy getruncken hetten wein
Vnd sahen in an für ein schwein
Wein macht dz mā behalt kein scham
Darumb von erst zů rom auff kam
Das frowen nie solteu drinke wein
Do mit sy schamhafft möchtē sein
Metellus schlůg dar vmb zů tod
Sein fraw die wein getruncken hat
All saracenen halten noch
Dz drinckē wei sey sünd vñ schmoch
Got lobt darumb die Rechabiten
Das sy den wein wol möchtē mide
Die nazarei gdorsten nie
Wain oder met trincken zů zeite

Die priester in der alten ce
Gedorsten kein wein dincken mee
Wañ sy in den tabernackel giengen
Der wein macht gar māchē singen
Dē ritter teu das er vast weint
Ein yeder druncker mēsch d meint
All welt hab gnůg wann er sey voll
Ein drincker würt mütwillig doll
Wañ ers k klein zeit trib für sich dar
Man spiech er wår vnsinnig gar
Ein truncknen merckt mā als dz ab
Was er in seinem hertzen hab
Des waren etlich künig gewon
Warm sy warlich wolten verston
Was ein knecht hett in seinem sinn
So füllen sy in gantz voll winn
Dar auß erkunten sy sein můt
Ob er getrü wår oder gůt.
Ich will des andren vnslat
Gschweigen was hernacher gat
Mit speüwen vnd mit widerbrechen
Der wein tůt māchēs hertz abstechē
Mancher d schmeckt auß dem mūd
Als so ein keib kumbt auß dē grund
Wer nachtes sitzt beim vollen mon
Der siche selten die sunn auff gon
Dergwint rott onge rützet backē
Als het er din krut lassen hacken
Wie wol er hat kein rechte rů
Schlaft er doch nachtes wie ein kü
Dar vm d weiß mā spricht ich hab
Gedacht ant wein mir brechen ab
Das ich mein sel müg da hin füeren
Do sy die weißheit mag berüren
Als det auch daniel do er hat

d ij

Erfaren heimlich ding von got
Do kam im weder fleisch noch wel
In dreien wochen zum mund ein
Dañ wein die menschē reden macht
Mit pfūdē vñ mit grossem bracht
Die grossen becher kopff mit wein
Die machen ein reden latein
Vñ aller sachen sein gewiß
Do redt man wol empedodis.
Wie wol die zung dañ stamelen lyt
So mag sy dannocht schweigē nit
Als gschach eim munch nachts iū
Do sy all wol getruncke hattē (mettē
Vñ er ein geben soll den segen
Als mā gūn ist zur mettin pflegen
So man spricht iube domin e
Do gdacht er an die fleschen me
Dann an das ewangelium
Vñ antrourt im herwider vmb
potum seruorum suorum
Benedicat rex angelorum
Das druncken daz wir wollen pflegē
Daz mūß vns got der her gesegen
Solch dusicke münch zur mettē hilē
Baß dann sy singē vnder weilen
Manche dē reücht ein wort iñ halß
Dz me vō wei schmeckt dañ vō salß
Doch ō paruoffen will ich schwigē
Die bleiben an dē bett ee ligen
Wañ sy nachts wol getruncke hāb
Vinum bonum eructuant
Vil wurden bald vast witzig sein
Wañ weißheit stecket in dem wein
Die im sich trincken spat vñ frū
Ie einer druncht dem andern zū

Ich bring dir eins. ich kytzel dich
Dz gbürt dir ō spricht. so wart ich
Vñ war mich. biß wier beid seid vol
Do ist den narren yetz mit wol
Eins auß dē becher. zway fürt mūd
Ein strick an halß wär ein gesūd
Vñ weger denn solch füllerey
Treiben. es ist ein groß narrey
Die Senica zeidlich fürsach
Darüb er in sein gschrifften sprach
Das mā wurd etwan geben mer
Ein drunckne. dañ ein niechtern er
Dz mā geriembt wurd wellen sein
Das einer druncken wär von wein
Die bier supper ich dar zū mein
Do einer trincket ein tunn allein
Vñ werden do bey also voll
Man lieff mit eim eins tür auff wol
Ein narr māß vil gesophen han
Ein weiser meßlich drincken kan
Vñ ist gesünder vil dar mit
Dañ der mit kybeln inn sich schit
Der wein ist sanfft am eingang
Zū letst sticht er doch wie ein schläg
Vñ geüst sein gifft durch alles blūt
Gleich wie der basiliscus thūt

Wer gūt hat vnd ergetzt sich mit
Vñ neit den armē do von gibt
Sein sel do mit versorget nit
Den würt verseit so er auch bit

Seyt er etwas mā fragt dar vmb
Wie vil er jars hab fallen zeinß
Vnd ob er vil hab barer mintz
Der gütten sytten mā nit acht
Zeiner tuget wirt gātz nüt gedacht
Von rechte solt mā me glauben hā
An einē armen frummen man
Dann ein wüchrer der do wār rich
Vñ gwunnē het sein gůt bößlich
Aber man sicht es yetz nit an
Herr pfennig der müß vornā dran
Wār noch in leben Salomon
Man ließ jn in den rat nit gon
Wann er ein armer weber wār
Oder jm stünd sein seckel ler
Die reichē ladt mā zů dē tisch
Mā bringt in wiltpret. vōgel. visch
Vñ tůt on end mit jn hofieren
Dye weil ð arm stat vor der dieren
Vnd schwitzet dz er möcht erfrieren
Zum reichē spůicht mā essen herr
O pfennig man tůt dir die er
Du schaffst dz dir vil günstig seind
Wer pfennig hat ð hat vil freünd
Dē grüßt vñ swagert yeder man
Wolt einer gern ein eefraw han
Die erst frag ist. was hat er doch
Mā fragt der erberkeyt nym nach
Oder der ler. weißheit vernunfft
Mā sůcht ein auß der narren zunfft
Der inn die milch zů brocken hab
Ob er joch sey ein köppels knab
All kůst. cre weißheyt. ist vmb sintzt
Wo an dem pfennig ist gebuist
Des sint gelt narren über al

b iij

Verachtūg armut

Die gröst boßheit in aller welt
Ist das man erfür weißheyt gelt
Vñ zücht her für ein reychen man
Der oren hat vnd schellen dran
Der můß allein auch in den rat
Das er vil zů verlieren hat
Eym yeden glaubt so vil die welt
Als er hat in seyner teschen gelt
Ob schon ein armer schwört vil eyd
Man meint nit dz er warheit seyt
Stelt mā ein armen an das g ericht
Von erst man im bye e esch an sicht
Was kleyder er auch an tāg tragen
Waū er eim sol ein kuntschafft sagē
Wār er Numa pompilius
Oder der selig appius
Vnd Scipio Nasica der frum

So vil das man nit findt jrzal
Gar kum auff erde yetz kume auß
Die tugent hand sunst nit jm hauß
Man tut tugent kein ere me an
Erberkeit muß do hinden stan
Vn kubt gar hart auff gryene zweig
Ma wil yetz dz ma jr geschweig
Vn wer auff reichtu fleisset sich
Der lut auch dz er bald werd rich
v.n acht kei sünd mer: wüchei schad
Des gleich veretery der land
Das yetz gemein ist inn der welt
All bosheit finde ma yetz vmb gelt
Gerechtigkeyt vmb gelt ist feyl
Durch gelt kem mancher an ein seil
Wan er mit gelt sich nit abkoufft
Vn gelt vil sünd bleibt vngestraft
Achab ließ nit beniegen sich
Mit seinem gantzen kunigrich
Er wolt auch Nabuth garten han
Des starb on recht der arm fru man
Allein der arm muß in den sack
Was gelt geit dz hat gut gschmack
Armut die ist gantz vnwerd
Was ettwan lieb vnd hoch auf erd
Vnd was yetz der gulden welt
Do was niemans der achtet gelt
Oder der etwas hat allein
All ding dye waren do gemein
Vnd ließ man des beniegen sich
Was on arbeyt das ertrich
Vnd die natur on sorgen trug
Nach dem ma buuche ward de pflug
Do fieng man an auch geytig sein
Do stund auch auff wer mei dz bef

All tugent warend noch auff erd
Do ma neue dann zimlichs begerdt
Armut dye ist ein gab von got
Wie wol sy yetz ist der welt spott
Das schafft all n dz nieman ist
Der gdeck dz armut neue gebrist
Vnd das der neue verlieren mag
Der vor neue hat in seinem sack
Vn daz de leycht mag schwime wit
Wer nacket ist vnd an hat nüt
Ein armer singt frei durch de walt.
So sich der reich gar heimlich halt
Dem armen selten cut empfalt
Dye freiheyt hat ein armer man
Das ma in doch last betlen gan
Ob man in schon sicht übel an
Vnd ob ma jm ioch gar neue gytt
So hat er doch dest minder nit
Bey armut fand ma b.ssen ratt
Daß reichtum seyd hat geben hatt
Das weiset Quintus curtius
Vnd der beryembt Fabricius
Der nit wolt gelt han sunder ere
Vnd sprach die Römer suchte me re
Wye sy das gelt möchte bezwingen
Daß dz auff gelt vn gold sey tringe
Armut hat geben fundament
Vnd anfang allein regiment
Armut hat bauwen all stet
All kunst armut erfunden het
Alls übels armut ist wol on
All ere auß armut mag erston
Bey allen völckern auff der erde
Ist armut langzeit gewesen werde
Vor auß die kriecht dar durch hand

Vil stet bezwungen leüt vnd land
Aristides was arm gerecht
Epaminun das streng vnd schlecht
Hontius was arm vnd gelert
Jn weißheit Socrates geert
Phocion in milt übertrifft
Das lob hatt armüt in der gschrifft
Des neüt auff erd ye ward so groß
Das nit von erst auß armüt floß
O Römisch reich vñ sein hoher nã
Anfenclich auß armüt her kam
Dañ wer merck vñ gedenck do bey
Das rom von hierten gebauwê sey
Von armen bauren lang regiert
Dar nach durch reichtü gãtz vfiert
Der mag wol mercken das armüt
Kõ baß hat gtan. das grosses güt
Wer Cresius arm vnd weiß gesäit
Cyrus herr nit verdürben in
Do man fragt Solon vñ bescheit
Ob Cresius het recht selikeit
Dañ er was mechtig reich vil werd
Sprach solon. man sol hie auff erd
Kein heysen selig vor sein todt
Mã weiße nit wer mein naher gat
Ja kumbt offt vnfal vnd vnglück
Jn einer stund vnd augenblick
Wer meint dz er vest stad noch heüt
Der weißt doch nie die künfftig zeit
Der herr sprach auch sey we vnd le.b
Jr reichen hand hie euer freid
Er getzlicheit in euerm güt
Sedig der arm. mit freyem müt
Wer samele gelt durch liegês krafft
Der ist vnnütz vnd gantz zaghafft

Vnd macht sich reizt mit seim vn
Dz er erwürt an todes strick (glück
Wer einem armen vnrecht thüt
Vnd do mit haufen will sein güt
Dañ d durst zü seiner narüg buchê
Mit allê gsind in zwentzig wüchen
Vnd darumb tiefff sitz in der hell
Er sprech vngern got tröst die sel
Das erst wort ist.er ist do bin
Jch byn fro das ich maister byn
Seydt ich meins vatters güt besitz
Wärichs nit durch we wär es nütz
Mein vater was im selbs zü hert
Jm was kein güts auf erd beschert
Dem gelt sol man gebieten gleich
Als einem knecht der widert sich
Wer dient dê gels der ist sein knecht
Den heist dz gelt tün vil vnrecht
Die grõst armüt in aller welt
Jst geyrkeit vnd lieb zü gelt
Kein gelt den geyt ersetigen kan
Sunder reitz es in ye me an
Darumb der geyttig darff stets me
Wer neüt hat. der veracht gelt ee
Nie richt dein augen auff das güt
Das allzeit von dir fliehen thüt
Dañ es gleich wie der adler gwinnt
Federn. vñ fleügt hin. vñ verschwirt
Wer güt auff erden reich hie säit
Christus wär nit d ermst hie gsein
Wer spricht dz in süst naie gebrist
Dann das on pfennig sey sein. resch
Der selb ist aller weißheit on
Jm gbrist me bann er sagen kan
Vnd vor auß das er nit akennt

Das er ſey armer daim er wont
Wer ſein oz voz dem armen ſtopfft
Dē hözt got nit ſo er auch klopfft

Der vacht zwen haſen auff ein mal
Wer meint zweyn herten dien:ē wol
Vnd richtet auß me dann er ſol
Doch ſo entſchlippfft im dick der al

Vnd arbeit gar nützz vnder wil
Wer jagen wil vnd auff ein ſtund
Zwen haſen vahen mit ein hund
Dem würt ettwan kum einer wol
Gar dick würt im gar nutz zů mol
Wer ſchieſſen vil auß arbzoſt vill
Der trifft kum ettwan wol das zyl
Wer auff ſich ſelb vil ipter nymbt
Der mag nit tůn das yedem zymbt
Der hie můß ſein vnd anderſchr a
Der iſt rechte weder hie noch da
Wer tůn will das ein yeden gefalt
Der můß han autem warm vñ kalt
Vñ ſchlücke vil daz im nit ſchmeckt
Vnd ſtrecken ſich nach der gedeckt
Vnd künnē pfulwen vnder ſtrowē
Eim yeden vndem ellenbogen
Vñ ſchmiere yeden ſanfft ſein ſtim
Vnd lůgen das er keinen erzürn
Aber vil empter ſchmecke wol koll
Mā wermbt ſich bald bey greſſem
Der doch nit yedem ampt tůt recht
Allei nüt hā macht alle dig ſchlecht

Biſt zweier herzen
Der iſt ein nan der vnderſtat
Der welt zů dienen vnd auch got
Dañ wo zwē herē hand ein knecht
Der mag nit beiden dienen recht
Er můß eintweder ein über geben
Will er dem andern dienen eben
Gar offt ddierbt ein hantwerckmā
Der vil gewerb vnd handwerck kā
Dann er verlaſt ſich auff die vil

Wer ſein zung vñ ſein mund behiet
Vnd nit mit reden al zeit wiet
Der ſchirbmt voz ãgſt ſel vñ gemůt
Der ſpecht ſei iſig mit ſchzei verziet

Von vil schwetzen

Narren zů kenen ist gering
Der ist ein man ween nerrysche ding
Rede oder thůt werck oder gberd
Ein nan verschwetzt sich on geserd
Gar dick das man in kennen lerdt
Der sunst wär bliben hoch geert
Vnd man nit hett gewißt von im
Hett er behalten zung vnd stym
Billich der weiß acht dar auff hett
Das er hör lieber dann er redt
Wer reden will so er nit soll
Der fügt in narren orden wol
Wer antwurt ee man fraget in
Der zeygt sich selbs ein narren syn
Mancher hat von seim reden frit
Dē doch dar auß kůbt schad vñ lad
Mācher blaßt sich auff sei schwetzē

Das er ein nuß redt vōn einr hertzē
Des wort die sind so starck vñ dieff
Das er ein loch redt in ein brieff
Vnd richtet zů ein gswetz gar leicht
Aber wann er kumbt zů der beicht
Do es im gylter ewig lon
So will die zung von stat nit gon
Es sint vil nabal noch auff erd
Die schwetzen me dañ in gůt werd
Wañ man vrsach jr red solt fregen
So wer es von her dielmans wegē
Mācher für witzig wurd geschetzt
Wañ er sich nit selbs het vschwetzt
Ein specht veradt mit seiner zung
Das mā sein nest findt vñ sein jung
Mit schweigē man verantwurt vil
Schadē enpfacht wer schwetzē wil
Es ist die zung ein klein gelid
Bringt doch vil vnrů vnd vnfrid
Befleckt gar dick den gantzē leib
Vnd macht vil zancke. krieg vñ keib
Vnd ist ein wunder groß in mir
Das man zam macht ein yedes tier
Wie hert. wie grym. wie wild dz ist
Kein mēsch seiner zunge maister ist
Zung ist ein vngerüwigs gůt
Vil schadē sy dem mainschen thůt
Durch sy so thůn wir schelten got
Die nechsten schmehē wir mit spot
Mit flůchen nachred. vnd veracht
Dē got nach sein bild hat gemacht
Durch sy veraten wir vil leüt
Durch sy blaib vntar schwigen nüt
Mācher durch gswetz sich so begat
Er dauff nit kauffen wein noch brot

Die zung die braucht mã in bz recht
Durch sy würt krũ wz vor wz flcht
Durch sy verlirt mãch armer man
Sein sach das er müß bettlen gan
Ein schwetzer ist mit reden vil
Er bzngt sich vnd lacht wen er wil
Vñ redt kein mesche üt gûts nach
Es sey joch nider oder hoch
Welch machẽ groß gschrey vñ brat
Dẽ lobt mã yetz vñ hat jr acht (cht
Vor auß well köstlich einhar gant
Vil grösser röck vnnd ryng an hant
Die fiegen yetz wol für die leüt
Eins düne rockes acht man neüt
Wer noch auff erd demosthenes
Tullius oder Eschynes
Man geb in durch jr weißheit neüt
Wann sy nit kinden bscheyssen leüt
Vnd reden vil geblümter wort
Vnd was ein yedes narr geren hort
Wer vil redt. der redet dick zu vil
Vñ mag auch schyessen zu dem zyl
Werffen den schlegel ver vñ weitt
Vnd rinckengiessen wider streitt
Vil schwetzen ist selten on sünd
wer vil leüt der ist niemans freüd
Wer herten übel redt üt
Das bleibt verschwigẽ nit lang zeyt
Ob es joch verr gesche von ynt
Die vögel tragen auß dein styũ
Vñ nimbt die leng nit wol güt end
Dann herten die hand lange hend
Wer über sich vil harwen will
Den fallen spen in die augen vil
Vnd wer feür mund in hymel setzt

Der würt offt mit sein schad gele
Dẽ gschicht als. Capanẽs geschac
Oder in lians Apostata
Ein narr sei geist eis malß auß sch
De r weiß schweigt vñ beybt köst
Vñ vnütz red kei nutz entspringt (
Schwetze me schad dã frümẽ brü
Darumb vil weger ist gschwige
Dann schwetzen. reden oder schrü
Sotades durch wenig wort
Gekercket ward als vm ein mort
Es sprach allein Theocritus
Das eynoygig wär Antigonus
Vñ starb darũb in sein eignẽ hau
Als Demosthenes vnd Tulius
Schweigen ist loblich recht vñ g
Besser ist red der im recht thüt
Darumb so pythagoras will
Das all sein schüler schweigen sy
Ein gstimbte sũm vnd zal der jor
Biß sy wol lerten reden vor
Dañ er meint nit. das yemãs müß
Solt reden. ee er wol reden kund

Wer ettwas findt vñ das hin tre
Das er doch nit hat dar geleit
Vnd meint got wöl das es sey sein
So hat der teüffel bschyssen ein

Von schatz finden
Der ist ein narr der ettwas findt
Vnd in sein sein ist also blind
Vñ spricht daz hat mir got besch

Ich acht nit wem es zů gehört
Was einer nit hat auß gespreit
Das ist zů schneiden im verseit
Ein yeder weiß bey seiner ere
Das das ein anderen zů gehöre
Was er weißt das es sein nit ist
Es hilfft nit ob im joch gebrist
Vnd er es findet on gefard
Er lůg das es dem wider werd
Weißt er ein. des es ist gesein
Oder geb es den erben sein
Ob man die all nit wissen kan
So geb man es eim armen man
Oder sunst durch gots willen auß
Es soll nit bleiben in deim hauß
Dann es ist abgetragen gůt
Dar durch verdampt in helle glůt
Gar mancher vñ solch finden sitzt
Den mã offt reibt so er nit schwitzt
Achor behielt das nit was sein
Vñ bracht dar durch dz volck in pein

zů lest ward im. das er nit meint
Daz man on bärmung in versteint
Wer auff sich ladt ein kleine burd
Der né ein grösser wañ sy im wurd
Finden vnd rauben acht got glich
Dañ er dein hertz an sicht vnd dich
Vil weger ist gantz fünden neüt
Dañ fundt den man nit wider geyt
Waz mã findet vñ eim lüpt zů hauß
Daz kumbt gar vngern wider drauß
Mancher wañ er tůt etwas findē
So treit ers heim zů seinen kinden
Ee man es wider von im brächt
Nleinn spůch er het es nit vnrecht
Ich hab gestolen doch nyemā
Mancher findt den tode dar an (ach
Vnd gschicht im als vor zeitē gesch
Dem einsidel der ein schatz ersach
Den er ob gferd im acker fandt
Do hůb er an schzyen zů handt
We mir ich hab den tode hie fundē
Daz sy schzyen hort zun selben stundē
Ein räiß knab der do für hin gieng
Der macht sich zů dē eynsidel gerig
Vnd do er so vil gůtz do sach
Den einsidel er gar bald erstach
Das er das gůt möcht han allein
Vnd ers nit teilen dörfft gemein
Do mit hat auch der einsidel wor
Jm was sein eygen vnglück vor
Das er do funden hett den tode
Wer etwas findet vnd das nit lat
Dem gschich als dē wolf in jr land
Der ein gespannen armbrost fand
Vnd er die sennen wolt zernagē

Vnd meint sein gwin also beiagen
Do schlüg die nuß auß von der eyb
Vnd für der pfiel im durch de leib
Der het auch wol gesprochē zu stun
Dz er dē todt hett weißlich fūdē (dē
Aber der teüfel blaßt eim ein
Er sols behalten es sey sein
Er mag es doch wol thün mitt eren
Warumb er solchs welt wider kerē
Do mit so gibt er eim ein biff
Aber es ist nit das erst schiff
Das er also verfüret hat
Gedenck das also geschriben stat
Ist daz etwes von dir werd fundē
Vnd wider kerstus nit zu stunden
Sunder meinstu es han varholen
Laß dir sein als hettst du es gestolen
Darumb ist der keiner eren werd
Wer im selbs etwas finden gert

Wer zeichen thut ein gutte straß
Vnd achtet tugent hoch vnd groß
Vñ bleibt er in dem pfitz vnd moß
Der ist der sinn vmb weißheit bloß

straffē vnd selbstun

Der ist ein narr der straffen will
Das im zuthün nit ist zu vil
Der ist ein narr vnd vngeert
Der alle sach zum bösten kert
Vnd yeden ding ein sper an henckt
Vnd nit sein eygen presten denckt
Den halt ich für ein weisen man
Der im von erst selb raten kan

Der hat eins rechten redners mut
Wer sich selb über redt zu gut
Ein handt die an de wegscheid stat
Die zeigt ein weg den sy nit gat
Wer im sein aug ein trotbaum trag
Der tüg in dar auß.ee dann er sag
Bruder.hab acht.ich sich an dier
Ein eglin daz mißfallet mier
Es stat eim lerer übel an
Der sunst kan straffen yederman
Wann er dan laster an im hat
Das übel ander leüt an stat
Vnd daz er leiden muß den spruch
Herr artz.thünt selber heilen vch
Der herr hat leiplich wöllen leben
In dem gsatz die er selber hat geben
Vnd thet von erst die werck allzeit
Was er dar nach lert ander leüt
Hoplomachus zu rom erwarb
Das man sein vater ee er starb

Darumb das er vast geudig was
Verbot do mit er zeyt noch maß
Das er sains güts nym gwaltig wer
Das lag sein vatter also schwer
Das er vor leid kürtzlich dar nach
Starb. do ward seinem sun so gach
Das er verder vnd bald vmstieß
Das groß gut das sein vatter ließ
Vnd ö sein vatter wert den gbruch
Dem für das gut als durch dē buch
Des gleich ließ ein gsatz auß gon
Quintus licinius Stolon
Das acker sol zu Rom nyeman
t Ne dañ fünffhundert iuch hart han
Vnd bstelt er fürsich taisent doch
Die gab er halb sein sun dar nach
Vnd ward mit recht verfellet er
Das er an sein gsatz brüchig wär.
Vñ gab durch sein straf antzeyg vil
Das wer ein andern gebieten wil
Der soll jm selbs gebieten vor
Man spricht süst schaw wz macht ö
Ein iud dē andn näit verweist (tor
Der haff am kessel sich bescheißt
Clodius von dē cebruch sag
Cetheus Cathelinā bkag.
Der blind der einögigen schelt
Sy finden all jr wider gelt
Mancher kan raten ander leüt
Der jm doch selbs kan raten neüt
Als gentilis vnd Mesüe
Der yeder starb am selben we
Des er meine helfen yederman
Vnd aller meist geschriben van,
Es ist gesein einer kürtzlich

Der in der pestilentz rümbt sich
Er künd eim geben kunst dar für
Das es ein nimmer mer berür.
Das end bewärt was yeder kan
Es stieß in an fünff orten an
Vnd für gar schnellklich dar van.
Vil legen burd auff ander leüt
Vnd wöllen sy doch tragen neüt
Vnd meinen in dem toten schantz
Man soll nie mercken jr allfantz
Ein ydes laster das geschicht
So vil scheinbarer man es sicht
So vil als der wirt höher geacht
Der solches laster hat vlbracht
Tů vor die werck dar nach die lere
Wiltu verdienen lob vnd ere
Das wolck von israhel hat sinn
Straffen die sün beniamin.
Vnd lagen sy dar wider doch
Dañ sy in sünden warn noch zc

Allt biß bey den die bald jr hend
Strecke vnd für dich bürgen wend
Dann so man nit zů betzalen hett
So gatt die kuter mit dem bett
Do hunger in egypten was
Namen sy kom auff so vil. das
Sy eigen wurden hindennoch
Vnd müsten doch das betzalen doch
Doch zwang ij dar zů hungers not
Macher nicht auff vñ kouft kā brot
Sunder wer tůt das yppiklich
Verlon auff kainfftig erben sich
So well er wider weid n reich
Dē sitzt mā dañ für fünff vñ zehen

e j

Mancher begat sich solchs lehen
Macedo lauff noch auf der straß
Der mächem vater gibt ein kaß
Das er vor jamer nun mag leben
Uff dem man hat ein taggüt geben
Und wen verfüt der unwerd alt
Dem etwan dick geschicht gewalt.
Dan kumpt dz stündlein dz man zalt
Wan anfacht der esel sein tantz
Halt man i nit wol bei dem schwantz rc.

Wer alzeit gern von weißheit hört
Und mit begierd die fleißlich lert
Gentzlich zu jr sich all zeit kört
Der wirt in ewigkeyt geert

Die ler der weißheit
Ein viertail narren ist vor hin

Gefaren. doch auff kleinen gew
Un han dem rauck zu kurtz genon
Sy mügen nit har wider kumt
Es sey dann dz sy weißheit leren
Und an dye nachgond red sich
Die ich har um hab har gesetze
Wär yemans in dorheyt verletz
Un het die schnür zu vast genom
Dz er bey zeit zu land möcht kun
Dye weißheyt schreyt mit heller s
O menschlich gschlecht mein red i
Auf bscheidikeyt hant acht ir ki
Marcken all die in torheyt seind
Süchen die ler. un nit das gelt
Weißheyt ist besser dann all we
Und alles daz man weinschen n
Ste llt nach weißheit nacht un
L leut ist dz jr gleich sei auff erd
In rätten ist weißheyt gar werl
All sterck un all fürsichtigkeyt
Stat zu mir ein. spricht die weiß
Durch mich die künig hat jr kro
Durch mich all gsatzt mit recht
Durch mich die fürstē hat jr lädt
Dur mich all gwalt. jr spruch b
Wer mich lieb hat dem lieb auch
wer mich frü sücht d sint auch m
Bey mir ist reichtum. güt und a
Mich hat besessen got der herr
Von anbeginn in ewigkeyt
Durch mich hat got all ding b
Un on mich ist gar neüt gemach
Wol dem der mich all zeyt betrad
Dar um mein sün nit seind so tr
Sellig ist wer gat auff mein weg

Wer mich fidt.ð sidt heil vñ glück
Der mich haßt ð verdierbe gar dick
Die plag wirt über narꝛ gan
Sy werden weißheyt sehen an
Vnd dē lon. der darumb ist bereyt
Vnd werden wirt in ewigkeyt
Dás sy einblātend.vñ selbs sich
Jn iamer nagen ewigklich.
Warlich sag ich.all gwalt.vnd gelt
Baw.reichtū.vñ wollust der wele
Mag nit geacht werdē für recht gūt
Dañ es kein mēschē setige tūt
Jo werdens bꝛinger on vnderlaß
Der ein wie er dē hauffmacht groß
Der and vdꝛcht das er verlier.
Dar vm̄ sen ich dye weyß in mier
Dye solche ding all hand vernicht
Dañ mā dz tāglich scheinbar sicht
Die schon hant sollch überlast
Mit vinzig seint jo narren vast.
Die weile nun böß nit mag bey gūt
Sein.vñ der gūt neūt böses thut
Vnd doch dye hösen des hand vil
Auß dē ich schlecht beschliessen wil
Das mā dz selb nit nennen mag
Das es gūt sey nach warer sag
Dar vm̄ wer gelt vich.vñ hāusrat
Oder des geleich verloren hat.
Mag mā nit warlich sprechen ab
Das er das gūt verloren hab.
Darumb lob ich Biantem wol
Den man billich veiß nennen sol.
Do dem der vinde gewunnen hat
Sein vatterland ab vnd sein stat
Vnd andere fluchen auß dem land

Vnd mic in trigen allerhaub
Vnd manten in mir schꝛeigen sagen
Er solt auch etwas mit jm tragen
Do spꝛach er ich tū dz mit bgyr
Alles das ich mein.trag ich mit mir
Vñ ließ doch do hei schatz vñ gelt
Dz mā doch gūt heyßt in der wele
Das achtet er nit für das sein
Dann Glück mag sōllichs fürēheit
Darumb ob du yez fragest mich
Was doch gūt sey.so antwurt ich
Waz recht mit tuget erlich gschicht
Das heißt ich gūt vnd anderß nicht
Vnd was ich dier das baß bewer
So thū dein oren auff vñ hör
Wie mag man etwas heyßen gūt
Das nit den selben machen tūt
Besser.der es besitzen ist.
Dañ gūt dz teile sich auß all frist
Vnd so vil mā me teyls hat dꝛan
So vil me lobs hat man dar von.
Vnd ist kein gūt wer das inn hat
Der mag erlich leben sein stat
Say mir.was findstu des gleich.
Jn wollust.gelt.gewalt.vnd reich.
Wort.ð dye hat auch besser dium
Mag er sich heißen gūt vndfrum
Der solchs on ander tugent hatt
So vil me solches cim zū stat
Sol vil me einen me erblennt
Das er sein aigen gmūt nit kent
Darvm̄ pschleiß ich.dz neūt sey gūt
Dann dz weißheyt recht erlich tūt
Aber ich laß das also sten
Die welt die kart sich doch nit dꝛan

c ij

Darüb so müß ich noch me bringe
Die an der narren kapp vast klinge
Vnd sich verlassen auff ir glück
Die rennen ser vnd fallen dick

Wer meint bz im gätz neütz gebrest
Er hab im selb gemacht ein nest
Dar in er glück hab auffs aller best
Den trifft der klüpfel doch zü lest

uber hebung glück

Der ist ein narr der remen gtar
Das im vil glück kä handen far
Vnd er glück hab in aller sach
Der wart des schlegels auf dē bach
Als polycrates ettwan gschach
Der hat groß vnentlich glück

Das er sich selb darumb haßt dick
Was der begert das ward im wo
Wz er anschlüg bracht glück im vo
Vñ was neüt vñ in dañ stet fräü
Als wolt er doch auch sehen leid
Vnd nam sein besten ring zü stund
Vnd warff den an des meres grül
Dz er es doch ettwas leids entpfieg
Vnlägs dar nach ein vischer fieng
Ein grossen wall visch dē er schant
Dē künig policrates zü hand (visch
Vnd als der koch auff schneit den
Do vid der ring ym auff dē tüsch
Do das Samnitius befand
Der künig in egyptē land
Do het er ein groß scheyhen drab
Vñ seit in darüb sei freintschafft al
Dañ er meint nie das müglich we
Dz groß glück würd i ettwä schwe
Als auch geschach. es halff in neü
Er ward geschencket an ein krüz
Vnd das er auff glück stez treng
Wart er zü letst am glück erhenck
Des gleich möcht ich vß andn mä
Von dionisio dem Tyrannen (no
Von Syphaci dem künig sagen
Aber dis büch mags nie ertragen
Je doch glück der zergengklicheit
Ein zeichen ist vnd vnderscheit
Das güt des menschē sich verrüch
Den er zü zeytē nit helm süchte gieß
Jn spruch wort man gemeinlich
Ein freünd den anderen offt besich
Ein vatter strafft offt seinen sun
Das er vorcht hab vñ recht ler tün

Ein artzt gibt saur vñ bitter tranck
Da mit dest ee genuß der kranck
Ein scherer meisselt schnit die wũdt
Do mit der siech werd bald gesund
We we dem krancken wañ verzagt
Der artzt. vñ er mit straafft noch sagt
Das sole der siech nit han getan
Er solt das vñ das dañ han gelan
Sunð er sprüche gent im recht hin
Als das er will vnd glustet in
Dann artzney muß würcken langk
Wañ kranckheit nibt vast überhack
Wer gern wol werdë bald gesund
Der zeig dem artzt recht die wund
Vnd leid sich so man die auf brech
Oder mit meißlin dar in stech
Oder sy hefft. wesch. oder bind
Ob mã im schon die haut abschind
Do mit allein das leben bleib
Vnd man die sel nit von im treib
Ein gütter artzt dar vñ nit fleücht
Ob joch der kranck halber hin zeücht
Ein siech sich billich leiden sol
Auff hoffnũg dz im bald werd wol
Wer ein artzt in ð kranckheit leügt
Vñ in der beicht ein priester dreügt
Vnd vnwar seyt seim aduocat
Wañ er wll nemen bey im ratt
Der hat im selbs allein gelogen
Vnd mit seim schaden sich betrogë
Alls was der tüfel bscheissen wil
Dem geyt er glück vñ reichtum vil
Gedult ist besser in armüt.
Dañ aller welt glück.gwalt vñ güt
Seins glücks sich niemãs überhab

Dann wenñ got will so nimbt es ab
Als dem würe bey seins geschach
Do in sant Augustinus sach
Vnd fragt in. wie es vñ in stynd
Do gab er im antwurt geschwynd
Es wer im allzeit glückig gangen
Was er ye gert. hett er erlangen
Vñ wust nüt da ñvõ glück zü sagë
Do hieß Sant augustin har erragë
Sein satel bald. vñ sprach zum Kne-
Sattel. vñ laß vns fliehë recht (che
Das vns nit graiff der gottes zorn
Sy reüten mit verhangtem sporn
Vnd do sy vnser kamen dann
Do sieng das hauß an vnder gan
Vnd ward verloren würt vnd kind
Als gůt. vñ hab. hauß vnd gesind
Man zeiger eim noch do ein see
Den sicht man. vñ nüt anders mer
Ein nar ist wer do schreit dick
O glück. wie lastu mich. o glück
Was zeichstu mich.gib mir so vil
Das ich ein nar bleib noch ein weil
Dann grösser nariten wurdë nye
Dann die allzeit glück hätten hie

Wer aller welt sorg auff sich ladt
Der sorgt vmb das im nietzü stadt
Vnd nit gedenckt sein nutz vñ schad
Der leyd sich ob er etwan bad

Uon zů vil ſorg

Der iſt ein man der tragen will
Das im auff heben iſt zů vil
Vnd der allein will vnderſtan
Das er halb breit nitt möcht gehan
Wer nidt die gantz welt auff ſein ruck
Der velt in einem augenblick
Man liſt von alexander das
Die gantz welt im zů enge was
Vnd ſchwitzt dar inn, als ob er nüt
Für ſeinen leib genůg hett weit
Jo do im Caliſchenes ſeyt
Das ettlich hielten für warheit
Es wern me welt, auff erd dañ eyn
Sy möchten im nit werden gemein
Do ſprach er, o ich hab noch nit
Die ein gewunnen, yetz lang zyt

Wie will ich ſз dañ all gewinnen
Sorg het in nach bracht võ ſiñ im
Sein gmyet möcht nie in rüwe ſte
Vnd ſorg: vmb dз er möcht h̄
Ließ doch zů leſt benüegen ſich
Mit ſiben ſchiechigen ertz reich
Allein der tode erzeigen kan
Wo mit man můß benüegen han
Es was gewon in kriechen land
Wann man ein keiſer wölt zů hā̄l
Rumen zů im ſtein metzen dar
Vnd fragten in was marmel far
Er bruchen wölt zů ſeinem grab
Das er erſchrecken ſolt dar ab
Vnd gedencken das er wer tödlic
Vnd möcht nit bleiben ewiklich
Das er vil vnnütz ſorg ſolt lan
Als hand die Römer auch getan
Wann einer erlich gefochten hat
So fürt man in mit durch die ſt
Mit wieſſen roſſen gulden wagē
Vnd můſt ein kron vñ zepter trag
Als fürt man in der ſtat in vmb
zů leſt ins capitolion
Das nanten ſy dann tryumphier
Aber der hencker thet in fieren
Vñ etwā dick ſchympfllch an ri
Das dar bey ſolt gedencken er
Das ſolche ere nit ewig wer
Vnd leicht nit über hieb der ere
Dз ſich der hencker würd ſein h̄
Dз gleich mā noch bē babſt och
Wañ man in krönt mit ſeinem b̄
So zyndt man ſtuppen vor ym
Vnd laſt die flamen für in gan

vñ spricht schnrw h.l'ger vater wab
Als ist die ere auff diser erd
Das er nitt in sein grossen stadt
Sein selbs vergeß vñ auch dē tod
Dan mēschen ere. ist lufft vñ kot
Das ist eins yeden vatter land
Wo er recht lebt in allem stande
Dann wol sein ist an keiner stat
Der mensch das selb jm hertzen hat
Diogenes vil mechtiger was
Wie wol seyn bhusung was ein faß
Vnd er nüt hat auff aller erd
So was doch nüt das er begerdt
Dann das alexander solt für gan
Vnd im nie vor der sunnen stan
Vnd das er jm nit nomen solt
Das er nit geben möcht noch wolt
Der hatt kein sorg vñ lebt doch baß
Jn armůt vnd in seinem vaß
Dann alexander mit sein gelt
Vnd seim gwalt in der gantze welt
Wer hohen dingen souget noch
Der můß die schätz auch wagē hoch
Was hilfft ein mēschen dz er gwin.
Dye gantz welt vñ verdurb er diñ.
Was hilfft dich dz d leib kām hoch
Vnd für dein sel inns hellenloch
Wer sorgt ob dye genß gont bloß
Vnd fege will all gaß vñd stroß
Vnd eben machen berg vñ tal
Der hat kein frid rů über all
Es ist yetz worden gantz gemein
Das nyemans sorgt für sich allein
Mancher der sorgt für mich allzeyt
Den ich doch des hab gebeten nit

Wo mit ich mich begann vnd ner
Vnd sorge was man tůg über mer
Sorgt er für sich dz wer mein rat
Vnd ließ dye narrē kapp on not
Zů vil sorg ist nyenan für
Sy machet manchē bleich vñ dürr
Das er sich selber nagt vnnd yßt
Neid sorg. jr eygen kuttlen frißt
Der ist ein narr der sorgt all tag
Das er doch nit gewenden mag
Zů vil recht tůn ist offt vnrecht
Wol dē d einfalt wandelt schlecht ꝛc

Wer stet zů borg auff nemen wil
vñ machē schuld vñ bürgschaft vil
Dem essent wölff doch niet sein zyl
Der esel schlecht in vnder wyl

Vō borg auff nemē

Der ist me dann ein anderer nar
Wer stets auf nipt an boͤrg vn̄ hau
Vn̄ in im nit beträchten will
Dz mā spricht. woͤlf essent kein zil
Als tünd auch die. den ir boßheit
Gott lang auff ir besserung vertreit
Vnd sy doch täglich mer vnd mer
Auff laden. dar durch got der herr
Jr wartet. biß das stündlein kundt.
So bezalē sy beym minstē pfunde
Es sterben frawen vich. vnd kind
Do der von amorren siind
Vnd sodomeiten kam ir zyl
Hierusalem zů bodem fiel
Do in bott beitet lange jor
Die Niniviten bzalten vor
Gar bald ir schuld vn̄ wurbē qwie
Doch harten sy die leng nit
Si nomen auff noch groͤsser we
Des schickt in gott kein Jonas me
All ding die hant ir zeit vnd zyl
Vnd gond ir stroß. wie got wyl
Got spricht das erst übel behend
Das ander ich auch von dir wend
Aber des dritten ist zů vil
Von dē ich dich nit lesen wil
Mächer nan gern auff groß vn̄ klei
Gůt. Gallē. Rapp. vn̄ überbein
Warm mā jm borgen woͤlt alleyn
Wem wol ist mit nemen auff borg
Der hat zů bezalen gantz kein sorg
Vnd was im gele gat vnder hand

Der läg das er das bald verwend
Do mit mäch herschafft nibt ci en̄
Vn̄ kübt mächer von hoff vn̄ hauß
Der vor tag lofft zur porten auß rc.

Wer weinschet dz er nit verstat
Dem in sein anschlag ist zů not
Vnd nit sein sachen setzt zů got
Der kumpt zů schaden frü vn̄ spott

Von wunutzē zu üin
schen

Der ist ein nar der weinschen thůt
Das im als bald schad ist als gůt
Vnd wan ers hett vn̄ wurd im war
So wär er doch ein nan als vor
Midas ō künig wünschen wolt

Das alls das er an griff wurd gold
Do das war ward. do leid er nott
Dañ im zů gold ward wein vñ bro.
Recht hat er das er deckt sein har
Das man niet sech sein esels or
Die dar nach wůchsen in dem ror
We dé sein weinsch all werden war
Vil wünschen das sy leben lang
Vñ tůnd der sell doch also trang
Mit schlemen. prassen im weinhuß
Das sy vor zeyt mů faren auß
Dar zů ob sy schon werden alt
Seit sy doch bleich siech vngestalt
Jr backen vnd hut ist so ler
Als ob ein aff jr můter wär
Vil geizlicheyt die iugent hat
Das alter in eim wesen stat
Jnn sitten glider. stymm. vnd hyern
Ein tryessend naß vnd glatzet stiern
Seine frawen ist er vast vnmer
Jm selbst vnd seinen kynde schwär
Jm schmeckt vñ gfelt neüt wz man
Vñ sicht vil dz in nit důckt gůt (tůt
Wdch leben lang die hãt groß pein
All zeyt in neüwem vnglück sein
Jn truri vnd in stetem Leyd
Enden jr tag im schwartzen kleyb
Dest höher wider abher falt
Vnd dz wer auff der erden leyt
Der darff vor fall nit főrchten sich
Wañ mã auß gåg dz gwalte betra
Gar dick es måchē truw macht (cht
Jo dem ouch der do überwindt
Er můß besorgen dz beschwind
Ouch mit im vmblouff glückes rad

Nyemãs frő sich des andern schad
Julius der wolnt in all macht
Do mã pompeius houbt im bracht
Der doch sein weib lågzeyt wz gsin
er soint dz sollch glück treffouch in
Des gleich auch alexander hat
Geweint do er sach darium todt
Daß er durch sein vernůfft betracht
Dz grősser gwalt ků werd ein nacht
Got gibt vns alles das er will
er weißt waz recht ist. was zů vil
Ouch waz vns nutz sey vñ ků wol
War auß vns schad enspringå soll
Vnd wann er vns nit lieber hett
Dañ wir vnß selbs. das er alles bet
Vñ macht vnß dz wir wünstē war
es reüwet vns ee auß kåm ein jar
Dann vnser bgier macht vnß blind
zů weinschel dig dye wir vns siut.
Wer weinschē well dz er recht hab
Der weinß dz im got dar zů gab
Ein gsunden kůn. lieb vnd gemüt
Vñ in vor vorcht des todes bhiet
Vor zorn begier. vnd besem gyt
Wer das erwirbt in biser zeyt
Der hat sein tag geleyt baß an
Dann hercules ye hat getan
Oder sardanapulus hat
Jn wollust fůll vnd federwnt.
Vnd hat alls dz im sein wúrenot
Darff niet an rőffen glück für got
Ein nar weinschet seinē schade dick
Sein wúsch wirt offt sein vngelück
Als phaeton der faren wolt
Das er doch nit kund. vnd nit solt

Darumb sein leben er verlor
These⁹ thet auch olich weschē vor
Dz er het gwölt. es wurd nit war
Dañ er durch seinē wunsch erwarb
Das im sein sun hippolitus starb
Der doch nit verschuldet hat
Es geraw den vater auch an stat
Doch möcht er wendē nit den todt
Der ist noch gröffer narr vnd bot
Der ym ab wynschet selb sein jar
Spricht ich wolt gerē beſt elter sein
Das doch ein mal geriet der wein
Oder das ich sech wie es gyng
In dysem Vnd in jhenem ding
Als ob es sunst nit möcht geschehē
Wir müsten es dann eben sehen
Nit wünsch dein jar gant selber. hin
Verschwinden bald vnd du mit iñ
Du magst verharten nit so lang
Daz du sechst wie all ding auß gān
Dein vatter Ene auch des gleich
Wüsche. yetz küt der wüsch an dich
An dein kind kübt er auch behend
Got weißt vnd sicht allein das end
Got hat vnß wol dar an getan
Daz vnser wümsch nit fürsich gan
Ich würd villeicht kein augen han
Os würd vnsi süstlich schlytzē auß
Als Semele. die verbrant im hauß
Do sy den Tunder sehen gert
Ward sy mit jrem vnglück gewert
Trieg einer kümist oder sand
Vnd wünschet im die ander hand
Er wurd bald innen näurer mer
Vell hand im schwer wer. oder ler

Als wünschen gat vnß allein nit ab
Keiner spricht daz er gnum wer hab

Wer nit die rechte kunst studiert
Vnd würt am narren seil gefiert
Vñ nach ð gschüfft sich nit regiert
Der selb dem gauch die schellē rürt

Unnütz studieren

Auch der studenten ich nit feyr
Sy hand die kappen vor zü steür
Wañ sy allein die streiffen an
Der zypfel mag wol naher gan
Dañ so sy solten vast studieren
So gand sy lieber bübelieren
Die jugent acht all kunst gar klein

Sy leren lieber yetz allein
Was vnnütz vnd nit fruchtbar ist
Das selb den meysteren auch gegni st
Das sy der rechten kunst nit achten
Vnnütz geschwetz allein betrachten
Ob es will tag sein oder nacht
Ob hab ein mensch ein esel gmacht
Ob foxres oder plato lauff
Solch ler ist yetz der schülen kauff
Eindt das nitt narrē vñ gantz thim
Die tag vñ nacht gant da mit vñ
Vnd krützigen sich vnd ander leüt
Kain bessere kunst achten sy neüt
Darumb Origenes von in
Spricht dz es seind die frösch gesei
Vnd die hunds muck[?]s die do hant
Geburechtet Egypten land
Dañ sy der wort allein hand acht
Der warheit selen wur gedacht
Vnd mache dz die kunst sich thüt
Ner zeige schworr. bañ groß vñ güt
Vnd mach ms vil verwürter me
Dañ das sy scheynbar klar auff gee
Vnd kunnen dick mit worten zamen
Mich wundert dz sy sich nit schame
Mancher so er weiße weißlich schö
Daz sein meinnug irt vnd sein won
Vnd das er hat vnrecht zů zyt
Dannocht so will er schweigen nitt
Vmb das man sech das er vil kan
Vnd dz in gschweyge mig nyeman
So racht er ein zanckes an
Vnd dz er dem nit müß vor geben
So vlchtet er als vmb sein leben
Dann sy nit vñ die warheit rechts

Sunb durch lob vñ rům sy vechten
Vnd werden so verhart da mit
Das sy der warheit weichen nit
Vnd ist in nöter wie sy gwinnen
Dañ wie sy der warheit nach sinnen
Wie wol gar nutz ist disputieren
Vñ frage wie straff red in fiereēcht
Dañ dar durch würt dz dunckel lie
Dar durch mā auch die warheit sy
Vñ seind ein grüt vñ alle sachē(icht
Doch soll mā do kein zanck mache
Kein hader krieg.zürnend gebreche
Das man es nit für kindwerck acht
Mā soll nit wort auch keine triege
Dañ küst ð warheit darff kein liegt
Aber das ist dar in das böst
Das yederman wergan der böst
Dañ. bure meinen well vil schryege
Das die gewitten wöll obligen
Das weist man in den schülen wol
Des schreyen sy stet ymar toll
Des rappens gschrey ist mā do wol
Vnd lerend dannocht neüt dest mer
Jickes geckes ist vnser ler
Do mit so gat die jugent hin
So sind wir zů lips. Erfort. vyen
zů heydelberg. Metz. Basel gestade
Xumen zů lest doch hd mit schade
Das gelt das ist verzeret do
Der buckery. seind wir dañ fro
Vnd daz man lert aufftragen weht
Dar auß würt dann ein henslein
So ist das gelt geldt wol an
Studenten kapp will schellen hait
Etlicher acht sich hoch darumb

Das er auß welschen landen kumb
Vnd sy zů schůlen worden weiß
Zů bonöny.zů pauy.pareiß
Zů hohen Stein in der Sapientz
Zů picanis vnd oiliens
Vnd den roraffen gesehen hett
Vnd meter pytz de Coi miget
Als ob ich nit auch in teütscher art
Noch wer vernüff.sei hönbter zart
Do mit mä weißheit kunst möchte
Nit not.so ver zů schůlen kere (lere
weller will leren in seim land
Der findt yetz bůcher aller hand
Vnd allenthalb gelerte leüt
Die er mag fragen alle zeit
Das nieman mag entschuldt ze sich
Er well dann liegen lasterlich
Man meint ettwan es wer kein ler
Dann zů attenas über mer   (sand
Dar nach mans auch bein walhen
Jetz sicht man kunst in teütsche läd
Vñ gbiset vns neüt.wär nie d wein
Vñ das wür teütsche voll went sein
Vnd migen kein recht arbeit thůn
Wol dem der hat ein weissen sun
Jch acht nit das mä vil kunst kuñ
Vñ do mit stell nach hoffart greiß
Vñ meit dar durch sei stoltz vñ klůg
Wer weiß ist der kan sunst genůg
Doch weißheit mangar kü ergreifft
Es sey dann du rch ler vñ gschrifft
Vñ nimbt mich wunnd dz man hat
Vil gelerter yetz in allem stat
Aber der weisen wenig gar
Das ich das wartlich sagen gtar

Kum so vil seynt bey vnsern iaren
Als vil zů Theba porten waren

Solt got nach vnsere gfalle machl
Vbel gyng es in allen sachen
Wir wurde weinen.me dañ lachl
himel vñ erd würd mit vns krachl

wider got reden

Der ist ein nar wer macht ein füer
Das er den sunnen schein geb stür
Oder wär fackel zündet an
Vnd will der sunnen glast zů stan
Vil mer d got strafft vñ sein werck
Der heist wol heñ von Narrenberg
Dann er all narren übertrifft
So er so wůst in kappen grifft
Das ein würmlin vñ esch will leren
Den schöpfer vnd got seinen herren

Des werck wir durch kein kunst er-
Noch durch vernüfft mögē (gründē
O höh ď reichtū ď weißheit (erfind
spricht palus) o gots fürsichtigkeyt
Wie vnbegraiflich seind dei gericht
Dein weg vñ fürnemē niemas sicht
Gotes gnad vñ sein almechtigkeyt
Ist so vol laller wissenheyt
Das sy nit darff der menschen ler
O. er das man nit rüm sein mer
Dar vm o nan was straffst du got
Dein weißheyt ist gen jm ein spott
Laß got thūn seinem willen nach
Es seyg gūtheit. straff oder rach
Laß roittent in. laß machen schön
Dañ ob schon zürnest vnd bist hön
So gschicht es nit dest minder me
Dein wünschen tūt allein dir we
Vnd gibst ein anzeyg das du bist
Ein nar. vñ billich heißt häns myst
Dar zū versündst du dich gar schwär
Vil weger dir geschwigen wär
Nit ūch das dz zū hoch dir ist
Ergründ nit sterckers dañ du bist
Biß nit fürwitz in gottes werck
Vil seint gefallen an dem berg
Wer freuelich gotes gwalt antiert
Der wirt durch dye narenkapp ver
Das ist ď berg. do got wolt hā fiert
Das in kein tyer solt ryeren an
Vñ wels dz tet dz wurd verderbet
Vñ wurd des bösen todes sterben
Vñ gschicht i alß dē hirtz gschicht
Der wunder gern all ding besicht
Vnd wañ ein mēsch erst auff in küt

So bschowt er in biß er würt wunt
Dz ist dz mer dar inn dz schwimbt
Ein schaff. das kemelthier ertrinckt
Dē selbē geschicht auch wie dē affē
Do er dem werckman zū tat gaffen
Vnd sach wie er gezimert het
Do gieng er heymlich dar an stet
Vñ wolt dz holtz auch also spalten
Biß es in tödtlich det behalten
Als ist der nar der fürwitz hat
Zū dem des er sich neüt verstat
Dar auß im offt groß vnglück gatt
Vnd fallen dick in schad vnd spott
Socrates redt welsich dar von
Was über dir ist. gat dich neüt an
Vor auß wz got will heymlich han
Dar zū spricht cato der weiß man
Gots heimlicheyt laß stan gering
Ein tödlich mēsch sorg tödtlich ding
Wir bittē dz gots will der werd
Als in dem hymel so auff der erd
Das wolck israhel. lert vns wol
Ob gott wel das man murmele sol
Vnd im vmb sein werck straffe vil
Dann gott dz selb nit leiden wil zc.

Wer auff sein frümkeyt halt allein
Dem niemā gūt ist in der gmein
Vnd vrteyle yeder man vnreyn
Der stoßt sich etwan an dn stein
f i

Bald hat ein vrsach er abi cht
Vnd kan sagen der tet also
Der was zů wild der selten frow
Der hat diß vnd der ihens getan
Dar vmb hat in gott sterben lan.
Vnd vrteylt einen nach seim tod
Der villeicht ist in gottes gnad
So er in grossen sünden lebt
Wider gott vñ sein nächsten streb
Vñ vörcht darumb nit straff noc
vñ weißt doch dz er sterbe müßt bi
Wo. wenn vñ wie ist im nit kunt
Biß dz die sel fert auß dem mundt
Doch gloubt er nit das sey ein hell
Biß er hin ein küpt. über die schwe
So wirt in dann der stim auffgan
So sy in mitt der flamen stat
Jeder sein werck hye kan glosieren
Vnd tůt ein andern plesynieren
Vñ kan rechen yede was im zimbt
Keiner sich bey der nassen nimbt
Sunder sein werck will er verstect
Vñ auf sein schalck ein hülin beck
Als dunckt yeden sein leben gůt
Allein das hary got kennen thů
Für böß scherz man offt manchē m
Den got doch kent vñ lieb will ha
Mancher auff erden würt geert
Der nach seim tod zur hellen fert.
Ein narr ist wer sprechen thar
Das er rein sey von sünden gar
Mancher mit steinen würfft vñ sic
Der billicher treff sich dann dich
Doch yedem narren das gebürt
Das er nit sein will das er ist

Ander leüt vrteilen

Der ist ein narr der sich vertröst
Auff won vnd meint er sey der gröst
Vnd waißt nit daz in einer stund
Sein sel fert dieff in hellen grundt
Als tůnt dye in sich selbs vertruwet
Vnd auff ir heyligkeyt tůnt bauwen
Vnd meinen nieman sey als gůt
Vnd hab als rein vñ rechten můt
Noch sey got als genem als er.
Solch böß vermessenheit ist schwer
Von den also geschriben stat
Nit rechtfertig dich gegen got
Dann er erkent all hertzen wol
Vnd weißt wie all ding enden sol.
Aber den trost hat yeder narr
Er meint nit sein der erst der far.
Wann er schon andere sterbe siche

Wañ er schon siech ist auff dē tode
Sůcht er doch nit der selen rat
Do mit es manchem übel gat
Vnd ist gefaren mancher hin
Der langzeit hofft noch hie zů sin
Der yetz reü hat ein mit der pfi zc

Wer nach vilpfründen stetz hie stot
Vnd lade auff me dann im sey nott
Des esel fe le me dann er gat
Vil seck dye seint des esels dot

Von vil dō pfründē

Der ist ein nar wer hat ein pfrün
Der er allein kum recht mag thån
Vnd ladt noch auff so vil der seck
Biß er den esel gantz ersteck
Ein zimlich pfründ nert einne wol
Wer noch ein nim bt der selb der sol

Acht hat das er ein aug bewar
Das im nit auch das selb außfar
Dañ wo er noch ein dar zů nimpt
Wirt er an beyden augen blint
Dar nach kei tag noch nacht hat ru
Biß er on zal auff nem dar zů
Als ist dem sack der boden auß
Biß er fert in dz ganer hauß
Aber man tůt yetz dispensieren
Dar durch sich mancher ist vasieren
Der meint das er sey sicher gantz
So eylf vñ vnglück wirt sein schatz
Mancher vil pfründen besitzen tůt
Der nit wår zů eine pfründlin gůt
Dem er allein wol recht möcht tůn
Der bstelt.du scht.kaufft so manige
Dz er vcrint dick an der zal (pfründ
Vnd tůt im also we die wal
Auff wölcher er doch sitzen well
Do er můg sein ein gůt gesell
Vñ frōmde fründ lade anff sei pflåg
Als ob er nit het eiginer gnůg
Das ist ein schwår sorglich collect
Warlich der tod im haffen steckt
Mors est in olla.lůg für dich
Es wirt dich rüwen.denck an mich
Vil mochten sich do mit began
Das yetz ein narr allein wil han
Hindert måche gůtte gelerte man
Der got lieb.neür der kirchen wer
Der můß sich bgō in armůt schwår
Vnd kan zů keyner pfründe kůmen
Dañ Symon hat sy vor genomen
Der selb ist also gewaltig worden
Er kennt nun dē zwōlffbotten ord.n

f ij

Dz durch gnad etwā nach wz glasse
Dē gelartē vñ den adels genossen
Dz sy nie dañ ein pfrūn mȯchtē han
Vil sich yetz bruchē yederman an
Jo mag adel vnd gelerten nū
Vor esel treiber nim kunten zū
Von iherusalem türsten die leuiten
Dye do ir pfrūnd hetten zū zeytten
Kein teil zū bethleem ein niemen
Lamech der mūß sich des beschemē
Vñ würt in ō geschrift verflūche
Das er zwo frawen hat gesūcht
Die gschrifft lobt hercules darumb
Das er bezwāng den Cerberum
Der auff ein leib drey kȯpff hat stȯl
Des gleich dz er schlūg Gereon
Der drey leib auf zwein füessen trūg
Ein haubt ei leib. ei pfrūnd ist gnūg
Wer sich da mit nit laße benyegen
Den tūt der teüfel also triegen
Dz weil er meint nach zwayē strebē
So wechßt sein begierd auf vj. dar
Vñ rūt nit. sy hab dañ all zal (neben
Als hydra kȯpft hat überal
Dem ward doch hercules so weyß
Des hat er ewig rūm vnd preiß
Das blūt er in den ader stopfft
Dz hydra wachseu mȯcht kein kopf
Also darzū auch dye weißlich dran
Die ir begird stoppend daran
Liessen mitt zimlich sich benūigen
Bgird ist ein schalck thūt machen
Aber ich wills yetz lassen ligē triegē
wer draub ist vē mūß mā vast schreiē
Geidr hatt all welt alß gātz bzwūge

Dz ist die weißheit gātz vertrūng
Vil pfrūndē gēd faßt roch im hu
Beissen doch manchē die augē v
Das er nit sicht seiner selen heyl
Der hatt in israhel kein teyl
Vñ wirt mit sein vnglück entpfib
Ob hatt vil pfrūnden. sey ōn sūnde
Marck wer vil pfrūnden habē we
Der letsten wart er in der hell
Do würt er finden ein präsentz
Die me tūt darm hye sechs absentz
Vnd mag dañ nit me dispensieren
Er mūß dar auff selbs residiceren
Vnd sich der pfrūndē wol ergetze
Man laßt in kein vicarien setzen
Do wirt mā dann ein rechnung tā
Wie yeder mā verdient sein pfrūn
Do wirt erfunden bey eim pfund
Wie yeder mā zū pfrūnden kumpt
Dann selec pfrūnden man auß gi
Simon vñ Gyese laufen mitt rc

Wer eras eras singt wie ein rapp
Was mā im rat ist er ein lapp
Der bleibt ein narr biß in sein graf
Morn hat er noch ein grȯsser kap

Afftlag suchen

Der ist ein narr dem got ein geit
Das er sich besseren soll noch he
Vnd soll von seinen sünden lon
Ein besser leben vahen an
Vnd er in im selbs siicht auffschl
Vnd nimbt zil auff ein andern t

Vñ singt cras cras des rappē gsang
Waiß t doch nit ob er leb so lang.
Dar durch seine narren vil verlorn
Dye allzeyt singen, morn, morn.
Was sünd antrifft vñ narheyt süß
Do ylt mā zu mit grossem lust
Mā bedeckt sich nit mit ei aufschlag
Oder das mā bleibt noch ein tag
Es müß von stund an gan võ stab
Ob es schon sey verderpplich schad
Do schlaffe d rapp er kan ni schreiē
Vnrecht bleibt nit biß morges ligē
Was ein trifft vñ recht ist gthō
Das will gar schwaruch naher gott
Vñ sicht ein aufschlag im allzeyt
Besser ist beichtē morgē dan heüt
Morn wene wir erst recht leren tūt
Als sprucht yetz māch verlorner sun
Das selb morn küpe dañ nimer me
Es fleicht vñ schmiltzt gleich wie d
schne

Biß das die sel nim bleiben mag
So kumpt dañ erst der morning tag
So wirt von we der leib gekrenckt
Das er nit an die sel gedenckt
Vnd dz er gester acht für nüt
Das het er gern geb gott ins heüt
Also verdurbent in der wüst
Der iuden vil, der keiner müst
Noch solt gāntz kumē in das land
Das got verhieß mit seiner hande
Dann sy sich von jm detten keren
Vnd woltē nit bey zeittē hörē
Wer heüt nit geschickt zu reüwen ist
Der vindt morn me das im gebrist
Wer heüt den beist gottes leschet auß
Dem kumpt er nit all tag zu hauß
Wen heüt begreifft dye gottes stim
Der weiße nit ob sy morn rufft im
Her Paulus lenger tag gebeyt
Do im got rüfft vnd so im seyte
Saule saule was durchechstu mich
Mattheus in dem zoll des gelich
Die gnad reär leicht võ in genumē
Vnd nitt all tag widerkummen
Der seind vil tusend yetz verlorē
Die meintē besser werden morē rē

Der hiett der hewschrcck an d sum
Vnd schütet wasser in ein brunn
Vnd welche die ziegel vmb vñ vm
Wer hietet das seīn fraw ob̄e. b frum
f iij

mit last

Von frawen hietē

Vil narren tag vnd wenig gůt
Hat wer sein frawen hietē tůt
dañ welch vol will die tůt selb recht
Welch übel will die macht bald
Wie sy zů wegē bůg all tag schlecht
Jr böß stirnemē vnd anschlag
Leit man ein marschloß schō dar fůr
Vñ beschluß all rigel. tor. vnd tür
Vnd setzt inns hauß der hieter vil
So gat es dannocht als es will
Das halff d' thurn dar in Dane gieg
Dar für do sy ein kind entpfieng
Penolope was frey vnd loß
Vñ hat vmb sich vil bůler groß
Vnd was vlysses langzeit auß
Bleyb sy doch frum in jrem hauß
Der nit als Clitmnestra tät
Die von dem man ein hieter hett

Der doch dē man was nach verwāt
Den hietter sey von erst berandt
Do sy den vnzimlich erwarb
Schůff sy dz darumb d' ee mā starb
Der spräch allein das er noch sey
Vor betrgnuß seiner frawen frey
Der hab sein fraw auch lieb vñ holt
Den sein fraw nie betriegen wolt
Ein yeder lůg das er so leb
Ein yeder lůg das er so leb
Das er sein weib kein vrsach geb
Er halt sy freintlich lieb, vnd schon
Vnd voicht nit yeden glockenton
Noch zyfel mit jr nacht vnd tag
Lāg dannocht was die glockenslag
Dann ich das rat in treüwē keym
Das er vil gest füer mit im heym
Vor auß lāg für sich der genow
Wer hat ein hübsch lůg weltlich' fraw
Dann niemās ist zü truwē wol
All welt ist falsch vñ vntreü vol
Menelaus het sein fraw gehan
Het er Paryß da außhin gelan
Sandaules was ein grosser tor
Der zeygt sein fraw eim andern vo
Vnd ließ sy sehen nackt vnd bloß
Des gab sy im ein gsellen stoß
Wer nit sein freüd mag han allein
Dē geschicht recht dz sy werd gemē
Dar vm soll man hā für das best
Ob eeleüt nit gern haben gest
Vor auß den neüt zü trauwen ist
Die welt steckt voll beschiß vñ list
Wer argwon hat d' glaubt gar bal
Das mā me tüg dann im gefaldt

Als jacob mit dem rock beschach
Den er mit blůt besprenget sach
Aschwerus gdacht daz Amō meynt
Hester geschmehen.der doch weynt
Abiam vorcht seiner frawen ee
Dann er ye kam gan Gerate
Mücher wer gern bey gselschē schi
Vñ tet mit erē zucht vñ glimpf (pf
Als as den eren wol stůnd an
Aber sein fraw.will vornen dran
Vñ sich ine lieben dann der man
Vñ wil des schympts machen zů vil
Do mit verblertert sy das spil
Das er můß blaben heym zů hauß
Das ni: der vogel sůıg ruck auß
Wer leiden mag das man in gōch
Oder man inn die schůch im sich
Oder serze hōrner auff die oren
Der hat ein rayen mitt den doren
Weger wer ei schmirzler in sei hauß
Dann brieter frōmbe eyer auß
Wer vil auß fliegen wil zů walb
Der wůrt zů einer graß muck bald
Wer brament koln in gern leide
Vnd schlanget in seim bůsen dreite
Vnd in seiner teschē zůcht ein mauß
Sōlch gäst lät wenig nutz im hauß
Syng wer da wel.mein leid ist auß

Wer durch sein finger sehen kan
Vñ laßt sein fraw ein andern man
Mit dem er mag gemeinschafft hā
Do lacht die katze.die můse sieß an

Von eebruch

Eebrechen wygt man also gerūg
Als ob man schnelr ein kyselıng
Eebrüch das gsatz yetz garng vach:
Das keyser Julius hat gemacht
Mā vōrcht tien pā noch straff ietz
Dz schaffē dz die seind in der ee (me
Zerbrechen krieg vnd heffen gleich
Vñ kratz du mich so kratz ich dich
Vñ schweig du mir. so schweig ich
Man kan wol halte finger für (dir
Die augen.das man sech dar anß
Vnd wach end tůn.als ob mā rauß
Mā mag yetz leidē frawē schmach
Vnd gat dar nach kein straff noch
Vil einā ietz stark niege häd (ra ly
Sy můgen dawei. ar vil schaub
Vnd tůnt.als etwan ter Catho
Der lich sein fraw Hortensio.

Wenig seind den yetz gat zü hertz
Auß eebruch solch leid.sorg vnd sch
Als Atrides strafrē mit recht(mertz
Did in ir weiber hetten geschmecht
Oder als Collatinus thet
Das man Lucretz geschmechet hett
Des ist der eebruch yetz so groß
Clodius beschyßt all weg vñ straß
Vnd wil den klöstern nit ab stan
Wie er von alter hat getan
Der yetz wol sücht bey vnsern jaren
Mancher würd finde bald rot oren
Trügen sy all Schmaragten an
Die mit dem eebruch yetz vmb gan
So halt man sich yetz wol so reyn
Mā sech vil ring.mit brochnē stein
O wie vil fielen yetz vorn bett
Wañ mā in geleit dē Magnes het
So sy noch schlieffen vnders haubt
Als werent sy im schlaff erdaubt
Die natur nit erleiden kan
Das man mit eebruch vmb sol gan
Darüb sprach got.dz mañ vñ weib
zwey solten sein in einem leib
Do gott die welt ließ vnder gan
Beheilt er par vnd par dar von
Vnd wie wil frawen als vil man
Das ir keins solt kein vorte han
zü zeichen das das band der ee
Solt ein hafft sein.sunst keinem me
Wer anders tüt.der ist sel loß
Vnd on sinn wie ein maul vnd roß
Wer auß der ee sucht ander leib
Der ist vil großer dann ein dieb
Ein dieb d stilt durch bürgers nott.

Oder das im nutz dar auf gat
Vnd ledig sich mit seinem güt
Aber die jhenu der eebruch thůt
Der wirckt sein sel.sein leib.sein ere
Die schand gat im ab nimer mere
Jo sol er tödtlich sterben todt
Als got durch moysen gebot
Solt mans versteinen yetz all sant
Mā fend kum stein genüg im !-nt
pfuch aller welt ab sollcher schant
Darumb ließ got zü dauid sagen
Daz schwert würt ewiglich zerslag
Dein hauß.dz du mich hast verach
Solch mort vñ ebruch hast volbr
der ietz mit geislē die wol strich(d
Die auß dan eebruch ryemen sich
Als man Salustio gab lon
Do er mit eebruch vmb thet gon
Mancher würd gar vil schnate hi
Gieng yede ebruch solch plag nach
Als dann Abimilech geschach
Der doch allein den willen hett
Wye wol er leiplich noch niüt tha
Oder den sun Beniamyn
Oder dar nach geing sollich grimm
Als dauid geschach mit Bersaba
Mancher glust brechen nit die ee
Susanna lieber sterben wolt
Dann das sy ir ee brechen solt
Lucrecia erwalt auch.das
Wie wol ir gwalt geschehen was
Vñ sy võ recht kei schuld het gehan
Möcht sy sich selbs num sehen an
Das so geschmecht solt sein ir leib
Vñ sy war nie.dann eins mās weib

Solt man dz eebruch yetz auff reibē
Als die störck thůnd mit jren weibē
Man wurd eeleür so vil vertreiben
Dz manig hoffstat od wurd bleibē
Aber sy gand dst me ins bad,
Do mit das nit der eebruch schad
Vnd wellen das verdeckt nůn
Glich wie die störck sich weschē tůn
Ich vorcht wan sy sich weschē läg
Das doch der sack ans bendel hang
Wä die löwi sich nur eebruch bfle-
Wesch sy sich das der mäs nit (ckt
wer ietz weschē gůt dar für(schmeck
Manch badt sich dz sy halb erfrür
Wiesch sich ein fraw die nur ist frü
Ein sumer tag lang vmb vn vmb
Sy wurd dest schöner nut dar von
Jr laster wurd jr nit ab gan
Mä spucht d rein wesch eim nit ab
Welch solche flecken an im hab
Wan schon ein gantzes jar ein kreg
Sich wiesch im wasser vn am reg
Wurd sy dest weisser nit dar von
Als mag der eebruch nit ab gan
Wan mä joch langzeit weschē tüt
Kein goller ist für den galgen gůt
Vnd sprechen mit dē priester Amen
Es wurd sich ettlich rester schamen
Die vorcht dz jr geschwill d bauch
Vnd das jr faulet der kuttel schluch
Doch mächer gerat d bauch auf gä
Die doch nut dieit von dem eeman
Die in darm setzt ein erb ins hauß
Den můß die graf mück bricce auß
Wer leidet mag das sein fraw sey

Jm eebruch. vnd er wont jr bey
So er das weißlich weißt vn sicht
Den hale ich für kein weisen nicht
Er gibt jr vrsach mer zů fall
Dar zů die nachburen mumlen all
Er hab mit jr teil vnd gemein
Sy bring auch im dē rör raub heir
Sprech zů im hans mein gütter mä
Kein liebern will ich. wen dich han
Ein katz den müsen gern nach gat
Vann sy einst an gebissen hat
Welch hat auch ander man t sůcht
Die würt so schamper vn verrücht
Dz sy kein scham noch ere me acht
Jm mütwill sy allein betracht
Vn stelt dar auf steze tag vn nacht
Ein kramer der do will haben feil
Der bynt nit auff sein sack vnd seil
Das einer von im kauff allein
Wan er auffbind. wart er d gmein
Man schlecht ein kuchē vn gezelten
Durch eins mäs willē auff gar selte
Wan mä tůt feil kauff auf schlage
So thůt man selten kein versagen
Als mag man vo frawē auch sage
Wann sy in orden seind getreten
So darff man sy nit vast me betten
Sy sind so grob die kap an greiffē
Dz man offlich můß auff sy pfeiffē
Darüb mag mä ietz wailich schrei-
Dz es gar sorglich ist zů weibē (ben
Dz mä nit wart auch frembder gest
Was wol gerat ts ist das best
Ein jüngling frag, von Socrate
Ob er sole greiffen zů der ee

Ober ſolt on ein haußfraw lebeit
Spꝛach ſocrates ich ſag dir eben
Welchs du tůſt oʒ wiirt dich gerüe
Bleibſtu on weib wě wilteu bauwě
Du biſt allein on kind on frewd
Děi gſlecht gat ab děi gůt zerſtrewt
Würd ein fronden erben han
Weybſtu ſo wirt dich ſoꝛg an gan
On vnder laß han zanck vnd klag
Jr gůt verweiſſt ſy dir all tag
Jm fraünden biſtu vaſt vnmer
deier ſchwiger zůg die iſt dir ſchwer
Vnd můſt beſoꝛgen auff das leſt
Das dir ein ander ſitzt ins neſt
Vnd vngewiß ſein diener kind
Die bald villeicht eins andern ſind
Dar zů můſt warten auch all tag
Oʒ durch ſy dir entſtand niiw klag
Mit kráckheit ſterbě, ſchmach vnd
Vñ and zůfell mächer hand (ſchäd
Darumb ſo ſpꝛicht ſant Auguſtein
zů einem gůten gſellen ſein
Jn meres vngefell on dich laſt
Seit du ein weib genomen haſt
Dañ wie ein ſchiffinã wagt ſich bi
Jn mächer hand groß vngelück (ck
Vnd nit nach ſeinem gfallen bleibt
Sunder wo in der woꝛnt hin treibe
Als gſchicht eim der ein frawě hat
Sein ſchiff gar ſelten recht ſtill ſtat
Jch ſchweig das es offt vndergat
Wann es die frawen möchtě höꝛe
Jch wolt ſy ein klein hoffzudcht lerě
Die yeder fraw .t wol an ſtünd
Do mit ſy wär voꝛ ſchand vñ ſünd

En frŏme fraw ſol haben gebã
Jr augen ſchlagen zů der erd
Vnd nit hoffwart mit yederman
Treiben vnd yeden geſſlen an
Noch hören auß das man jr ſeit
Vil kuppler gant in ſchaffes kleſ
Het nit helen auff pariß gyſſt
Ein antwurt geben in geſchꝛüſſt
Vnd bibo durch jr ſchweſter An
Sy waren beid on frembde mann
Ein hübß fraw die ein neeuin iſt
Jſt gleich eim roß dem oꝛen geb
Wer mit der ſelben eren will
Der machet krumber furchen vi
Ein yede fraw die vnkünſch iſt
Die wiirt zerrettan wie der myſt
Vil vnrat kumbt von ſolliché wo
Der eeman kumbt dick rñ ſein l
Die kind vnd freünd werdě geſch
Mäch erlich ee wirt ſchellich gtre
Wer ab will ſein vil leibs vnd n
Der hüt ſich vo einer frembbden

Manchě bunckt er wer winig g
Vnd iſt ein ganß doch hür als v
Dañ er kein zucht. vernuſſt will l
Des müß ers narren leid auch her

Par hiir als ver

Ein narr iſt wer vil gůts höꝛt
Vñ wiirt ſein weiſheit nit gemer
Der allzeit begert erfaren vil
Vnd ſich dar von nit beſſern wi

Vnd was er sicht will er han auch
Das man merck dz er sey ein gauch
Dann das ist aller narren gebrust
Was nüw ist. allzeit doren glust
Vñ häd doch bald verneügerñt brä
Vnd wöllen etwas frömbdes han
Als thünt geistliche die verlassen
Die heilig gschrifft zü rucke stossen
Vnd wend stets nü hystorien lesen
Wie man sey zü granat gewesen
Wie man apuliam griff an
Das man Siciliam müg han
Vñ das noch schentlicher geschich
So lesens der poeten gdicht
Die võ wolust vñ bülschafft schribe
Vnd dz die kind auß notnfft treibe
Das sy dar auß leren latein
Do glust die geistlichen inn sein
Begeren mit dem verlornen sun
Das sy ir begird gnüg mügen thün

Das sy den bauch füllen mitt kleien
Darumb sy in der saw stig lygen
Solch vnstet wanckelmütikeit
Ein antzeig gybt vnd ein bescheit
Daz einer schwanckt in sein gemüt
Da vor der weiß sich billich hüt
Als thünt die yetz baren etwas
Vnd bar nach bald zerbrechen das
Als thet der vnstanhafftig sun
Was der sach dz wolt er auch thün
Vñ waz mã laß wolt er auch hören
Was mã sunst tryb wolt er als leren
Dann wolt er werden ein kauffman
Dann nam er reütrey sich an
Dar nach do griff er zü der ee
Do was im doch inn wun vnd we
Dann es im weren wolt zü lang
Dar nach sein gemüt i darnach rang
Wie er möcht mischlich gstalt blä
Vnd esels oren streiffen an
Als thünd die geistlich in dem orde
Ist einer yetz ein priester worden
Vnd hat die weltlicheit verlan
Bald will er in ein orden gan
Vnd will ein regulierer werden
Das er herrt zeit hab hye auff erden
Ee er sich recht versücht bar inn
Will er ein benedictiner sin
Gar bald sücht er sant bernharts or
Bald ist er ein karthuser worden (be
Vnd hofft do bleiben all sein leben
So gat der wil im ab bar neben
Er gieng gern wider hindersich
Dann wann er rea, besinnet sich
So gebäckt er. herstu im recht getan

So werest du in yedem orde schon
Wann du in heteſt gehalten woll
Als man von recht in halten ſoll
Als wol behalten ſelig worden
Als hie in diſem herrten orden
So ſtrafft er dan ſein leicht gemüt
Das im ſolch vnſtet leben rüet
Vnd hat an pflüg geleit ſein hand
Vnd gedeckt doch in egypten land
Ein nar iſt wer vil land durch fert
Vnd wenig kunſt noch tugent lert
Als iſt ein ganß geflogen auß
Vnd gagack kumbt wider zü hauß
Nit gnüg das einer geweſen ſey
zü Rom. Jheruſalem pauy
Aber do etwas geleret hat
Dz man vernufft.kunſt weißheit kan
Das halt ich für ein wandeln güt
Dan ob vol böhemſch wär dei hüt
Vñ du kündſt ſcheiſſen barlin klein
Hielt ich doch nit auff das allein
Das du vil land er üchet haſt
Vnd wie ein kü on weißheit gaſt
Dann wandeln iſt kein ſünder ere
Es ſey dann das mann ſündero lere
Hett moyſes in Egypten neüt
Vnd daniel gelert die zeit
Do er was in Chaldeen land
Sy weren nit ſo wol erkant
Mancher kübt melbig zü der beicht
Der gätz weiß werde meit vñ leicht
Vñ gar berembt doch wider heim
Vñ treit am halß ein milenſtein

Wer ſtets im eſel hat die ſporen
Des reiten iſt es zeit verloren
Er juck im dick biß auff die oren
Bald zürnen ſtat wol zü ein toren

Leichtlich zürnen

Der Nar den eſel allzeit reit
Wer vil zürnt do man neüt vñ g
Vñ vmb ſich ſchnowet als ein h
Kein gütig wort gat auß ſein m
Reinsbüchſtab kan er dann das
Als ob ein hund ſein vatter wär
Vnd m eint man ſol in vörchten
Vnd halten in deſt groſſer ere
Das er mig zürnen wann er well
So ſpricht ein yeder güter gſell
Wie thüt der nar ſich ſo zerreyſ
Vnglück will vns mit narrē beſ
Er wont man hab kein narrē vor.(ei
Geſehen dann hans eſels or

Das seint dye rechten ochsen stürnē
Die mit gewalt wort allzeit zürnen
Vnd sein zů reitten stätz bereyt
Es sey dem esel lieb oder leid
Der zorn hindert eins weisen můt
Der zornig waißt nit was er thůt
Archytas do im vnrecht geschach
Von sainē knecht. zů im er sprach
Ich solt das nit schencken dier
Wan ich nie merckt ein zorn en mier
Ich wil dier sparen das so lang
Biß mir mein geher zorn vergang
Des gleichen Plato auch geschach
Kein zorn von Socrates man sach
Wen leicht sein zorn in vngedulde
zeücht. o fale bald i sünd vn schuld
Kein vndscheid mā merckt kan
Vnder eim stetz zorn wehen man
Vnd ein dē sein witz gebuist
Allein ein tag dar zwischen ist
Dann diser ist allstund zornig
Der ander ist stetz vnsinnig
Kein weg man näher findt bereytt
Dann durch zorn zů vnsinnigkeyt
Alls Aristotiles auch seit
Das zorn vn bgier d fleischlichkeit
Den leib verwandle für sich dar
Vnd machen ettlich vnsinnig gar
Wañ zorn ein menschen überwinde
So weißt er minß dann ein kind
Dar auß er offt groß kummer finde
Vnd wann er sich nit rechen mag
So ist er trurig allen tag
Wann aber er rach hat getan
Ob es von erst. sieß dunckt in schon

So ist doch gnon. reü naher gott
Kein thier so grusam schedlich ist
Als wañ der zorn ein mösche entryst
Vil ringer wer einer berin zorn
Die doch jr iungen het verlorn
Dann tulden das ein narr dir thůt
Der zorn last kummen in sein můt
zorn macht also grim ein man
Das er nie kan barmhertzigkeit han
Wer zornig ist der vnderstat
Das er selb zehend sunst nit tett
Sein mūd o schübt sein ougē brēnen
Sein antlit gschwilt wie ein brüthēne
Sein hend wierft er vnordenlich
Sein füß die treiben stetz fürsich
Sein adern lauffen auff voll blůt
Er beißt vn bilt auß heysser glůt
Vn schreiget wie ein waldesel thůt
Senica ein zornigen rat wol
Das er in spiegel schen sol
Wie er so gar sey vngestalt
Es dann der zorn in jm erkalt
Das macher selber vorcht sich dick
Wann er in spiegel tät ein blick
Wie mag dye sel einwendig sein
Eim. der außwendig gibt solch schein
All hübschkeit. gzier. tugent verlat
Den menschen. wañ der zorn an gat
Der zornig trurig ist allzeit
Dar vmb so mag er grünen neüt
Wz die wirm thünd dē holtz zů leib
Vnd waz die schabe tůnd dē kleyd
Das tůt dē möschen trurikeit
Sich an die groß. ster der welt
Die man vor zeitten mechtig zelt

B i

Die hatt zorn also vmbgewentt
Das man nit sicht ir fundamentt
Sich an dye einöd ver vnd breit
Die hat der zorn all wiest geleit
Sich an also vil manhafft leüt
Die mechtig starck warent ir zeyt
Einer erstochen über tisch
Der ander ghacket wie ein visch
Der dritt ist sunst leibloß gethon
Der vierd müst güt land leüt verlon
Der feünfft hat leib vnd sel verlorn
Do ist allein an schuldig zorn.
Ein zornigen soll man allzeit fliechen
Vo seiner gselschafft sich entziechen
Gleich wie all vögel vörchten sich
Vor falcken. adler. vnd hebich
Die neren sich auß zorn gemein
Des müssen sy starz sein allein
All vögel seind in haß vnd grauß
Vnd schreiget über sy on scham
Auß zorn entspringet vil groß vnrat
Der narren sticht sein zorn zü tod
Kein zorniger nie weißlich thet
Der zornig neüt den laster redt
All tugent vngedult verschütt
Wer zornig ist der bettet nit
Dar vmb so sprach der abt Agathon
Ob der zorn weh auffweckt schon
Ein todten menschen mit seiner stim
Gott det doch kein gefallen ab im
Der zornig bald sein wer verleürt
Als man das an den beinen spürt
Dye also ser zürnen zü stund
Das sy ir pfeil ... in der rund
Vnd stirbt dar nach in kurzer zeit

Dann sy verleürt ein darht dar mit
All die eins kurtzen lebens sint
Well in zorn fallen geh vnd gschwind
Dlls tüt dye gschufft võ nabal sag
Der starb durch zorn in kurtzen tag
Antiochus ward võ zorn durch nag
Durch zorn Metellus nit me wolt
Die ere han die er hat er holt
Als er hat gewunnen durch sein ...
Mit grossem rüm hyspanien land
Das selb verschmte er vm durch zorn
Durch sülln wurden vil verlorn
Das er hat ein so zornigen müt
Des goß zü letst er ouch sein blüt
Alexander hat nach all ere
Verloren daz er zürnt so sere
Lysimachann in vngedult
Warff für den löwen vnuerschult
Clytm durch stach er mit einer lanzen
Calysthenes müst im keffich banzen
Vnd d aller welt hat überwunden
Den überwandt sein zorn zü stund
Der weiß man tüt gemach allzeit
Ein geler billich esel reyt
Ein zornig mensch soll niemen neü

Wer auff sein aygen sinn auß fleügt
Der selb zum vogel nester steigt
Verlaßt sich auff sein von so weit
Das er offt auff der erden leyt

Eigenrichtigkeyt

Der kratzt sich dick mit bornë schar
Wer dücket dz er niemäs darf (pf
Vnd nimpt er sy allein so kläg
Vnd allen dingen wirzig gnüg
Der irt gar dick auff ebner straß
Vnd fürt sich in ein wiltenuß groß
Das er nit leicht kumbt wider hein
We dem der felt vnd ist allein
Jn klöstern man dz gar dick sicht
Das man auff eygen für niemë dicht
Was im halt gemein obseruanz
Das went ein teil verachten ganz
Vnd etwas sunders auff zu bringen
Mit betten lesen schweigë singen
Ein yeder etwas sunders erdicht
Wz and münch tünt gfelt in nicht
Vñ zeücht sich ab von ander schar
Das man in halt für geistlich gar

Vnd das er sprech zu aller zeit
Das er nit sey als ander leüt
Was im gefelt in sunderheyt
Do ist er schnel zu tün bereit
Was gmein ist dz gfelt im nit zwar
Er wacht am bet. vñ schlafft im kor
Ein bsunder bettlein er me acht
Dann alles gsang d ganzë nacht
Vnd so er schafft zur mettin zeit
So der conuent dann nyder leyt
Wachet er. hüst. reüspert. luter stüm
Das niemä rüwen mag vor im
Vnd so in drumb loben etlich
Die einfalt seind. erhebt er sich
Vnd haltet ine von im allein
Glaub im selb me dañ der gemein
Vnd was er also sunders thut
Das dunckt in vñ neüt anders güt
So doch recht ist vñ ganz billich
Wer will mit andern leben gleich
Der sol gleich halten discipleüt
Vnd nit eins sundern wesen sein
Dann wer sein sunderlichen wöll
Dann die. bey den er wonen söll
Der wirt eintwedes für wizig geacht
Oder zu zeiten gar verdacht
Wo hin man kumpt do soll halten
Des landes sytten vnd der alten
Alls seind auch sunder in der lere
Die wend allein hon rum vnd ere
Vñ niemä niemäs künd sunst neüts
Verachtet dar durch ander leüt
Mit niemäs wöt sy gneinschaft hä
Sy dückt wie n. was sunst neüt. kä
Die seind dz volck Seres gar gleich

g ij

Die niemans achten dañ selbs sich
On all gemeinschafft sy gätz belibe
All ander leüt sy vo n in treiben
Vnd wellē heyliger geachtet werdē
Dann alle nation der erden
Vnd was mã võ in kouffen will
Müß mã dar legen gelt als vil
Dan mã sy nit sicht kumen dar
Bey nacht so bringen sy jr war
Vnd nennē das gelt schweigē dan
Das sy sicht oder hert nieman
Alls tünt die gelertē die beschliessen
Jr thür. das sy vngern ein liessen
Ein güten freünd der gern güts hört
Oder kunst tugent von in lert
Vñ lont jr schäler. dieſtmegd fragē
Vnd mit den wider antwurt sagen
Als ob sy wärent leüt allein
Vnd weißheit nit solt sein gemein
Das ich sorg es sey hie die zeit
Als paulus spricht. das sich dis leüt
Verden in sunder lieb betrachten
Vnd auff gemeinen nutz neüt achtē
So doch im selbs nieman allein
Geboren ist sunder der gemein
Ein yeder der soll teylen auß
Die gnad nach dē sy im zü hauß
Jst geben vnd bye nit versagen
Dz got sein gnad nit tüeg abschlage
Desgleich tüt ouch wer sünds sücht
Vnd machen will ein eygen büch
Vñ nit ð heyligē gschrifft nach gott
Sunder auff sein vernunfft verlon
Vnd was er al... fantisir
Will er nit das man das anrür

Oder bewär ob es sey güt
Das sunder thier vil schaden thü
Zü ketzer seind vil worden offt
Die woltē nit das man sy strafft
Werlassen sich auff aigne kunst
Wie sy eruolgen rüm vnd gunst
Vil natien v.elen etwan hoch
Die stigen vogl briester noch
Vnd suchten weg do keiner was
On leyter mancher nidersaß
Verachtung dick dan boden rürt
Vermessenheit vil schiff verfürt
Nimmer eruolget nutz noch ere
Wer nit mag han das man in lēr...
Die welt wol heren Noe nie
Biß vndergieng leüt vnd rich.
Chore wolt thün das im nit zam
Dar vm er nit sein volck vm ka...
Das sunder thier dz frißt gar vil
Wer eygēs kopffs sich bunchē wil
Der selb zertrennen ... nden stat
Garofft den rock ð do ist on nat.
Den herrē den sach nit Thomas
Dann er nit bey den andern was
Wie meint dz sihen der dē heur...
Der sunderlich sich ist abkeren
Vnd ist so einricht das er nit
Mag bleiben in der gemein zü zyt
Der weiß spricht es sey in der gemē...
Vil besser sein darn gar allein
Zwen wermen auch ein ander ba...
Wer schlafft allein.ð bleibt läg k...
Ein bilger der von gsellen scheidt
Dem widerfert allein dick leid
Do ist got võ sich vil versamet

Jn lieb vnd ler in feinem namen
Gät ist in einer gsellschafft gon
We dem w.r ist allein verlon zē

Wer sitzt auff des glückes rad
Der lüg das er nit vil auff lad
Dañ er ist warten fall. mit schad
Vñ. das er etwan nem ein bad

Uon glückes fall

Der ist ein narr wer steiget hoch
Do mit man sech sei schad vñ smach
Vnd sich er stätz ein höhern grad
Vñ gdenckt nit an des glückes rad
Dem selben wie dem affen geschicht
Je me er steigt Je baß man sicht
Sein vnflat. wer erbliben nyder

Mäßech im nit fein schamtlich glid
Vñ wañ man schon küpt auf dz höst
So tüt dann fallen aller weest
Ein yedes ding wañ es auff kumpt
zum höchsten felt es selb zū grund
Dann was jrdisch materye ist
Bleibt in der hoch nit lange frist
Es felt zur erd. wirt stoub vnd mist.
Kein mösch so hoch hye kume mag
Der jm verheißt den moinige tag
Oder das er moin glück soll han
Dann clotho laßt das rad nitt stan
Es müß on vnderlaß vmb gan
Niemā verlaß sich auff fein glück
Dañ es ferfüert gar manchen dick
Glück kan die leng kein sagen war
Wann es schon zilt auf lange iar
Vñ mit sei schei macht groß gschrei
So brelt es vye ein glaß entzwei
Glück tüt gar offt den gütten we
Glück hebt die bösen in die höch
Vñ was es i och ein frölich geyt
Mags ioch die leng im halten nüt
Glück gibt ein vnuerdientē man
Ere vñ güet das er nit solt han
Den gütten gibt glück offt vnfall
Glück hasset dye gerechten all
Vnd was glück nimpt bē gütē ab
Das stoßt es zū der bösen hab
Vnstet schwach. vntreü. schlipfferig
Jst glück. dañ es nit halet thar (gar
Eim läg dē schüch. dēes schö gynd
Glück sleiigt ai h gleich wie d wid
Vñ wē glück yetz. nacht steige hoch
Dē wierfft es bald her aber doch

g iij

Nie keinen hielt glück ye so lang
Biß das er gdocht selbs. dē auß gāg
Ein yeder ward des endes ee jnn
Dann im d auffgāg wardt zū synn
Das glück dz hat manchē gelogen
Der auf es baut vñ ward betrogen
Das er es wond behaltē langck
Den stātes auff den affenbanck
Dar vmb ich dē recht witzig schtz
Wer in sein hertzen im für setz
Das. was im zū fall kūm vñ glück
Er hab das selb fürsehen dick
Ob im dz glück zū send den tod
Er gdenck das es nūß sein von not
Vnd das er dumb sey komē har
Das er zū lest auch hynnan far
Vnd das man mūß zū aller frist
Bezalen das man schuldig ist
Ob glück zū fall. das im böß leüt
Vbel zū reden thūnt all zeit
Das er kan in im selbs betrachten
Das er jr reden neüt soll achten
Recht thūn daz acht kein stūd noch
Was yder narr redt oder sag (tag
Es stat nit vnserm willen zū
Was yeder man red oder thū
Wann etwas Catho von mir seyt
Das böß wör. das soll mir sein leyt
Dann er neü redt dann das er wüst
Wann aber mich ein böser sust
Der hinderreden. so solt ich
Des selben nit an nemen mich
Dann man für lo' das achten sol
Das man nit g. alt den bösen wol
Ouch hat die vrteil wenig krafft

Die der gibt der selbs ist behafft
Jn boßheit. so er böses mir redt
Dann er neü bessers gelernet hat
Die natur ettlich hunden geyt
Das sy auß gwon bellen all zeyt
Wañ sy ioch warlich schmeckē nū
Soll ich auß glück vertribē werdē
Synd ich mein hauß auffaller erd
Mein vatterland ist wo ich b' ..
Jch soll mir vursetzen zū sin
Das ich an eim ort hie auff erden
Nir hoffnoch beger selig zū werdē
Wo schmertz vnd kümer eim zū fel
Jst der recht weißb. sich so helt
Das er künd kleine ; hmertz verkies
Das er nit groß ere werd verliesen
Kein schmertz auff erd so groß ye k.
Der nit durch gbult ein end auch nā
Vas man auß not nit mag enbern
Das soll man willig leiden gern
Ob glück dich arm. vñ vnwert ma
Gedenck ob armüt sey schon (dz
Dz sy doch nit verdammet ist(veracht
Sy ist frey. frölich. gering all frist
Gedenck das die vogel hand genüg
Die doch hant weß gelt noch pflüg
All tier findē ir speiß auff erden
Vns mag zū lest auch nit me werdē
Dañ speiß vñ tranck. herberg. gewād
Vnd was wir zū gor hand gesand
Vnd wer groß güt entpfangen hat
Dz der auch stātz in hochfart stat
Ob ander leüt hand groß gewalt
Gdenck. wer leyt. dz er minder sals
Besser ist du mügest vnrecht leyden

Das das dir vnrecht tetist zu zeitten
Den wirt schon achten sellig sein
Der hat vil heymlich dunckt all pein
Ob schon vil diener vnn in stand
Dem hūnig vil mucken nach gand
Die doch erwuncken offt dar inn
Das auch nit ist des hūnigs gwinn
Vil wölff sind vmb ein todtes aß
Vil amössigent dem koren ein staß
Die knecht die nach gant sūchē mer
Jr eygen nutz dañ des herren er
Hat dich dar glück bracht vñ dein
Trutz nit du bist sein kumē ab (hab
Eins vnglücks bistu minder sorgen
Dar inn du kanst heut oder morgē
Weger du hast das gelt verzett
Dann das es dich verderbet hett
Dz glück dz hat dich riger gmachtt
Vnd in ein sicherer weesen bracht
Hat glück dein kinder dir genomen
Vñ wainstu dz du drüb bist komen
So bist ein nar.dann das nit ist
Nein oder frembd zu aller frist
Gar selten ist ein hauß zu zeitten.
Es hat ein solchen fall gelytten
Es stat wol vmb ein apffel baum
Wañ sei frucht falt vñ er bleibt stā
Man treit gleich als wol todtē auß
Eym Salc's auß eins hirten hauß
Ob du schon hoffst sy solten leben
Hat dir got des kein bürgen geben
Dar zu so waren sy nit dein
Got gibt sy.der nymbt auch dz sein
Bistu ein rauber morder kumen
Vnd hand sy dir hin gütt genumen

Vnd bistu des verdopiben schon
Biß fro das du selbs bist dar von
Hast du ein gütte fraw verloren
Gedenck ob sy gut sey geboren
So darffst du sy dest mynder klagē
Die natur mag nie güter tragen
Hast du sy aber güt gemacht
Solt du auff truten nit han acht
Dann ist das werck gestorben joch
So lebt doch d werckmeyster noch
Ein andere auch gut machē magst
Wann du siuist so vil glückes hast
Keiner soll klagen wann im stirbt
Sein fraw ee sy mit schand verdirbt
Dann vil küsch langzeit ware blibe
Wurden zu lest dar von getriben
Vil warend doch mitt sitten geziert
Die wurden doch zu lest verfiert
Vil warent in dem anfang stet
Deren außgang sich wiest endern tet
Vil waren fleysig auß der massen
Vnd wurden doch zu lest verlassen
Ob schö dein fraw heut ist vast güt
Du bist nit gwiß was sy moin thut
Ob sy well in dem siinnen bleiben
Vnstetter will ist in den weiben
Doch will ich nit me vö in schreibs
Dann das ich diß allein sag dir
Das niemans ist gesegt dar für
Wer ye des glückes rat hat etpfūde
Der ward auch vnglück in zu stūde
Vnd wer sich nit drin schickē kan
Der wirt gätz v glückhafft dar vö
Vñ wann er wöt glück well in kyssen
So hat der tüfel in beschyssen

Gantz neüt vnselligers ist auff erd
Dan wo ein glück in sünden werd
Dar auß dan bößheit sich ernert
Der böß will würt in wendig gemert
Der ist selig wer nit darff glück
Vnd er nit fürchten müß sein strick
Wer waltze ein stein auff in die höch
Auff den falt er vnd thüt im we
Vnd wer blast sich auff sein glück
Der felt offt in ein augenblick

Wer kranck ist vnd leit in der not
Wan der nit volgt eins artzet rot
Der hab den schaden wie es gat
Vnglück würt im zů botten bratt

kräcke die nit volge

Der ist ein narr nit verstat
Was im ein ...t in nöten rat
Vnd wie er recht halt sein dyget

Die im artzet gescherzet hett
Sunder für wein dz wasser nymt
Oder des gleich das im nit zimbt
Wan man im rattet er sol schwitze
Das er thut in ein badhem bd sitze
Wann er soll nemen ein kristier
So kielt er sich mit nüwem bier
Van in der artz das wasser besicht
Vnd er in ernstlich vndersich
Er soll das blüt yetz von im lassen
Vn der gemeine speiß sich massen
Biß man es sech ob tertian
Sy oder werden well quartan
Beit er nit biß an vierden tag
Bald schriet er laufft knecht her tra
Den grossen myol mir mit wein
Die grofflesch setze ins wasser ein
Dann ich will die badstub gon
Ob im der artz das weret schon
Vn spricht ich rat dirs warlich n
Ob schon das fieber heüt nit schei
Mag es doch morge kume herwi
Vn dich gröpplicher werffen nide
Ich sich dir an der farb wol an
Dz du me acht soltest auff dich ha
Dir kloppfft der pulß vast hert vn
Du bist bleich dei hertz hat ...stre
Vnd ist zů sorgen hietst dich nit
Das dich das fieber quartan schy
Dan dir dein haut auff lauffen tu
Warlich das bad das ist nit gut
Wilt dn dein grossen trinck nitt la
Die wasser sucht würt dich an ga
So dan der siech merckt vn versta
Das im der artz das wider rat

Das ist doch glust vnd er thet gern
So will er ce des artz-s enb...ren
Gar zärtlich er in dan an blickt
Der tüfel hat nach de artz geschickt
Er dweiß mir dz ich vast bleich sei
Er ist bleicher dann mainer drey
Ich will mich wol neü an in keren
Er will mich stets ein anders leren
Wol auff wir wolter gan in daz bad
Glück walts es sy gut oder schad
Dar auß trinckt er dan siben quart
Biß im die sel im wein verfart
Vnd ligt das er sein glust erlab
Biß man in hindreie zu dem grab
Wer will der kranckheit bald entga
Der soll dem anfang wider stan
Da r artzney miß wircken lanck
Wan kranckheit vast nibt überhap
Ein baum der yez groß ist vn weyt
Vi vmb sich gwassen ist lang zeit
Das man in nit gwegen mag
Noch reisset auß in leng der tag
Her inan leicht außgezogen doch
Die weile er was ein ryetlin noch
Nun stat er also tieff im grunt
Daz er gantz nim r außher kumpt
Gar offt ein wund wol halbar ist
Die wal sy new ist vnd noch frisch
Wann man sy langzeit lost veralet
So würt sy mit schaden verhalten
hett philoctetes abgeschnitten
Den fuß der im was wund bey zeitt
Er hett nit schmertz so lang geliten
Wer gern well waden bald gesund
Der zeig dem arzet recht die wund

Vñ leid sich dz man die auff brech
Oder mit meitzlen dar ein stech
Oder sy hefft wäsch oder bind
Ob ma im roch die haut ab schind
Do mit allein das leben bleib
Vnd man die sel nit von im treib
Ein güter arzt darumb nie fläuch
Ob joch ö kranck halber hin zücht
Ein siech sich billich leiden sol
Auff hoffnüg dz im bald werd wol
Wer ein arzt in der kranckheit leügt
Vnd in der beicht ein priester treügt
Vnd vnrar seit seim aduocat
Wann er will nemen bey im rat
Der hat in selbs allein gelogen
Vnd mit seim schaden sich betrogen
Ein narr ist der ein arzet sücht
Des wort vnd ler er nit gerücht
Vnd volget aler wo eiber rat
Vnd laßt sich legen in den tode
Mit kracer vnd mit narren wurtz
Des nimbt er zu der hall ein sturtz
Des aber glaub ist yez so vil
Do mit man gesuntheit süchen will
Wann ich das alles zu same süch
Ich mecht wol duß ei ketzer büch
Wer kranck ist der wer gern gesunt
Vnd acht nit wo die hilff her kupt
Den tüfel rufft gern mancher an
Das er der kranckheit möcht entga
Wan er von im hiff wartend wär
Vnd nit müst sorgen grösser schwär
Der wirt in narheit gentz verrückt
Wer wider got y. suntheit sücht
Vnd on die ware weißheit ge tt

Das er well weiß seie vnd gelert
Der ist nit gsund sunder gantz blöd
Nit weiß sunder in torheit schnöd
In steter kranckheit er verhart
In vnsinn blintheit gantz reinart
Kranckheit auß sünde dick entspringt
Die sünd vil schwerer siechtag bringt
Darüb wer kranckheit will entgan
Der sol got wol vor augen han
Lügen das er der beicht sy nach
Ee er die artzney entpfach
Vnd das die sel vor werd gesund
Ee dann der leiplich artzet kumbt
Aber es spricht yetz mancher gauch
Was sich gelibt das gselt sich auch
Jo würt es sich zu lest so leiben
Das weder leib noch sel würt bleibe
Vil seind yetz ful vnd langest todt
Hetten sy vor gefürchtet got
Sin gnad erworbe hilff. vil gunst
Ee dann sy süchten artztes kunst
Vnd meinten leben on gottes gnad
Sturben doch mit der sellen schad
Hett Machabues sich verlan
Allein auff gott vnd nit auff Rom
Wie er zum ersten thet dar vor
Er hetgelebt noch lange jar
Ezechias wer gestorben todt
Hett er sich nit gekört zu got
Der herr zu dem betrisen sprach
Der lang jar was gewesen schwach
Gang hin sünd nym.nit biß an narr
Das dir nit bösers wider far
Mancher gelob kranckheit vil
Wie er sein leben bessern will

Dem spricht mã bo der siech gnal
Do was er böser dann er ye was
Vnd meint got do mit betrogle ha
Bald gand in grösser plagen an
Dann wer got also will versüchen
Der schafft das er in müß verflüch

Wer öfflich schlecht seit meinügen a
Vnd kan heimlichs nutz behan
Jo spant sein garn für yeder man
Vor dem man sich leicht hietet ka

Offlich anschleg

Ein narr ist wer will vahen sparn
Vnd für ir augen spreit das garn
Gar leicht ein vogel fliehen kan
Das garn das er sicht vor im stan
Wer neue dau tröwen thüt all tag
Do sorg man nit das er vast schlag

Wer all sein ratt slecht öfflich an
Vor dem hiet sich wol yederman
Het nit entfrömbt sich Nicanor
Vnd anders gstelt dañ er thet vor
Judas het nit gemerckt sein gemüt
Vnd sich so bald vor im gehüt
Het Saul nit öfflich anschlag grõ
Dauid wär kunnen nit dar võn
Der d..nck mich sein ein weiser herr
Der sein sach weiße fast niemãs mer
Vor auß do im sein heyl leit an
Es will yetz rettschen yederman
Vnd treibt solche kauffmanschatz
Die voman leck vnd hinden kratz
Ich halt nit für ein weisen man
Wer nit sein anschlag bergen kan
Dann narren ratt. vnd büler werck
Ein stat gebauwen auff ein bergk
Vnd straw das in den schühen leit
Die vier verbergen sich kein zeit
Ein armer behalt wol heimlicheit
Eins reichē sach würt weit gespreit
Vñ würt durch vntrüw haußgsind
Geoffnet vñ außbracht geschwind
Vñ ob dz gsind schõ schweige gemei
Die tier im hauß verratten ein
Der hund beylt dryber ee zü zeit
Do mit verschwige bleib gantz nait
Ein yedes ding kribt leichtlich auß
Durch dye bey eim seind in dē hauß
zü schaden ist kein böser veind
Dann die stäts bey eim wont seind
Vor den man sich nit hütten thüt
Bringen doch vil vmb leib vñ güt
Öfflich anschlahen gibt selbs buß

Mancher versaltzet mit seim müß
Mancher ein spil laßt auß der hend
Das er gewunnen het behend
Vnd wer des selben gwiß gesein
Leidt sich doch in den lufft hin ein
Auff hoffnũg die er doch nit weißt
Allein das er wart auff das veißt
Das ins zü zeitten doch entrint
Bey wailen inn die eschen rint
Ein ertzen thüt baß in der hand
Dann sechs die fliegen auf dē sand
Besser ein wachtel ist am spyß
Dann warten auff geiß vngewiß
Es seint nitt allzeit gsund all schleck
Wer würfft sein alte schü hin weck
Der müß dick steltzen bloß im kat
Wann er nit vor die neüwen hat
Mancher würt võ dē narrē troffen
Der all sein spyl wil karten offen
Denn sicht man bald als das er hat
Vnd war auff all sein hoffnũg stat
Ich selber sitz in disem narren
Wolt ettwan auff ein vogel harrē
Vnd ee der selb kam zü dem zweck
Flugē mir sunst wol sechs hinweck

Wer sicht ein andern fallen hart
Vnd er sich nit dest baß bewart
Sander der narrē kapp nach fart
Der greifft dem roiaff an den bartt

An narren stossen

Man ficht teglich der narren fal
Vnd spottet man jr überal
Vnd seind verachtet bey dē weissen
Die doch in narrē kapp sich breisen
Vnd schillt ein narr dē andn narren
Der doch auff seinē weg tüt karrhē
Vnd stost sich do zū aller frist
Da vor der narr gefallen ist
Hyppomenes sach manchē gauch
Vor im ēthaubtē doch wolt er auch
Sich wagen vnd sein leben gantz
der wär noch vnglück gsē sei schätz
hett er nit auch ein nerrin fundē
Er wär verderplich überwunden
Esopus der gdurst offlich jehen
Er hett am gar en weg gesehen
Nit me dañ a. roi menschen gar
Dann er hett eben benomen war

Das auff der strassen lag ein stei
Dar an stieß sich ein gantz gemei
Vnd strüchlet dar über in dē tr
Allein ein man warff in hinwecl
Vñ was im selbs vor schād vñ ss
Vñ andn die im kamē nach (mc
Ein blind dē andn schilt offt bli
Wie wol sy beid gefallen sindt
Wer hat ein bleinden zum reerierr
Der felt in grüb dick mit seim ste
Ein krebs den andern schalt vm
Er hindersich gegangen was
Vnd geing jr keiner fürsich doch
Dañ einer gieng dem andern ne
Ein stieff vatter volgt dick vnd
War nit seim vatter volgen will
Hett phaeton sein faren gelan
Vnd icarrus gmecher gran
Vnd beid gefolgt irs vatters ratt
Sy werend nit in der jugent todt
Welcher den weg hierobeam
Gieng keiner ye zū gnaden kam
Vnd sahen doch das plag vñ ra
Gieng stets on vnderlaß dar na
Wer sicht ein narren fallen hart
Der lüg das er sein selbs wol wai
Dann das ist nit ein dorecht mar
Wer sich an narren stossen kan
Der fuchs wolt nit in berg vñ b
Nie keiner wider kumen was rc

Ein glock klyppel gibt nit thon
Ob dar in hägt ei fuch schwātz sd
Man müß das miel in secken lan
Darumb laß red für oren gan

Die welt die hat gern jren gleich
Zů denen thůt sy halten sich
Dē liebkoßt sy vnd streicht im krībē
Sy mag kein tugentreichen leyden
Des můst helias gar verfliehen
Vnd hieremias sich abziehen
Von der welt als auch die prophetē
Die vetter in der wiestnuß thetten
Sy wußtē das man mit möcht wol
Sich bietmen mit an heyssem kol
Wann man lang bey im wonen sol
Sy liessen in dē mumpff noch slagē
Schand laster.nachred rō im jagē
Vnd bleiben auff jrm fürnem stet
Wer recht zů thůn den willen het
Der acht nit was ein yeder redt
Sunder bleib auff seim fürnē styff
Wer sich nit an d er narren pfiff
Kein soll man sō ichten also ser
Er red joch laster.schand vnere
Als man sich selbs entsitzen soll
Ein andern magstu entrinnen wol
Aber dir selb magst nit entfliehen
Du můst dē wurm stets mit dir zieh
Boßheit die gibt jr selbs sei büß(hē
Eie böse conscientz die můß
Allzeit insorg vnd vnrů stan
Ob sy joch nit gedenckt dar an
Darumb tů recht an yeder stat
Ein yedes ort sein zeügen hat
Wer frōmbd leüt fürcht d lůg mitt
Dz er sich vor im selb auch schā(nā
On anderleüt magstu sein dick
Ons dich selb nit eī augenblick
Kein anßzug mag jm dar zů gůt

Nit achten all red

Wer bey der welt auffkummen will
Der můß yetz leiden kumers vil
Vnd sehen vil vor seiner tür
Vnd hören das er gern entbür
Vnd vil nachred vñ spytzwort schō
vñ heilich in sei hertz vtruckē(luckē
Dz er sich byeg wed streck vñ buckē
Wol dē wers schlagen kan zů rucke
Vnd im nait lassent zschaffen gebē
Der mag dest baß in friden leben
Darumb in grossem lob die stan
Die sich der welt hand ab getan
Vnd sind durch gange berg vñ tal
Das sy die welt nit brecht zů fal
Vnd sy villeicht verschnlcen sich
Doch last die welt sy nit on stich
Wie wol sy nit verdienen kan
Das sy solch leüt soll bey jr han

Auß was vrsach man vnrecht thůt
Dein werck die vrteile die gemein
Dein hertz erkennet bot allein
Tů recht vnd laß all vöglin singen
Got laßt dir entlich nit mißlingen
Es lebt auff erden gantz kein man
Der recht tůt yedem narren kan
Wer yederman solt dienen recht
Der můßt gar sein ein gůtter knecht
Auff frůg vor tag dar zů auff ston
Vnd selten wider schlaffen gan
Nyemans mag zweyen dienē allein
Wer dient aller welt gemein
Der můß mel han. vil me dann vil
Wer yedem sin maul verstopffen wil
Dann es stat nit in vnserm gwalt
Was yeder narr red. klaff. okallt
Die welt můß treiben das sy kan
Sy hats vor manchem me gethan
Sy vacht nit erst von neüwem an
Eyn gauch singt guck guck dick vß

Spott vogel

Wie eyder vogel sein gesang (lang
Doch so gat es allweg sein gang
Ob dir schon die weil würt lang
Jn recht tůn. so nit ker
Dich dar von nymmer mer
So würt es dir künnen zů gůt
So du hie dick hast kein můt
Dort würt dir der lon
Das du hie hast recht gethon ꝛc.

Der narren ist vast gůt enberen
Die mit stein allzeit wrffen gern
Verspotten w. man sy thůt lerē
kei straff. noch, weißheit wer sy höre

Jr narren. ir seind vnß zů leren
Anfang d weißheit vorcht des her
All kunst der heiligen ist zerspreic
Jn dē weg der fürsichtikeit
Vō weißheit würt d mensch geert
Von jr all tag vnd ia gemert
Ein weiser ist nutz der gemein
Ein narr sein kolben treit allein
Vnd mag von weißheit hören nā
Er spot der weisen alle zeit
Wer ein spot vogel leren woll
Der macht im selbs gespötes vil
Wer strafft ein boßhafftigen ma
Der henck im selbs ein sperlin an
Ei weisen straff der hört dich gan
Vnd eylt von dir me weißheit ler
Wer ein gerechten straffen thůt
Der hat von im sein straff vergüt

Der vngerecht geschenbet vil (wil
Vñ würt doch selbs geschendet bey
Als michol sauls dochter geschach
Do sy hen dauid tantzen sach
Vnd springen mit der harpffen sei
Warff sy ir spotwort wider ein
Darumb so strafft sy got so hart
Das sy gantz vnberhafftig ward
Vñ must jrs spottens also geniesen
Das got der jren leib beschliessen
Cham ward vsluchet auch võ got
Darumb das er sein vatter spot
Der selb fluch über die würt gan
Die spotten kynnen yederman
Vor auß die vnderstand zu spotten
Von den sy tugent leren sotten
Vnd vnder jrer discipleyn
Solt in demüt ghoisam sein
Do had die wolff ein geinlich eyrte
Wann die schaff spotten jrs hierte
Wañ die stul auff die benck wöt sty
So will sich vnglück lern geigē (gē
Der höher ein spot vogel ist
Vnd ist doch vil das im gebrist
Wañ mã ein spotter würfft für tür
So kumbt mit im all spot hin für
Vñ was er zanck vñ spey wort tribt
Das selb daun vor der türen bleibt
Het dauid nit sein selbs geschont
Nabal wer seis gespöts wol gelont
Sein spot im doch selbs lonen thet
Das er starb gechling an sein bett
Sanabachlach seins spotes rüwt
Do man die maur hierusalé bauwt
Jm ward me dañ er selb vertruwt

Semey hat noch gar vil sin
Die gern mit steinen werffē iut
Ein narien man nit weren mag
Er würfft mit stein ein gantzen tag
Got geb man sing oder sag
Weißheit die würt doch nit verletzt
Wie vast man sich dar wider setzt
Weißheit mag man verspotten niet
Sy licht vmb sich auff all seyt
Drvmb janus vier antrliz hat
Das er all ding sicht vñ verstat
Gantz nyeman gat in heimlich art
Kein hund zu ruck im bellen kan
Kein storck im schlagē kan dē muff
Kein hund setzt in zwein oten auff
Das hand poeten dar vñ gdicht
Ein weiser all dig schmeckt vñ sicht

Das ich zeitlichs allein betracht
Vnd auff das ewig hab kein acht
Jo wig ich zeitlichs tag vnd nacht
Dz schafft ei aff hat mich gemacht

Verachtüg ewiger

Ein nar ist wer beriemet sich (fröd
Das er got ließ sein himelreich
Begerand das er leben mag
In narheit biß an jüngsten tag
Vnd bleiben möcht ein gut gesell
Er far joch dañ wa gott hin well
Ach nar wer doch auf erd kei freid
Die wert ein tag vñ nacht on leid
Das sy nie würd verbittert dir
So möcht ich gedecke doch in mir
Das du möchts han etwas vsach

die doch wer naricht klei vñ ſwach
Jo wol als klein vnd mynder ſer
Dañ ein tropff waſſer gen dem mer
Als ob ein köulin gerechnet werd
Gen hundert welt der gantzen erd
Dañ der hat warlich dorecht gluſt
Wen hie die leng zů leben luſt
Do nüt iſt dann das jamertal
Kurtz freüd vol leid ſteckt überal
Dañ vor mit freüd ſich hie vacht an
Das thůt in angſt mit leid vergaт
Der weiſin ā ſpricht dā ers wol wiſt
All freüd mit ſchmertzē wirt vmiſt
Vnd der grad der freüd dē iſt
Der erſt zů truren alle friſt
Dz ward an ibbs kindern wol ſchin
Do ſy warn frölich by den weiт
Vnd würtſchaf.. hieltē vñ vñ vñ
Do warff der wind ir herberg viñ

Vnd fiel auffſy des hanſes bach
Darumb ir vatter warlich ſprach
Mein ſcharpf die iſt in truren kert
Die ſtym des weynens würt gehön
Das hat got gar wol ordiniert
Als er all ding weißlich regieret
Do mit der menſch hie freüd geruͤch
Vnd ſy in got dort entlich ſuͤch
Menſchlich vnnüfft iſt gätz ent. ich
Der wiſch dē ägel gyerlich ſchlückt
Vnd muͤſt zů leſt erworgen dran
Dann er in nit verdöwen kan
Als iſt des gleich auch menſchlich
Dz hie ſich nit vor freüdē hüt (gniͤ
Gedencken ſoll man wol darbey
Das hie kein bleiblich weſen ſey
Die weile wir farend alle ſand
Von hinnen in ein frömbdes land
Vil ſeynd vor hin, wir kumē nach
Wir müſſen got an ſcharwen doch
Es ſey zů freüden oder ſtraff
Darumb ſag an du dorechts ſchaff
Ob gröſſer narr ye kem auff erd
Dan der wer ſolches mit dir begert
Meinſtu das paulus wär ein narr
Oder er mit het genomen war
Was ſchnöd freüd auff erd hie wär
Was höher freüd er dort enber
Do er ſprach ich beger ledig werdē
Vnd ſcheiden mich von diſer erdē
Auff das ich muͤg bey criſto ſein
Do ich die recht freüd find on pein
Narrheit hat manchē überwunden
Der wen er hab die bonen funden
Wann im vil freüd zů handen ſtas

Er weynscht nit das er wer bey got
Er meint er well wol zů im kůmen
wañ er schō all freüd ei hat genom̄
Was narrheit hat doch dz erdacht
Das nun dz falsch für warheit acht
Vnd das do neüt ist dann beschyß
Das schlecht mā an für gātz gewyß
Du weischest von got scheidē dich
Du würst dich scheiden ewigklich
Ein hunig tröppflin dir gefalt
Vnd wyrst doir gal hā tusent falt
Ein augen blick all freüd hie synd
Dort ewig freüd vñ pein man findt
Well fräulich triben solche woir
Der felt ir anschlag hie vnd dort

Wer vogel hund in kirchen fiert
Vnd anderleüt am betten irt
Der selb dē gůch wol stricht vñ sch
Biß er dē narrē die schellē rier (mier

Kirchen vneren

Man darff nit fragen wer die seyen
Bey dē die hund in kirchen schreyē
So mā nieß.halt.prediget vñ singt
Oder bey den der habych schwingt
Vnd thůt sein schellen so erklingen
Das man nit betten kan noch singē
So můß man hören dañ die hertzen
Do ist ein klappern vñ ein schwertzē
Do můß man aufrichtē all sachen
Vñ schnip schnap mit dē holtzschů
vñ süst vil ūfūr machē hāt (machē
Do lůgt mā wo frau kriemhilt stād
Ob sy nit wel her vmbher gaffen .

Vñ machen auß dē gauch ein affen
Mā will sich ī dr kirch nim schamē
Sy kummen in den wicklen zamen
Vnd treyben ettwan solch spil
Das ich weiß vnd nit nennen will
Dañ offt geschicht dz niemā meint
Als würt das gotshauß verunreint
Vnd würt gelestert got dar an
Man sicht vil das man laßt hin gā
Mit andern irsal daz hinschlächt
Do mit ist kyerch nit wol geweicht
Dar auß abgöterey entstat
Das schafft man achtet nit me got
Noch seiner heiligen. das sy rechen
Man solt ir augen den auß stechen
Die sich solch grosser schād nit scha
Ob mā sy ettwā schō tůt schemē(mē
Sole mā sy doch wol lassen sinckē
Das sy ein löckle wasser trincken
Dañ sy dz me dā ñ wol verschulden

Wunder ist das es got mag dulden
Aber er spart nit das allein
Biß er bezalt das vnd das ein
Lyeß yederman sein hund im hauß
Das nit ein dieb trieg etwas auß
Die weil man wär zů kirche gange
Ließ er den gauch stan auff de stäge
Vn brucht sei hotzschuh auf de gasse
Do er ein pfennigwert treck möcht
Vn tönbt nit yederma die oren fasse
So kant man ettwan nit ein toren
Ich gtar von thumherre neüt sage
Die in den chor jr vögel tragen
Als wolten sy beim altter jagen
Vnd meinen es soll schaden neüt
Die weil sy seind geboren leüt
So stand dem adel gar vil zů
Das er billicher dan andere thů
Ich wüst gern waz sy wolten sagen
Wä der teüffel hin weg wurd trage
Den edelman der inn in leyt
wo bleibt der thumhen auff die zeyt
Ich vörcht sei adel schumbt i neüt
Doch die natur gibt yedem ein
Narheit will nit verborgen sein
O wie vil heten achtung mer
Die Römer wie sy thetten er
Jm tempeln die doch ware gemacht
Den abgötern allein volbracht
Das man kein bey den eren dult
Het er sich an eim tempel vschult
Ein klosterfraw getzyplet ward
Das sy verleschen ließ ein fart
Das ewig liecht, das bey der wand
Der göttein veste im tempel brand

Das wär emylia auch geschehen
Het jr nit vesta übersehen
Das sy zunde mir dem weiler an
Das selb liecht das es wider bran
Vario ein streit darumb verlot
Das er im tempel hat dar vor
Ein lotterbüben wachter gmacht
Vnd er on arrs die kirch veracht
Zů Carthago ward das auch sch
Als die Römer dye nomen ein
Vnd einer raub auß de tempel na
Der des vmb sein beid hende kam
Als bschach auch Quinto fulino
Vnd publio lemmio.
Ob joch nun Dyonisius
Der groß tyrann Syracusanus
Als er vil tempel het beraubt
Vnd in seim gmüt was so erbau
Das er meint es solt schaden nit
Vnd wüst sein außzug tün allzie
Daz ers in schimpff mit lache zo
Gieng doch sein straff zů lest dar
Dann got vertrüg me dz ma het d
Langzeit entert die heiligen stett
Die dannocht zů den selben jaren
Allein ein bild vnd anzeig waren
Was got in kirchen würcken wo
O wie groß fleiß vnd ernst man so
Zů vnsern zeitten yetz an keren
Das man die heiligen stett thet er
Do man got gegenwürtiklich
Sicht, vn vor im doch scham si
Man leß was plagen ye an gieng
Vo de die kyerch ye schad entpfie
Wie gar schetlich seind vil gestor

In gschicht Recht

An ere vnd gůt.leib sel.verdo:bat
Dye ye dye kyerchen wolte schmche
Mi mag das noch all tag wol sehe
In tempel Helyodorus
Gieng fräuelich vñ wolt tragẽ auß
Den raub des ward er so geschlagẽ
Von got.dz man in auß müst tragẽ
Christus der gab vns des exempel
Der tryb dye wechßler auß dẽ tẽpel
Vnd dye do hetten tauben feyl
Tryb er in zorn auß mit eim seyl
Solt er yez offen sünd auß treyben
Wenig inn kierchen wurden bleibẽ
Es fieng gar dick am pfarrer an
Vñ wurd byß an den meßner gan
Dem hauß gotz heylikeyt zů stat
Do got der herr sein wonung hat

Wen jn dz für seyn můtwill bringt
Oder der nar im also winckt
Das er on nott inn brunnen springt
Dẽ gschicht recht ob er schõ ertrinckt

Mutwillig vngfel

Manch nar ist der do bettet stät
Vñ tůt(als in blickt)andacht gbet
Mit rüffen zů got überlut
Das er kum von der narren hant
Vnd wil dye kappen doch nit lan
Er zeücht sy täglich wider an
Vnd meint got wöl in hören nit
So weißt er selbs nit was er bitt
Wer mit můtwil in brunnen springt
Vnd vorchten dz er drinn ertrinckt
Gschreit vast dz man ei seil im brecht

Sei nachbur sprech es gschiht i recht
Er ist gefallan selbs dar ein
Er mõchte hie auß wol beliben sein
Empedocles in solch narheyt kam
Das er auff ethna sprang in flamm
Vñ meint verdienen neüt auff erden
Er wolt also vntõtlich werden
Wer in har auß sölt gezogen han
Der het im gwalt vnd vnrecht gtan
Was nie der ein můtwillig man
zů Epheso zundt den tẽpel an
Der doch so schön köstlich vñ groß
Gemacht was über alle maß.
Vñ wußt doch dz er disib müst ster-
Aber er wolt můtwills vberbẽ ben
Allein das man noch vil der tagen
Von im auch etwas wüst zů sagen
Was mirz gieng.Eircio dar noch
Do er rant in das hellen loch
Dz auff dẽ marckt e.ũ rom auff sprãg
Dann dz sein můtwill dar zů trang

Gewaget spil das felt eim behend
Zů vil můtwill nimbt offt bóß end
Ein gůter steiger darff auch glück
Die gůtten schwimer ertrincke̅ dick
Die gůten stecher auch offt felen
Das man eim rennet durch sein kele̅
Wer sich in můtwillig vnglück lat
Dem gat es recht wie es im gat
Gat hat vns freyen willen geben
Doch dz wir weißlichen sólle̅ leben
Er will nit das du seyest ein thor
Er zúcht gar selte̅ bey dem hor
Dz er die hed in deyg stoß auch
Der můßt im selbs wol den gauch
Mancher fúrlauft im selbs sein tag
Das got in nim erhóren mag
Dann er im nit me gnaden geit
Das er eůt fruchtbars von im beytt
Wer bet vn̅ weißt nit was er bett
Der blaßt den wint.vn̅ schlecht dye
Mächet im gbet ró got bgent(schet
Jm wer leyd das er wurd gewert
Wer lebt in eim soglichen stat
Der hab den schad.wie es im gat

Die halben narren seint gemele
Des hat narheit ein groß gezele
Bey jr legert dye gantze welt
Vor auß was gwalt hat.vn̅ vil gelt

Gwalt der narhey

Biß her ich narren gesamelt hab
Vn̅ meint ich wer jr yetz schier ab
So kan ich mich jr nit entschútte
Das schiff das ist er in der mitten
Des ist der gwalt zů land außgä̅
So hat narheit sy auff gefangen
Vn̅ hat eñ pflicht vo̅ inen genñme
Do mit me narren naher kummen
Not ist das vil narren sint
Darm vil seint an in selbs erblint
Die mit gewalt wend witzig sein
Do yeder man sicht vnd ist schein
Dz sy góch seint doch niemant gta
Spiechen zů inn was tůstu narr
Vnd wañ sy hóher weißheyt pfleg
So ist es von her dylmans wegen
Diey kappen geltz gibt klingels or
Vnd sein genatter engelmor.

Wie wol man ſpꝛicht von alter her
Eigen lob das ſtinckt gar ſer
Doch darff es in niemen ſagen
Denn die die do groß köpf haben
Dann mit gwalt wellen ſy es
Nit leyden mit keinem meß
Vnd bleiben alſo im narren won
Vnd wöllen auff in ſelber ſton
Ouch gzielt in wol ir geberde
Doch ir gwalt niet alweg wert
Wer in ſich ſelbs vertrauwē ſetzt
Der iſt ein nar vnd dorecht getz
Wer aber weißlich wandeln iſt
Der würt gelobt zū allerfirſt
Dye erd iſt ſelig dye hait
Ein haren der in weyßheit ſtat
Des rat auch iſt zū rechter zeit
Vnd ſüchen nit wolluſt noch gelde
We we dem ertrich das do hat
Ein herren der in kintheit gat
Dye fiirſten eſſen morgens früg
Vnd achten nit was weyßheyt tüg
Ein arm kind dz doch weyßheit hat
Iſt beſſer vil in ſeinem ſtade
Dann ein künig ein alter do
Der nit fiirſiehe die künftig ior
We den gerechten aber we
Wann narren ſteigen in dye höh
Aber wann narren gwalt abgat
Gar wol es vmb die rechten ſtat
Das iſt dem gantzen land ein erre
Wañ auß dē gerechten wiirt ein herre
Dann allzeit wann ein nar regiert
So werdt vil mit im verfiert

Der thūt nit recht wer an gericht
Durch freüntſchaft ei ins ātlit ſicht
Der ſelb auch vmb ein byſſen brot
Warheyt vñ gerechtigkeyt verlat
Recht vrteiln ſtat ein weiſen wol
Ein richter niemās kennen ſol
Jeder iſt beſſer lieb zū han
Wann du dein vrteil haſt gethan
Dann das du in haſt lieb vor ee
Vnd darnoch dein vrteil auß gee
Rat vñ gericht hat kein freünd
Suſamen töchter noch vil ſeind
Dye mütwill treiben vnd gewalt
Gerechtigkeyt dye iſt vaſt kalt
Die ſchwert die ſeind verroſtet beyd
Sy wellen nim recht auß ō ſcheid
Noch ſchneiden me do es iſt not
Gerechtigkeit iſt blind vnd tod
All ding dem gelt ſeind vnderton
Jugurtha do er ſchied von rom
Do ſprach er o du feyle ſtat
Wie wirſtu ſo bald ſchach vñ mat
Wann du ein koffman heſt allein
Man findt der ſtet noch me dā ein
do mā häeſchmierūg geat auf mibt
Vñ dar dur ch vi tūt daz nit zimbt
Myet freünrſchaft al lwarheit vñ
Als moyſen ſein ſchweher lert (kat
pfenig neid freüntſchaft gwalt vñ
zabrechē ietz recht buef vntüſt(güſt
Dye fiirſten etwan waren weyß
hetten alt rett gelert vnd greyß
Do ſtünd es wol in allem land
Do ward geſtrafft ſünd vnd ſchād

Vnd was gůt frid in allerwelt
Jetz hat narheyt all ir gezelt
Geschagen auff vñ leyt so wer
Sy zwingt dye fürsten vñ ir her
Das sy kunst weyßheit hond verlon
Allein aygen nutz sehen an
Vnd wöllen jn ein küntschen ratt
Dar vmb es leyder übel gat
Vñ hat künfftig nach böser gstalt
Groß narheyt ist bey grosse gwalt.
Got ließ das mancher fürst regiert
Langzeyt. wañ er nit wurd verfürt
Vnd vnmmilt wurd. vñ vngerecht
Durch äreitz falscher rät vñ knecht
Die gabë nemen schenck vnd niyet
Vor den ein fürst sich billich hyet
Wer gaben nimbt der ist nit frey
Schenck nemen mache verräterey
Als von ayoth geschach Eglon
Vnd Dalida verriet Samson
Andronicus nam gulden faß
Des ward getödt Onyas
Ouch betedab der künig brach
Sein bunnniß do er gaben sach
Tryphon do er betryegen wolt
Das Jonathas jm glauben solt
Do schäckt er jm gaben vor hin
Do mit er möcht bescheißen in
Wer gaben liebt vnd gern behalt
Der kumbt gar offt vmb sein gwalt
Den kriechen was zů lieb ir gelt
Sy hetten funden wol groß welt
hetten sy wöllen solt geben auß
Sy weren blibn wol bey hauß

Vñ vor bětiircken frey wol bliben
Aber das sy yetz seint vertriben
Seint sy allein schuldig dar an
Sy wolten ir gelt selb behan
Des seind sy kummen von gewal
Dazmir doch warlich übel gfalt
Ein yeder tůg so vil er mag
Nit me begert sein zeyt noch tag
Mylo der gyeng ein vere stro
Vnd trůg auff jm ein ochsin gro
Der noch sein leben in im hett
Lieff doch zum zyl mit einn zů r
Ein ellend end er darnach nam
Do im sein zyl vnd stündlein ka
Daß in eins boumes klufft ersta
Vnd fraßen in dye wölff bey na
Vñ fieng sich selb mit sterck vñ n
Wer wöl d merck diß vñ hab (
All die seint noch nit erdacht (a

Vil tůnd ir torheyt hie behar
Vnd ziehen vast ein schwären k
Die weil sy sich nit wendt bewa
Dört wirt d schwär wag nahe f

Weg der seligkeyt

Got laßt eyn narren nit verston
Sein wunder dye er hat gethon
Vñ täglich tůt dar vmb verdierbt
Gar mancher narr ð zeytlich stierbt
Hye vñ dort ist er ewig tod
Das er nit lernet kennen got
Hie můß er bürd des karchen tragen
Dort zücht er erst den rechtē wagen
Dar vñ narr nit frag nach dē steg
Der fůert auff der hellen weg
Gar leycht,do hin mã kummē mag
Die thür stat offen nacht vñ tag
Der weg ist breyt.glatt.wolgebant
Dann narren vil seind dye in gandt
Aber der weg der seligkeyt
Der weißheyt allein ist bereyt
Der ist gar eng.schmal geet vñ hoch
Vñ stellen wenig küt dar noch

Oder dye in hand můt zůgon
Do mit wil ich beschlossen hon
Der narren frag gar offt geschicht
War vmb man me der narrē sicht
Oder die faren zů der hell
Dañ des wolcks das nach weißheit
Die welt in üppikeyt ist blint (stõl
Vil narren wenig weiser sind
Vil seind beriefft zů dem nacht mal
Wenig erwelt lůg für dich wol
Sechßhundert tusent man allein
Jn frawen vnd sunst kind gemein.
Fůrt got auß durch des meres sand
Zwen komen in das globte land
Zehen ausserzling macht got rein
Der ein kans vnd danckt im alleyn.
Wir lesen das wei Esdras sprach
Gleich wie ein trṍpflein võ ei dach
Sich gleicht eim wasser überal
Als ist auch der erwelten zal
Gen den dye do kumen zů dem reich
Ein yeder lůg wol für sich ꝛc

Es wil sich machen gen der meß
Wo ich des gsellen schiffs vergeß
Do mancher gůter narr inn seß
Jch vṍrcht der pfeffer würd zů reß

Das gsellen schyff

Ein fräckfurter schif fert yetz do her
Das ist von kaufleüten also schwär
Von allen gwerben vnd hantieren
Jeder sein gschier thůt mit im füren
Das man in ken waz mans er sey
Wo mit er růr den narren brey
wann mã besůcht wol die stürbincke
Ich wurd leicht selbs har für gucke
Ich hab gewalt ich mag wol farê
Es sey in schiffen oder karchen
Ich mag ein narr sein doch nüt zyl
Die hantwerck ich hie bringen wyl
Jr keins stat me in seinem wert
Es ist wol überleyt beschwert
Jeder knecht meyster werden will
Des seind yetz aller hantwerck vil
Dañ yetz gãtz niemãs will me dienê
Sy gãt vil lieber drasster gynen
Von einer gassen zů der ander

All acht tag went sy han den wa
An einem dienst wil niemen me
Ein monet zehen meyster han.
So bald man von ein auffrür
So seind dye dienstknecht all be
Das sy flugs in die reisen lauffen
Do sy vnglück für arbeyt kauffen
Vñ für dye morgen supp sich ra
Vñ die schon in d werckstat bleit
Dye wend im ersten jar doch: vel
¿Mächer zů meysterschafft sich b
Der nie das hantwerck hat geler
Einer dem andern werck zů leyt
Vnd treibt sich selbs über dye heyl
Das ers wolfeil erzeügen kan
Des můß er offt zum tor auff gan
Vñ die stat mit dê hindern küssen
All gwerb ist yetz dar auff gefliss
Was diser nie will wolfeyl gen
Do sint mã sunst drey oder zwen
Dye meynen das erzeügen wol
Tůnd doch nit arbeyt als man so
Dann man hin sidelt yetz all din
Das man sy geben mügen gering
Do bey mag mã nie lang zeyt ble
Deür kauffe vñ wolfeil vertreibâ
Mächer eim andn mache ein ka
Der bleibt so er zum tor auß lauff
Auff wolfeyl gen gar yederman
Vñ ist doch gãtz kein verschaft t
Dann wenig kosten man dran l
Vnd würt als auff die eyl bereyt
Das es allein ein muster hab
Do mit die hantwerck gantz vast
Mügen nit wol erneren sich

Was du mit tust. das tu doch ich
Vnd leg dar an kein kost noch wile
Echt ich allein möcht machen vile
Ich selbs das ich dye warheit sag
Mit disen narren hab ich vil tag
Vertriben ee ichs hab gedicht
Noch seint sy nit recht zu gericht
Wie wol diß ist der ander truck
Dar in ich doch vil nemlich stuck
Von gschrifft hystorie in hab gfiert
Ein wenig baß die narren hab gerürt
Ich hat bedörfft noch lenger tag.
Kein gut werck eyl erleiden mag
Der maler der appeli bracht
Ein tafel die er bald hat gmacht
Vnd sprach er het geylt dar mitt
Fand er in bald on antwerck nitt
Er sprach dye arbeyt zeygt wol an
Das du hast wenig fleiß gethan
Vnd wunder ist das du nit vil
Da gleich hast gmacht in kurtzu wil
Den stich es nim erleiden mag
Zweintzig par schuch auff einen tag
Ein dutzent tegen auß bereyten
Vil wercke vñ auf borg dann beyten
Vertrib gar manchen offt das lach
Böß zymmerleüt vil spenen machen
Die murer tund gern grosse brüch
Dye schneyder tund gar weyte stich
Do wirt dye nat gar laytrig von
Dye druck er in dem praß vmb gon
Auff einen tag ein wochen lon
Verzeren. wer wol ir gefert
Ir arbeyt ist doch schwer vñ hert
Mit trucken. vñ mit bossulyeren

Mit setzen. streichen. corrigyeren
Aufftragen mit der. schwartze kunst
Varb brennen in des rauches dunst
Vnd reiben dye. vñ feigen spitzen
Vil seind die lang in arbeyt sitzen
Machen doch mit dest besser werck
Das tut sy seind von affenberck
Vnd hand dye kunst nit baß gelert
Mancher in disem schiff gern fert
Daß es seind vil gut bossen drinn
Die groß arbeyt vñ kleinen gewinn
Hand. vñ verzeren das doch lycht
Dann in ist wol bey der weinsücht
Auff kreünfrigs had gar wenig sorg
Wann man allein in gibt auff borg
Mächer ein bletzschkauff mache kan
Do er nit vil gewinnet an
Mächer wil sein ein kauffman auch
Deß sein valust macht zu ein gauch
Der wil nit lang ein kauffman sein
Der vil auß gibt vnd neüt nimbt ein
Der mit gewar vñ mintz vmb gat
Die er nit kent vnd nit verstat
Des kaufmaschatz gar bald zerrüt
Der me verzollt dann er gewint.
Man hab daß got verschworen ee.
Man kan yetz neütz verkauffen nie
Vñ so man lang schwert ein vñ auß
So wirt ein fischerschlag daß drauß
Do bey merckt mã dz all diß welt
Sich wast des kölsche börthe helt
Gat halb ab. ist yetz vast der schlag
Berat dich got bucht kein den sack
Alls faren all hantwerck do her
Ob ioch ei teil schiff seid vast schwer

i j

Seind noch vil schifflein halber ler
Er tübt wol drein wer gern drü wär

Do werdent kind den eltern gleich
Wo muã vor in nit schämet sich
Vnd krieg vor in vil hefer bricht
Ein aff der lert bald was er sicht

Wer vor frawen vnd kinder will
Von bůlschafft. boßheyt reden vil
Der wart das von im widerfar
Des gleich er von im reden thar
Frawê vn kind sind gar nach glich
Auff boßi verston sich selten sich
Es sy dann das vnzucht sy ler
Man solt sy han in grosser er
Waiß wort vn werck ganzeitlich trei
Vor kindê. iungfrawê vn weibe (bê
So möchtê sy dest zeichtiger bleibê
Kein zucht noch ere. ist me auff erd
Kind. frowê. lern wort vnd gberd
Die frawen das von mannê handt
Die kind von eltern nemen schand
Si londs in irer kamern ligen
Neüt heilichs tünt sy do on schreigê
Noch sy sich vor den kindê schamê
Knebliñ vn meidlein leyt mã zamen
Do seyet der teüfel bald sein samen
Die eltern kriegen. fluchen. schelten
Das selb die kind vergessen selten
Sy meinen recht zů tůn dar an
So es jr eltern vor hand getan.
Dann so der apt die würfel leyt
So seint dye münch spyl bereyt
Mã zücht yetz kin d bey vnsern iarê

.

Vñ machst bar nach ioch groß ge-
So wën ð krüg doch entzwei(schlei
Wir sehë leyder das ab nimbt
Die iugent nit lert das sich zymbt
Va leyt ir starck wolnnigend zeyt
Erlicher arbeyt acht sy nüit
Fullen vñ schlaffen müssig gon.
Alls schentlichs wercks ist sy gewõ
Mit pfeiffë. darmë schätlich springen
Mit halber stim gar weibisch singë
Mit bundy des haus vñ waschë leyb
Kein vorteil haben nie die weyb
Wañ man ersucht ein gantz gemei
Man findt kum vnder hundert ein
Der brauchë kü sein recht vernunft
Oder sey in der weisen zunfft
Wolt got ich dörst sagen noch
Das sy meunlich sinn hetten doch
Vnd nie gätz waych on abern werë
Dye frömbder zucht vñ sich i begerë
Ir eygne haltë sy veracht
Stürmë an frömd ere tag vñ nacht
Wye sy dye zwingen vndersich
Do mit in yederman sey gleich
Ich wil ð stümëd fünde gschweigë
Die selb zü got im himel schreigen
Ich wil die selb nit plesinieren
Der teüfel wirt sy all hin fieren
Mit in in hellscher flammen bet
Wie er den sodonueiten dett
Die welt ist yetz voll böser lere
Mä findt leyder kein zucht noch ere
Die veter seind schuldig dar an
Die frowe die lert von irem man
Es darff das man gar eben lüg

Was man vor kinden red vñ tüg
Dann gewonheit andere natur ist
Die machen das kinden vil gebrist
Auß kriechë ð syttgen Rom, kam
Do mit die kind zucht ere. vñ scham
Vñ ander tugent möchten leren
Ließ mä sy höflich gdicht dick hörë
Wie in tugent het geben lon
Was güts die eltern hetten gethon
Zü tisch mä in das las vñ seyt
Do mit die iugent ward bereyt
Das sy den weg auch begerten gon
Der solch ere geb vnd ewig lon
Das waren erlich veiter gar
Sellig was auch der iungen schar
Das sy von eltern lerten ere
Si hetten zü athene nit mere
Gemacht zucht weiß hei tugët hörs
Dann sy ir vatter do dett lerë
Dar auß wäschen har faby
Scipionis fabricÿ
Vnd die berümbten marcelly
Cesares vnd Camilly
Die durch ir güten veter lere
Erholt hant ewig werend ere
Noe zü gütem sytt sich ioch
Noch schlüg i chã sein sun nit noch
Wer einen weisen sun begert
Der syt. vernunfft. vñ weißheyt lert
Der soll des billich loben got
Der in mit gnad verschen hot
Seins vatters nase albinus aß
Das er in nit hat zogen baß
Das kind orenus selten lert
Daz stetk indem us vor im hert rc.

i ij

Ein geselle schiff fert yetz
Dz ist von hantwercks leüten schwer (do her
Von allan gwerben vnd hantyeren
Jeder sein gschyrr tüt mit im fieren
Kein hantwerck stat me in sein werd
Es ist als überlerdt. beschwert

Jeder knecht meyster werben will
Des seind yetz aller hantwerck vil
Mi har zu meysterschafft sich kar
Der nie das hantwerck het gelert
Einer dem andern werck zu leid
Vnd treibt sich selbs dick über die
Das ers wolfeil erzügen kan (heid
Des müß er offt zum thor auß gan
Was diser nit will wolfeyl gen
Do findt man sunst drey oder zwen
Die meinen das erzügen wol
Tünt doch nit arbeit, als man sol
Dann man hin subelt ietz all ding
Das man sy geben müg gering
Do bey mag man nit langzeyt bleibe
Drür kauffen vn wollfeil vertreibe
Mi her ein andn macht ein kauff
Der bleibt, so er zum thor auß lauff
Auff wolfeil gen gat yeder man
Vnd ist doch gantz kein werschafft
Dann wenig kostem, i diß leide (dr.
Vnd würt als auff die eyl bereydt
Das es allein ein muster hab
Do mit die hantwerck gant vast ab
Mügent nit wol erneren sich
Was du nit tüst das tu doch ich
Vn leg dar an kein kost noch weile
Echt ich allein müg machen vile
Jch selbs das ich die warheit sag
Mit disen waren hab ich vil tag
Vertreiben, ee ichs hab erdicht
Noch seind sy nit recht zu gericht
Jch het bedörfft noch lenger tag
Kein gut werck eyl erleiden mag
Der maler der Appelli bracht

Sein tafel die er bald hat gemacht
Vnd sprach er het geylt do mit
Jand er in bald on antwurt nitt
Er sprach, die arbeit zeigs wol an
Das du hast wenig fleiß gethan
Vnd wunder ist das du mit vil
der gleich hast gmacht i kurtzer weil
Kein arbeit thet nie gut zur eyl
Den stich es nie wol leiden mag
zweintzig par schü auff einen tag
Ein tutzen tegen auß bereitten
Vil wercke vnd auffborg dan beite
Vertreibe gar manche offt lache
Böß zymerliit vil speien manchen
Die murer thünt gern grosse brüch
Die schnider thünt gar weite stich
Do würt die nate gar leittig von
Die trucker in dem braß vnd gand
Auff einen tag ein wochen lon
Verzeren das ist ir gefert
Jr arbeit ist doch schwer vnd hert
Mit trucken, vnd bosselycreit
Mit setzen strichen, corrigieren
Auff tragen, mit der schwartze küß
Varb brennend in des füres brunst
Vnd reiben die, vnd feigen spitzen
Vil seind die lang in arbeit sitzen
Mache doch nit dester besser werck
Das thut sy seind von affenberck
Vnd hand die kunst nit baß gelert
Mancher in dysem schiff gern fert
Dann es seind vil gut bossen drinn
Die groß arbeit vnd kleinen gwinn
Hant, vnd verzeren das doch leicht
Dann in ist wol bey der wein feücht

Auff künfftigs hant gar wenig sorg
Wañ man allein in gibt auff borg
Mancher ein bletzkauff machē kan
Do er nit vil gewinnet an
Man kan yetz neüt verkauffen me
Man hab dañ gott geschworen ee
Vñ so mā lang schwört in vnd auß
So würt er vischer schlag dā druß
Do bey merck man daz all diß welt
Sich vast dz kölsche bösechins helt
Gat halb ab. ist yetz vast der schlag
Berat dich gott bricht kein dē sack
Die hantwerck faren all do her
Noch sint vil schifflin halber ler

Do werdent kind den eltern gleich
Wo man vor in nit schamet sich
Vnd krüg vñ häffen vor inn bricht
Es sy mit spil oder ander gleich

Das ergernuß nit kum bar auß zc.

Wollust durch einfalt manche fell
Der dich doch vast dar zu het gesellt
Manchen sy auch am flug behelt
Vil hand jr end dar um erwelt

Von wollust

Wollust der welt die gleichet sich
Eym üppigen weib die offenlich
Sitze auf der straß vnd schützt sich
Das yeder man kum in jr hauß (auß
Vnd jem gemeinschafft mit jr teil
Dann sy vmb wenig gelt sey feil
Bixen das man sich mit jr eüb
In boßheit. vnd in falscher lieb
Als gand die narren in jr schoß
Gleich wye zum schind gat ð ochß
Oder ein einfalt scheflin geyl

Das nit verstat. daz es inns seyl
Gefallen ist vnd inn die streng
Biß im der pfeil sei hertz durch treg
Gedenck nar. das es gylt dein sel
Vnd du dieff falest in die hell
Wann du mit jr vmeinschaffte dich
Wer wolust flücht ð wirt dort rich
Nit such zeitlich wollust vn freüd
Als Sardanapalus der heid
Der meinte man sole hye leben wol
Mit wollust freüd vnd füllen vol
Es wär kein wollust nach dem tod
Das was eins rechten narren ratt
Das er sücht so zergenbchlich freüd
Doch hat er war im selbs geseidt
Wer sich mit wollust überlad
Der kost klei freüd mit schmertz vß
ei zitlich wollust wirt so süß (schad
Do von mit gall zu lest auß fließ
Der gantzen welt wollustikeit
Ende sich zu lest. mit bitterkeit
Wie wol der meister Epycurus
Dz höchst gut setzer inn wollust zc

Wer nit kan schweige heimlich keit
Vnd sein anschlag eim andern seye
Mag wol verliert dz har vom höbe
Dem widerfert rüw. schad vn leidt

Dann was du wilt das ich nit sag
schwistu gar wol ich schweige mag
Nagstu nit behaltñ heymlicheit
Die du in gheym mir hast geseit
Wz begerst du dañ schweige võ mir
Das du nit haben möchst an dir
Het achab nit sin heymlicheit
Seiner frawen Jezabel geseit
Vnd het verschwigen solch wort
Es wär geschehen nit ein mort
Wer nit heymlichs im hertzen trat
Der hüt sich das ers nieman sag
So ist er sicher.das nyemant
Das ynnen werd vnd sag dar võ
Der prophet sprach.ich nit allein
Mein heymlicheit han.nit gemein

Verschwigen sein

Der ist ein narr.der heimlicheit
Seiner frawen.oder yemans seit
Dar durch der sterckest man verlor
Samson sein augen vnd sein hor
Es ward verratten auch alsus
Der weissag Amphyaraus
Dañ frawen seind als die geschrifft
Böß hälterin der heimlicheit (seyt
Wer heimlich ding nit schweige kã
Wer thüt mit betrogenheit vm gan
Vnd spannet sein lefftzen wie ein tor
Do hüt ein yeder weiß.sich vor
Mächer berümbt sich grosser sach
wo er nachtz auf ð bülschafft wach
Wã man sein wort recht nach gründ
Offt man in auf em misthauf fünd
Dar auß gar dick entspringt auch
Das man merck wo er erzt den gauch

Wer durch kein ander vrsach me
Dañ durch gütes wille geefft zürt
Der hat vil zancks.leyd.hader.we
Mag im auch hart wol ergen

weiben durch gu

Wer schlüfft in esel.vñ daz schwein
Da ist vernunfft.vñ weißheit ler
Des er ein alt weib nymbt zür ee
Ein gütten tag.vñ keinen me
Er hat auch wenig freüd dar von
Kein frucht mag im dar auß entsten
Vnd hat auch nymer güten tag
Dann so er sicht den pfennig sagt
Der gat im auch dick vnd die oren
Durch den er worden ist zum toren
Dar auß entspringt auch offt vñ dick

Die Ruth begeren zů der ee
Des findt mã neüt dann ach vñ we
Vnd crimior: te kranior ate ?c

Wer gunst vñ haß. wirt vnnhargat
Man findt groß neid. in allem stat
Der neithart. der ist noch nit tod
Des Lidet mancher grosse not

Daz darzů schlecht gar wenig glück
So man das gůt allein betracht
Auff ere vñ frümkeyt gar nit acht
So hat man sich dann über weibt
Kei freüd noch freüntschaft me do
Leichter wer ei sei. in d wüst (bleibt
Dann das er lang zeyt wonen müst
Bey eim zorn.wehen bösen weib
Dañ sy dört bald des mannes leib
Warlich zů trauwē ist dem neüt
Welcher vmb gelt sein ingent geyt
Geld dz im schmeckt des schmeres
Eer töist dē esl schinde auch (rauch
Vnd wann es lang zeyt vmhar gat
So findt er neüt dann nüst vñ kat
Vil stellent achabs töchter nach
Vnd fallen in sein sünd vnd rach
Der teüfel Asmodeus hat
Vil gwals yetz in dem eelichen stat
Es seind gar wenig boos me

Von neid vnd has

Veintschafft vnd neid macht narn
Dõ dēich auch hie sagen will (vil
Der doch entspringt allein dar von
Das du vergünst mir das ich hat
Vnd du dier hetest gern das mein
Oder mir sunst nit hold magst sein
Es ist neid.ein so tötlich wund
Die nymer würt recht gesund
Vnd hat die eygenschafft an ir

E. i

Wann sy jr ettwas gantz setzt für
So hat kein rů sy tag noch nacht
Biß sy jr anschlag hat volbracht
So lieb ist jr kei schlaff noch freüt
Das sy vergeß jrs hertzen leid
Darumb hat sy ein bleichen mund
Dür. mager. sy ist wie ein hund
Jr augen rot. vnd sicht nieman
Mitt gantzen vollen augen an
Dz watt an Saus mit dauid schein
Vnd Joseph mit den brüdern sein
Neyd lacht nit dann so vndergat
Das schiff. das sy ertrencket hat
Vnd wan neid kyfflet nagt langwit
So ist er sy sich sunst anders nit
Wie Ethna sich verzert allein
Des wart Aglauros zů eim steyn
Was gifft hab in im. neid vnd haß
Das spürt mā zwischē brůdern baß
Als Cayn. Esau Thyestes
Jacobs sün vnd Ethyocles
Die trůgen grössern neid in jn
Darm weren sy nit brůder gsein
Dann das geblůt würe so entzünt
Dz es vil me dann frömdes brint ꝛc.

Vem sackpfeisse freüb kurtzweil gie
Vnd acht der harpff. vnd luten nit
Der hört wol auff den narren schl it
Vñ zschiff oder wagt auch far mit

Vngedult der stra

Eingwes zeisschen der narrheit
Ist das ein narr nyemer vertreit
Noch mit gedult geleiden mag
Das man von weisen dingen sag
Ein weiser gern von weißheit hö
Do durch sŭ weißheit würt gem
Ein sackpfeiff ist des narren spyl
Der harppfen achtet er nit vil
Kein gůt dem narren in der welt
Baß dann sein kolb vñ pfeiff gf
Kum last sich straffen der vnka
Narren zal ist on end gemer
O narr gedenck zů aller friśt
Daz du ein mensch vñ edtlich bi
Vñ neüt dañ leim esch erd vñ m
Vnd vnder aller creatur
So hat vernunfft in der natur
Bist du das minst. vñ ein byschlu

Ein abschum. vnd ein trüssensack
Was überhebst dich deins gewalt
Deins adels.reichtum. iuget gestale
Seyd als das vnder der sinnen ist
Vnnütz ist. vnd dē weißheit gbrist
Weger das dich ein weißer strafft
Dañ dich anlach ei narrecht schaff
Dañ wie ein brennend dyssel kracht
Als ist ein narr auch wenn er lacht
Selig der mansch der in iim hat
Allzeit ein schrecken wo er gat
Der weisen hertz.truren betracht
Ein narr allein auff pfeiffen acht
Man sing vñ sag. man flöh vñ bit
Alb sein eylf an gen kumbt er nit
Vñ kleinl straff.ler er ettwas gitt

Wer artzney sich neymet an
Vnd doch kein presten heilen kan
Der ist ein gütter gouckel man
Vnd solt drey narren kappen kan

Narrecht artzney

Der gat wol heim mitt anßn nanē
Wer eim totkranckē bsicht dē harn
Vñ spricht.wart biß ich dir vkünd
Was ich in mainen büchern find
Die weile er gat zum büchern heim
So ferr der siech gen tottenheim
Vil nemen artzney sich an
Der dheiner ettwas do mit kan
Dann was das krüter büchlin lert
Ober von alten weiban hört
Die hant ein kunst die ist so güt
Das sy all presten heylen thüt
Vnd darf kein vnderschid me han
Vnder.iung.alt.kind frawen man
Ober sücht.truncken.heiß vnd kalt
Ein krut das hat solch krafft.vñ ge
Glich wie die salb i alabaster (walt
Dar auß die scherer all ir plaster
Machen all wunden heilen mit
Es seiē gfwer stich bach iii. vñ schnit
her Cucule erlaust y nit
Wer heyen will nie ein vngelrt
All trei fand augen.rott. verblent
Purgieren will on wasser glaß
Der ist ein artz als Zührsta was
Dem gleich ist wol ein aduocat
Der inn keiner sachen kan geben rat
Ein beicht vatter ist wole des gleich
Der nie kan vnderrichten sich
Was vnder yeder melatzy
Vñ gscheche der sünden mittel sey

t ij

Jo oit venmufft. gat vmb den biey
Durch narren mancher würt vfürt
Der es verdierbt. dann er des fpürt.

So groß gewalt auff erb nie kam
Der nitt zü zritten end auch nam
Wañ im fein zyl. vñ ftündlein kam
Müß eres als so hinden lan

End des gewaltes

Noch finde man narren manigfalt
Die fich verlant auff iren gwalt
Als ob er ewigklich fole fton
Der doch tüt wie ð fchne zergon
Julius der keyfer. was genüg
Reich mechtig. vñ von finnen klüg
Ee daun er mit gewalt an fich
Bracht vñ reg'rt dz römfche rich
Do er den zepter an fich nam

Sein forg vñ angft im hauff kat
Vnd was fo witzig nit an ratt
Er würd dar vmb erftochen tobt.
Ein yedes ding wañ es auff kunt
Znm höchften felt es felbft zü grt
Kein menfch fo hoch hie kümë m
Der verheyft den mornigen tag
Oder das er moin glück foll hon
Dann dz glück rad bleibt felten ft
Oder den fein güt vnd gwalt
Vonn tod ein augenblick behalt
Wer gwalt hat ð hat angft vñ n
Vil feind durch gwalt gefchlagë
Wo nit lieb ift vñ gunft der gm
Do ift vil forg vñ woluft klein
Der müß vil förchten der do wil
Das in auch fellen. förchten vil
Darius der hat groß mechtig la
Vñ wär wol bliben heim on fch
Vnd het behalten güt vnd ere
Aber do er wolt füchen mere
Vnd haben dz. dz fein was nit
Verlor er auch das fein dar mitt.
Xerxes der bracht in kriechen lan
So vil des volcks. als mer es fan
Das mer mit fchiffen er bedeckt
Er möcht die gätz welt hä erfchüe
Aber was ward im mer dar von
Er griff Athenas greüßlich an
Gleych wie ð löw. angreift ein h
Vñ floch doch als dye hafen thü
Der künig Nabuchodonofor
Do im zü fyel me glück dann vor
Vnd er arfarat über wandt
Maint er erft haben alle landt

Vnd setzt ein götlich gwalt im fuer
Ward doch verwandelt in ein thier
Der möcht ich wol erzalen nie
In alter vnd in nüwer ee
Aber es dunckt mich nit seit nott
Gar wenig sind in reüwen tod
Oder die sturben an jrem bett
Die man nit sunst erdöttet het
har bey mercken ir gwaltigen all
Ir sunzen zwar in glückes fall
Sind witzig vnd trachten das end
Das got dz rad, eüch nit vnn wend
Fürchten den herren dienent im
Wa eüch sei zorn ergrifft. vnn grim
Der kürtzlich würt entflammen ser
Würt eüwer gwalt mit bleiben mer
Vnd werden ir mit im zergan
Ixion bleibt sein rad nit stan
Dan es lauff vmb. von winde kleut
Sellig wer hofft inn got allein
Er felt. vnd bleibt nit in der höch
Der stein dem waltzt sorg vnn we
Den berg auff. Sisyphus der tor
Glück vnn gwalt wert nit lange jor
Dann nach der alten spruch vnn sag
Vnglück vnn har dz wechst all tag
Der vnrecht gwalt, nimbt grütlich
Als Jzabel zeygt. vnd Achab (ab
Ob schön ein her sunst hat kein vind
Muß er besorgen doch sein kind
Vnd vnderweil sein nechstem freünd
Die bringen in vmb sein gewalt
zambry seins herren reich nach stale
Vnd thet an im mort vnn torseht, laig
Vnd ward ein her auff siben tag

Alexander all welt betzwanck
Ein diener tödt in. mit eim tranck
Darius entran. vnd was on nott
Bessus sein diener stach in todt
Also der gwalt sich enden thüt
Cyrus der tranck sein eygen blüt
Kein gwalt auff erd. so hoch ye kam
Der nit ein end mit truren nam
Nie keiner hat so mechtig fründ
Der im ein tag verheissen künd
Vnd sicher wer ein augenblick
Das er solt han gewalt. vnglück
Was die welt acht auffs aller best
Das würt verbittert doch zu lest
Wer überhebt sich das er stand
Der lüg vnn schlypff nit auf dem sand
Dz im nit weid schad spot vnn schad
Groß narrheit ist vnn grosse gwalt
Dann man in selten langzeit behalt
So ich durch süch all reich do her
Assyrien. Meden. Persyer
Macedonū. vnd kriechen landt
Carthago. vnd der Römer stand
So hatt es als gehan sein zyl
Dz römsch rich bleibt so lang got wil
Got hat im gsetzt sein zeit vnd maß
Der geb das es noch werd so groß
Das im all erd sey vnderthan
Als es von recht. vnn gsatz solt hā etc

Wer on verdienst will han den lon
Vñ auff ein schwachē ror will stō
Des anschlag würt auff krebsen gā
Der vmuß sul narren schellen han

Das hye kein bleyblich wesin sey
Die weil wir faren alle sand
Von hinnen in ein frembdes land
Vil sein vor hin.wier kumen noch
Wer er ist nider oder hoch
Och der meint dz vo bescherung l
Alles da mit er dann gar vmb
Vnd das im des alles werd wor
Ist me dann ein ander tot
Narr laß von solcher fantesey
Du steckst sunst ba ld im narren b
Das got on arbeyt belonung gyt
Verlaß dich drauff vn bach du n
Vnd wart. wo dir von himel ku
Ein bratten taub.in dein mundt
Dann solt es also schlecht zu got
So wurd eim yeden knecht sein l
Got geb.er arbeyt oder nit
Das Doch nitt ist auff erden sytt
Warumb wolt got dann ewig l
Eim geben der wolt miessig gon
Gebe eim knecht der schlaffen w
Sein reych.vnd ein so grossen sol
Ich spruch das auff erd niemas l
Dem got on gnaden etwas geb
Oder dem er sy pflichtig ytt
Dann er ist vns gantz schuldig n
Ein freier herr.schenckt wenn er v
Vnd gibt außwenig oder vil
Wie im geliebt.wen gat an
Er weiß t.warumb ers hatt geth
Ein hafner auß eim erdkloz mac
Ein erlich geschir.sunst vil verac
Als kachlen.heff en.wassertrüg
Do man ein böß vnd güttes tüg

Fürwissenheit gots

Man findt gar manchê narr ouch
Der serbet auß d gschäfft dê gouch
Vn dunckt sich streiffet vn gelart
So er dye bücher hat vmb kert
Vnd hat den psalter gessen schier
Biß an den verß Beatus vir
Meyned.hab got ein güts besch es
So werd im das nymmer entwert
Soll er dann faren zu der hell
So well er sein ein güt gesell
Vnd leben recht mit nander wol
Im werd doch.was im werden sol
Dañ der hat warlich do recht glust
Wen hye dye lang zu leben lust
Da mit ist dann das iamer tal
Kurtz fröd vol leid steckt überal
Gedencken sol man wol da bey

Die kachel spricht nit wider in
Jch solt ein krüg. ein hafen sin
(Gott weißt dem es allein zü stat)
War vmb er all ding geordnet hat
War vmb er jacob hat erwelt
Vnd nit Esau im hat gleich gezelt.
Warumb er Nabuchodonosor
Der vil gesündet hat lang ior
Strofft. vnd zü reü doch kume ließ
Vnd zü sein reich. nach dē er büsßt
Vnd pharao mit geisten hart
Strofft der do vō doch böser ward
Ein artzney macht einem gsund
Vnd macht dē andern me verwūdt
Dann einer noch dem er entpfandt
Gotts stroff. vn der gewaltige hādt
Bdocht er sei sünd. mit seünsße vil.
Der ander bucht sein freyen will
Vnd mercken gottes gerechtikeyt
Uzysbucht er sein barmhertzigkeyt
Dann gott nie keinen hat verlon
Er wust. warumb ers hatt gethon
Wan ers wolt als gleich hā vacht
Er hett wol neüt dan rosen gmacht
Aber er wolt auch distlen han
Do man sein gerechtigkeit sech an
Der wz ein neidisch schalckhaft knecht
Der meint sein herr det im vnrecht
Do er im gab sein gdingten sold
Vnd gab ein andern was er wolt
Der wenig arbeyt hat gethon
Dem gab er doch ein gleichen lon
Man findt gar vil gerechter leüt
Dye hye auff erd hand übel zeyt
Vnd laß in got zü hauden gon

Als ob sy vil sünd hetten gethon
Dar gegen findt man narren dick
Dye zü all sachen hand vil glück
Vnd in irn sünden seind so frey
Als ob ir werck gantz heylig sey
Das seind die vrteyl gottes heimlich
Der vrsach weißt nieman gantzlich
Je nie man dye zü gründen gert
Je minder man dar von erfert
Ob yeman schon went das ers wiß
So ist er sein doch vngewiß
Dann all ding werden vns gespart
In künfftig vnsicher. hin fart.
Dar vmb laß gottes fürwissenheyt
Vnd ordnung der fürsichtigkeyt
Stan wie sy stat. thū recht vn wol
Gott ist barmhertzig gnaden vol
Laß wissen in alles das er weiße
Thū recht den lon ich dyer verheyß
Behari. so gib ich dier mein sell
zü pfand. du küpst nit in die hell rc

Wer leschen will eins andern feür
Vnd brinnen laßt sein aygen scheür
Der ist gut auff der narren leu
Vnd bleibt ein goch vern vnd heü

Wer leſchen will einß andern hau
So im die flam ſchlecht eben au
Vnd brennt das ſein in alle mach
Der hat auff ſein nutz wenig ach
Wer fürdern will eins andern ka
Vnd hindern ſich der iſt ein nar
Wer ſich mit frömder ſach belad
Vñ ſelbſt vſumbt. der hab deſcha
Wer ſich des über reden latt
Dar auß im ſpot vnd ſchad entſt
Der mag die leng ſich niet erwo
Der nar erwyſcht in bey dem ge
Dem leit ſein todt am herzten an
Den ſunſt erkennet yeder man
Vnd er ſtirbt. vnd ſein leben end
Das er ſich ſelbſt nit hat erkann

Sein ſelbs vergeſſe

Wer groß arbeit vnd vn gemach
Hat. wie er fürdere fremde ſach
Vnd wie eins andern nutz er ſchafft
Der iſt me dann ein ander aff
So er mit in ſeiner eygnen ſach
Lügt das er fleiſſig ſey vnd wach
Der narten büchlin billich lieſße
Wer weiß iſt. vñ ſein ſelbs vergißt
Dann der geozdente lieb will han
Der ſoll an im ſelbs vahen an
Als auch Terencius vermant
Ich bin mir aller nechſt verwant
Ein yeder lüg voz ſeiner ſchantz
Ee er ſorg wie ein ander d .ntz
Der will verderben ee dann zeit
Der im nit ſagt. vnd andern ſchne
Vñ wer eins andern kleid mit fleiß
Säubert vñ er das ſein beſcheiſt

Wer bgert. das mã im byent all ta
Vnd auch in alle zeit an boz trag
Vnd er doch danck. vnd lon verſa
iſt wol dz mã im die britſchẽ ſchla

Undanckberkeyt

Der ist ein narr. der vil begert
Vnd er neür tüt der eren wert
Vnd gibt eim mäg vñ arbeyt vil
Dem er doch wenig lonen wil
Wer võ einer sach wil haben gwiñ
Billich setze er in seinen siñ
Das er auch kosten leg dar an
Wil anders er mit eren stan
Gar selten in seim wesen bleibt
Ein müd roß.das man über treibt
Ein willig roß wirt stützig baldt
Wann mã dar fütte: im vorhaldt
Wer ein vil ding zü müten gegar
Vnd lonen nit der ist ein narr
Wer nit mag haben wol für güt
Was man vmb zimlich lon im tüt
Der soll zü zeiten sich nit klagen
Ob man im arbeyt tüt versagen
Jo sol man im die brytschen schlagẽ
Wes einer wil des er genieß
Der lüg auch dz er auch wider schieß
Vndanckberkeyt nimbt bösen lon
Sy macht den brunnẽ wassers on
Ein alt Cystern nit wassers gytt
Wañ mã nie wasser auch drei schit
Ein dür angel gar bald kirrt
Wañ mã im nit nit öl auch schmirt
Der ist nit würdig grosser schenck
Wer an die kleinen nit gedenck
Dem würt billich versagt all gob
Der vmb die klein nit sagt lob
Der heyßt wol vnuernüfft. vñ grob
All weisen ye geschaffet hant

Den der vndänckbar ward erkant

Des narren brey.ich nie vergaß
Do mir efiel das spiegel glaß
Hans esels or mein bruder was
Des selben ich auch nie vergaß

Selbs wolgefallen

Der rürt im wol den narren brey
Wer wonet das er witzig sey
Vnd gfelt im allein im selber wol
Jn spiegel sicht er yemertol
Vnd kan doch nit gemercken bas
Das er ein narren sicht im gleß
Doch wan er schwren sölt ein aidt
Vnd mã von weiß vñ hübsche seide
So mein er doch er wärs allein
Man findt seins gleich auff erdtê kei
Vñ schwör auch im gebrest gar nit
Sein tün vnd leün gfelt im allzye

l j

Den spiegel er nit von im lat
Er sytz. lig. reit. gang wo er stat
Gleich als der keiser Otto thet
Der in dem streit ein spiegel het
Vnd schar alltag sein backë zwilch
Vnd wüsch sy dañ mit esels milch
Das ist ein weiberteding gut
Kein on den spieg'. etwas thut
Ee sy sich schlyegern recht dar vor
Vnd mazen gat wol auß ein jor
Wë so gefelt weiß. gstalt. vñ werck
Das ist der aff von Heydelberg
Pygmaleon gefeil sein eygen bild
Des ward er hm narheit gätz wild
'...et sich narcissus gespiegelt nit
Er het gelebt noch lange zit
Manches sicht stets den spiegel an
Sicht doch nit hübsches dar in stä
War also ist ein narrechte schaff
Der leide auch nit dz mä in straf
Jo gat er in seim wesen hin
Vnd will mit gwalt. nit witzig sin

Der best. am dantzen. ist das man
Nie yemerdar thut für sich gan
Vnd auch bey zeit vmb keren kan
Doch so müß mä ein spilman han

Von dantzen

Ich hielt noch die für narrë gantz
Die freüd vnd lust haut in dë dantz
Vnd lauffen vmb als werës taub
Wild füß zu machen in dem staub
Aber so ich gedenck da bey
Wie dantz. nit sünd antsprungë sey
Vnd ich kan mercken vnd betracht
Das es der tüfel hat auff bracht
Do er das guldin kalb erdacht
Vñ schäff dz got wart gätz veracht
Noch vil er mit zu wegen bringt
Auß dantzen vil vnrats entspringt
Do ist hochfart. vnd üppikeit
Vnd für lasst der vnluterekit
Do schleyfft nun venus bey d' hend
Do hat all erbarkeit ein end

So waiß ich gantz auff ertreich
Zwä schimpf d' sy ein ernst so gleich
Als das man dantzen hat er darht
auf kuchwich este mes auch bracht
Do dantzen pfaffen münch vñ leyē
Die knt müß sich do hinden reyen
Do laufft mā. vñ würfft vmher ein
Das man hoch sichc die blolle bein
Ich wil der and schäd geschweigē
Der dātz schmeckt baz dañ esse feigē
Wañ kāntz mit mētē dantzen mag
Jm hungert nit ein gantzen tag
So werden sy des kauffes eins
Wie man ein bock geb vñ ein geiß
Soll das ein kurtzwil sein genāt
So hab ich narrheit vil erkant
Vil warten auff den dantz lang zit
Die doch der dātz erfettiget nit

Wer vil lust hat wie er hofier
Nachts auff der gassen vor der tür
Den glust das er wachend erfrir
Vñd auch die narren kapp fast rür

Nachts hofieren

Jetz wer schier auß der narrē dantz
Aber das spyl wer nit all gantz
Warm nit hie weren auch die leffel
Die gassen tretter vnd die geffel
Die durch die nacht nit rüwed hā
Wann sy nit auff der gassen gant
Vnd schlagent luten vor der thür
Ob gucken well die metz herfür
Vnd kumen auß der gassen nit
Biß mā ein kammer lang im gie
Oder sy würffet mit ein stein
Es ist die freüd in warheit klein
Jnn winters nacht also erfrüren
Sy so der göuchüttü ie hofieren
Mit seytēspyel mit pfieffen singen
am holtzmarckt über die blöcher sp
Dz tünt stubētē pfaffen leyē cringe
Die pfaffen zū i em narren reyen

l ij

Eer schreyt.iuchtzet.broͤllet vñ bleet
Als ob er yetzund wuͤrd errütdit
Je ein narr do dem andern seyt
Wo er muͤß warten auff bescheyt
Do muͤß man i dañ hofrecht mache
Als heymlich haltet er sein sachen
Das yeder man da von muͤß sagen
Dye vischers uff de buͤblen schlage
Mancher sein fraw lasse an de bett
Dye lieber kurtzweyl mit im hett
Vnd tantzet er an dem narren seyl
Nymbt dz gaͤt end so darff es heyl
Ich schweig der.de dz selb geit freüd
Das sy lauffen im narren kleyd
Wann man ein narren gyne heyß
Mancher sich an den narren styeß.

Ich vorcht mir gieng an narr ab
Hon auch dar zu genomen kleie hab
Vñ han durch suͤche den bettel stab
Klein weißheyt ich da funden hab

Von bettlern

Der bettel hat auch narren vil
All welt dye reicht sich yetz auff g
Vnd will mit bettlen neren sich
Pfaffen muͤnchs &c de seid vast ri
Vñ klagend sich als waͤrent sy ar
Vnd betteln das es got erbarm
Du bist zu noturft auff erdacht
Vnd hast groß hauffe zame brad
Noch schweigt d prior trag her pl
Dem sack dein ist der boden auß
Des gleychen tuͤnt dye heyltu
Stürmenstoͤsser.stacioniere
Die nieuant kein kyerweich verb
Auff der sy nit oͤffenlich auß schu
Wie das sy fuͤren in dem sack
Das hew das rieff vn graben lag
Vnder der krippff zu Bethlehym
Das sy von Balms esel bein
Ein feder von sant michels fluͤge
Ouch von sant joͤrgen roß ein zu
Vnd hand auch aller heyligen za
Vil narren dye glaube dann dar
Ir sag vom helygen geyst wan
Das sy sein von sant thomas
Erst neulich kummen har auß
Vnd lauffen den leüten so zu hau
zeyge in her von sant marx
Vnd von sant luren ein horn
So hant sy dann aber biß morn
Ir sack vnd fleschlein zu fuͤllen
Ziehen fürbaß mit vnwillen
So schlahen sy dann weyter an
Was sy me fuͤr heyltum han.

Th, ino ſich gar kurtz beſinne
Vnd than auch nach her bringen
Die buntſchäch von ſant Claren
Mancher thůt baxlen bey den jaren
So er wol wercké möcht vñ kund
Vnd er, jung, ſtarck iſt vnd geſund
Wañ dz er ſich niit wol mag bucké
Jm ſteckt ein ſchelmé bein im rucké
Sein kind die müſſent iung dar an
On vnderlaß um bettel gan
Vnd leren wol das bettel gſchrey
Er brech im ee ei n arm entzwey
Ober ezt inn vil bletzen beülen
Do niit ſy künden ſchreien häilen
Der ſyzen vier vnd zwenig noch
zů Sſtraſpurg inn dé dumineloch
On die man ſezt in weiſen kaſten
Aber bettler thůnt gar wenig vaſté
zů Baſel auff dem kolenberck
Do treiben ſy vil büben werck
Jr rotwelſch ſy im terich hand
Jr gfüge narrung durch die land
Jeder Stabyl ein hörnlüten hat
Die wappen, farben dizent gat
Wie ſy dem prediger gelt gewyn n
Der lůg wo ſy der. johani grym
Durch alle ſchöckelboß erlauſft
Mit rübling innen iſt ſein kauff
Biß er beſauelet hie vnd do
So ſchwentz er ſich dañ anderſwo
Veraldchend über den breithart
Stxelt er all breitfüß, xnd flughart
Der ſy flößlet, vñ lüßling ab ſchnit
Granmer, klant, vezer fürer niit
Ein wild begangen ſch afft der welt

Jſt wie man ſtelt iez auff das gelt
Herolden, ſprecher partiſand
Die ſtraffen ettwan offlich ſchand
Vnd hetten dar durch eren vil
Ein yeder nan yez ſprechen wil
Vnd tragen ſteblin ruch vnd glatt
Das er werd von dem bettel ſatt
Eini wer leid dz gätz rver ſein gwad
Bettler beſcheiſſen alle land
Einer ein ſilberin kelch můß han
Do all tag ſyben maß ein gan
Der gat auff krucké das mans ſicht
Wann er allein iſt, darff ers nicht
Dyſer kan fallen vor den läiten
Das yeder man tů auff in deüten
Der lechnet andern jr kinder ab
Das er ein groſſen hauffen hab
Mit körb ein eſel thůt bewaren
Als wolt er zů ſant Jacob faren
Der gat hincken, der gat bucken
Der bindet ein bein auff ein krucken
Ober ein gerner bein in die ſchlucké
Vañ mã im recht lůgt zů der wüdé
So ſech man, wie er wer gebunden
zum bettel laß ich mir der wile
Dann es ſeind leider bettler vile
Vnd werden ſtez ye nie vnd me
Dann bettlen das thůt nyeman we
Oo dem der es zů nott můß treiben
Sanſt iſt gar gůt ein bettler bleiben
Dann betlen des verdierbt man nit
Vil bgäb ſich wol zů weiſzbrot mit
Die drincké nit den ſchlechten wein
Es můß Reinfal Elſäſſer ſein
Mancher verlaſt auff betlen ſich

l ii

Der spilt. bůbt.halt sich üppeklich
Dañ so er schon verschlembt sei hab
Schlecht man im betlē doch nit ab
Jm ist erlaubt der bettel stab
Vil neren auff dem bettel sich
Die nie geltz hand dañ du vñd ich

Mancher der reit gern spat vñ frü
Kůnd er vor frawen kumen zů
Die land den esel selten rů
Es sey joch spat oder frü

Vō besen weibern

Jnn meiner vorred hab ich gtan
Ein beügniß protestation
Jch well der gütten frawen nicht
Mit arg gedenckē in meinē gedicht
Aber man wirt bald von mir klagē

Solt ich nit von den bösen sagē
Ein fraw die gern vō weißheit l
Die würt niet leicht in schand v
Ein güt fraw. senfft des mānes
Aßschwerus hat ein eyd geschw
Noch macht ī hester weich vñ l
Abygayl senfft Dauid geschwū
Aber böß frawen.gend böß rāt
Als Ochosyas můter det
Herodias ir dochter hieß
Das man den touffer köpffen li
Salmon durch frawen rō verl
Ward das er die abgötter ert
Ein fraw ist worden bald ein h
Wañ in sunst trol ist mit geschr
Vñ lyplep.schmadentag vñ n
Dyeris hec vil iungen gemacht
Den ist gelypt die iung so wel
Das sy dick brennet wie ein fel
Die klagt.die klappirt.diie küg
Die richt auß als dz stübt vñ fl
Die ander kyfflet an dem bet
Der eeman selten frid do hat
Muß hören predig auch gar oft
So mächt barfüssel leit vñ sch
Es zücht die krebkatz mancher n
Der doch dz merteil nach müß l
Mäch frau ist frum vñ bscheid
Xn ist dem man allein zů kůgē
Das sy nit von im leiden mag
Das er ly etwas ler vnd sag
Gar dick ein mā in vnglück kv
Allein durch seiner frawen mūn
Als Zimphyon zů Theba gesch
Do er sein kind all sterben sach

Wann frawen solten reden vil
Calphurnia kam bald ins spyl
Ein böß fraw stet jr boßheyt äügt
Dye fraw der joseph diont. dz zeügt
Kein grössern zorn man yenät spürt
Dann so ein weibs bild zornig würt
Die wüter wie ein löwin stürdt
Der man dye iungen nemen thüt
Oder ein berin. dierdo seygt
Midia das. vnd progne zeygt.
wä m.i die weißheit gätz durchgrüd
Kein bitterer kraut auff erd mä fund
Dann fraw ö hertz ist ein garn
Vnd strickt. dar ein vil doren farn
Doch mein ich dye frawen nit all
Dan groß ist der güten zall
Dye wil ich nit angelten lon
Was dye bösen hand gethon
Sunder dye selben ich yerz hye rür
Die gütten söllen verzeüchen mier
Das ich also hye gedenck
Vnd ben bösen nit schanck
Sunder dye warheyt also schreib
Dar bey es yetzund beleyb
Durch die würt die erd erschüt
Das vierd dz mag sy tragen nitt.
Ein knecht der worden ist ein herr.
Ein narr der sich hat gefüllet ser.
Ein v.idisch böß vñ gifftig weib
Wer dye vermechlet seinë leyb
Dz vierd al fräüntschafft gätz vbeibt
Ein dienst magt die jr frawen erbt.
Drey ding man nie erfüllen mag
Dz vierd schreige stätz har zü har zü
Ein fraw die hell. dz erterich (trag

Dz schluckt all wassers güß in sich
Dz feür spricht nimer hör auff nü
Ich hab gnüg.trag min har zü
Dreü ding ich nit erkennen kan
Des vierde waiß ich gätz neüt van.
Wann in dem lufft ein adler fleügt
Ein schläg dye auff ä velsen kreücht
Ein schiff das mitten gar im mer.
Ein mä ö noch hat kündische ler.
Des gleich der weg einer frawen ist
Dye sich zum eebruch hat gerüst
Die schleckt vñ wüscht dë mud gar
Vñ spricht ich hab nit böses tö(schö
Ein rinnë tach zü winters frist
Ist gleich ein fraw dye zenckisch ist
Hell vñ vegtüfel hat genüg
Wer mit einer solchë zücht im pflüg
Vaschi hat vil nachkümen gelan
Dye wenig achten auff jr man.
Des waibs will ich geschweige gar
Die zü richten ein süpplein gehar
Als poncia vnd Agrippeina
Belides vnd Clytymnestra
Die jr man: stachen an dem bett
Als phereo sein hauß fraw dett
Gar seltzen ist Lucrecia.
Oder Cathonis porcia
Vppiger frawë findt man vil
Dann Thais ist in allem spil zë

l iiij

Vil aberglaub man yetz erdichdt
Da man offt nit war an spricht
Was keünfftig man an sterne sicht
Ein yeder narr sich dar auff richt

Achtüg des gstirns

Der ist ein narr der me verheyft
Dann er in sein vermügen weyst
Oder dann er zu thůn hat müt
Verheyssen ist den artzen güt
Aber ein narr verheyst ein tag
Me dann all welt geleysten mag
Auff künfftig ding man yetz vast lebt
Was dz gstirn vn firm. net
Vnd der planeten lauff vns sag
Oder got in seim rat anschlag
Vnd meinend d. s man wissen söll
Alles das got mit vns würcken wöl

Als ob das gstiern ein notturft bü
Vnd im nach müssen man all din
Vnd gott nit herr vnd meyster wi
Der es leicht mecht.dz and schwe
Vnd laßt dz vil Saturnus kind
Dannocht gerecht.frumm.heylig sä
Dar gegen Sunn.vnd Jupiter
hant kind dye nit seint boßheyt ler
Ein christen menschen nit zu stat
Das er mit heiden kunst vmb gat
Vnd merck auff der planeten lauf
Ob diser tag sey güt zum kauff
zu bauwe.kriegg.machung der ee
zu freüntschafft.vn des gleiche m
All vnser wort.werck.tün vnd lo
Auß gott in gott.allein soll gott
Dar vm glaubt d nit recht in got.
Der auff dz gstiern solch glaube ha
Das ein stund.monet.tag vnd iar
So glücklich sey.dz ma dar vor
Vnd nach.soll groß an fahen nit
Wann es nit gschicht dye selbe zyt
Das es dann nim geschehen mag
Dann es sey ein verwoissen tag
Vnd wer nit etwas nützes hat
Vn vmb das neü iar syngen gat
Vn grüne tanreiß steckt in sein haut
Der meint er leb das iar nit auß
Als dye egypter hielten vor
Des gleichen zu dem neüen ior
Wem man nit etwas schencke thüt
Der meint das gantz iar werd nit güt
Vn des gleich vnglaub allerley
Mit warsagen vn volgen gschrey
Mit caracter segen.treüm büch

Vñ dz man bey dem mon schein such
Oder der schwarze kunst nach stell
Nüt ist das man nit wissen woll
So yeder schwier.es felle im niet
So felt es vmb ein buren schr itt
Nit das der ist ernē lauff allein
Sy sagen.ja ein yedes klein
Vnd aller minst im fliegen h ycrn n
Wil man yetz sagen auß dē gestier
Vnd was man reden.ratten werd
Wie der werd glück hã.waß geberd
Was willen.zů fall der kranckheyt
Fräuelich mã auß dē gstien yetz seie
Jn narrheit ist all welt erlaubt
Eim yeden narren man yetz glaubt
Vil pratich vnd weissagend kunst
Gart yetz vast auß der druck er güst
Die drucken alles das man bringt
Was mã võ schandē sagt vñ singe
Das gat mm alls on straff da hyn
Dye welt dye wil betrogen syn
Wann mã solch kunst yetz treib vñ
Vñ dz nit in vil boßheit kert   Lert
Oder das sunst breche schad der sel
Als moyses kund vnd daniel
So wär es nit ein böse kunst
Ja wer sy würdig rüms vnd gunst
Aber mã weissagt mir dz vich starb
Oder die.korn vnd wein verdarb
Oder wann es schneyg oder reg
Wann es schön sy.der wint weg
Buren fragen nach solcher gschäfft
Dann es in zů gewinn an trifft
Das sy korn.hinder sich vnd wein.
halten.biß es werd dürrer sein.

Do abraham laß sol.he bã H
Vnd in Chardea kunren sücht
Was er der gschicht vnd trostes an
Dein zorsant in Chanaan
Daruū es ist ein leichtfertikeyt
Wo man von solhen dingen seye
Als ob man gewolt zwingen m t
Das es mühst sein.vnd anders niet
Das ist gar ein böseler
Der auff bringt sollichem er
Der er doch nit ist gewiß
Vnd kumpt da von mãcher bschiß
Vnd dar zů vil aber glaub
Der bließ dye weil weger staub
Der also sein fleiß leget dar an
Das er doch nit ergründen kan
Welche es tůnt vmb seyr lieb willen
Mochten sich wol anders stellen
Gottes lieb verloschen ist vnd gunst
Des sůchet mã yetz des teüfels kunst
Do Saul der künig was verl in
Von gott.rüffet den teüfel an zů

Wer auß lauft all lãd nach vñ ver
Auch auß mißt hymel.erd.vnd mer
Vñ dar inn sücht lust.freüd.vnd ler
Der lüg.das er dem narren wer

Erfarüg aller land

Ich halt den auch nit eytel weiß
Der all sein sinn leydt. vnd sein fleiß
Wie er erkund all stet. vnd land
Vnd nymbt den zyrckel in die hand
Das er dar durch berichtet werd
Wie dieff. vñ ver: sich ziech dz mer
Vnd was enthalten lesten spor
Wie sich das mer zů end der welt
Halt das es nit zů tal ab felt
Ob mã hab vm die gätz welt für
Wz volck's worte vnd yeder schnůr
Ob vnder vnsern fliessen leüt
Auch seyen oder do f' räüt
Vnd das sy nit sich enthalten auff
Das sy nit fallen in den lufft
Wie man auß mit eim stecklin rech
Das mã die gantze welt durch sech

Archymides der wußt des vil
Der mache im pulver kreiß v
Do mit er vil auß rechen kund
Vnd wolt nit auf thůn seine r
Er vorcht es gieng ein plast d
Das im an kreyssen ab wurd
Vnd ee er reden wolt ein wou
Lieff er ee das er wurd ermort
Der messen kunst was er beha
Kund doch auß ecken nit sein
Dycearchus der fleiß sich des
Das er die höch der berg anß
Vnd fand das Pelyon höher v
Dann alle berg die er ye maß
Doch maß er nit mit seiner har
Die Alben hoch im schwitzer
Maß auch nit wie tieff wer dz
L. hyn er müst vnd sitzet noch
Prolomeus rechnet auß nit gr
Was leng vñ breyt dz ertrich h
Die leng zücht er von orient
Vnd end die selb in occident
Das hundert.achtzig garb er a
Sechtzig vñ drey.gen mitter n
Die breyt vom equinoccial
Gen mittem tag.ist sy nie schm
zwentzig vnd fünff er findet g
Das lands so man erkundet ha
Plinius recht das mit j...iuitz c
So machet Strabo meylen d
Noch hat mã sythar funden v
Land hynder Norwegen vñ T
Als yßlant vnd pylappen land
Das vor hin als nit was erkant
Auch hat man seyd inn portig

Vnd in hyspanien über all
Gold in sten funden. vñ nacket leüt
Von dem man vor wüst sagen neüt
Marinus nach dem mer die welt
Rechnet vñ hat diã gar w üst gfelt
plinius der meyster seytt
Das es sey ein vnsinnikeyt
Wöllen die gröf die welt verstoln
Vnd auffer der. bey weillem gon
Vnd rechnen biß hinder das mer
Dar in menschlich vernunfft irt ser
Das sy sölchem nachrechen all zytt
Vnd kan sich selb außrechen nitt
Vnd meint das er die ding verstat
Das dye welt selbs nit an ir hat
Das meint mancher zu finden
Wölt er sich recht besinnen
Vnd gedecht sein selbs baß
Was vor im vnd e waß
Dye vil grob hand geyrtt
Vñ bat durch warden versiertt
Hercules setz in das mer
zwo seülen. als man seyt. von dz
Dye ein dye ander Affricam
Die ander vacht an Europam
Vnd hat groß acht auffend der erd
Wüst nit was end im w.iß beschert
Dan der all r unberwerck veracht
Der ward' urch frawen list vmbia
Bacchs joch vñ mit grosse her(cht)
Durch all land der welt vñ mer
Vñ was allein der anschlag sent
Das yderman lert trincken wein
Wo man nit wein vnd reben hett
Do lert er machen byer vnd mett

Sylenus der verlag sich nit
Im narrenschiff für er auch mit
V.ï sunst lüffkind vnd merzer vil
Mit grosser freüd vnd seiten spil
Er ist ein dunckner scheln gesein
Das im so wol was mit dem wein
Er dürfft nit hrbeyt han an kert
Man hett sunst duncken wol gelert
Mã raibe mit praffe noch vil schã
Jetz fart er erst recht vmb im land
Vñ macht mäche im praß früchte
Des vatter nie kein wein versücht
Aber was wart Baccho dar von
Er müst zu lest von gsellen gon
Vnd farë hyn do er yetz trinckt
Das im me durst dañ wolluft biigt
Wie wol bye heyden in der nocht
Erten als got vnd hielten hoch
Von denen kummen ist seythar
Das man im land vmb bechtë far
Vnd tüt dan ere nach seinem tod
Der vns vil übels hat auffbracht
Dye böß gewonheyte werent lang
Was vnrecht ist nimbt überhang
Dann dar zu stäts der teüfel blaft
Das man sein dienstbarkeit nit laft
Do mit ich auch yetz wider vmb
Au fin ein matery vñ fürnemë kum
Waz not wont doch ein mässche bey
Das er süch grössers dann er sey
Vñ weist nit was im innz entspriig
Wañ er erfart schon hohe ding
Vnd nit dye zeit seins todes kennt
Dye wie ein schat vö hi nan rannt
Ob schon diß kunst ist gwiß vñ wo i

So ift doch das ein groffer tor
Der in fein finn wigt fo gering
Das er well wiffen frömde ding
Vnd die erkennen eygentlich
Vnd kan doch nit erkennen fich
Auch denckt nit wie er dz erler
Er fücht allein rüm. weltlich er
Vnd gedauckt nit an daz ewig reich
Wie daz wirt ift fchön. wunderlich
Dar inn dañ auch vil wonung fint
Auf Firdefch yeder narr erblint
Vnd fücht fein freüd vñ luft dar iñ
Das er mefch ab hat dann gewinn
Vil hand akunt von frömde landt
De keiiner nye fich felb erkant
Car vil des felben faft vergeffen
Thon fich nit wol auß meffen
Wie ver oder nach fy find
Sunder feind fy fo blind
Will fich keiner felber fehen
Das einer doch möcht jehen
Ich han mich gantz erfaren
Darumb will ichs nit lenger fparn
Vnd mich rüften gantz darzü
Das ich nit fpat oder frü
In leid ergriffen werd
Dann nit lang ift hie auff erd
Wer weiß würd als Vlyffes wart
Do er lang zeit für auff der fart
Vnd fach vil land leut ftett vñ mer
Vnd mert fich ftett in .ater ler
Oder als thet Pythagoras
Der auß Memphis geboren was
Auch plato noch Egypten zoch
Dam in Italiam der nach

Do mit er ye mer teglich lert
Dz fein küft weißheit würd ge
Appolomius durch zoch all ort
Wo er von gelerten fagen hort
Dort ftele vñd zoch er teglich na
Das er in künften würd me hat
Fand allenthalb das er me lert
Vnd das er vor nit hat gehört
Wer yetz folch reyß vnd lan· fa
Das er zü nem üm weißheit fte
Dem wer zü überfehen baß
Wie wol doch nit genüg wer b
Dann wem fein finn zü wadeln
Der mag nit gentzlich dienê go

Der narr Marfyas der verlor
Das man im abzoch haut vnd
hielt doch die fackpfif. nach al
Vnd bleibt biß in fein end ein t

Kein fr—nd ist der mich trösten wil
het ich das vor bey zeit betracht
Jch wär noch reich vñ nit veracht
Ein groß doch: it ist das flir war
Welcher vnthůt in einem jar
Do er sein tag sole leben mitt
Das er das üppellich auß gytt
Vnd meint zeitlich feirabent han
Das er wäg nach dem bettel gan
So in mann stoßt vnder sein h.nd
Armůt. verachtung. spot. ellend
Vnd er zerrießen lauffe. vnd bloß
So kumbt im dann der rüwen stoß
Wol dem der im freünd mache kä
Auß gůt. das er doch hie můß lan
Die in trösten vnd bey im stan

Er wil des narren y..
Vnd das also beharren
Also geschicht den selben narren
Auch sprechē von im ettlich gsellen
Der narr wolt sich gern nerrisch stel
So kä er weder weiß noch gbert (lä
Er ist ein narr vnd niemans werd
Vnd ist ein seltzen ding auff erd
Mancher will sein ein wiltzig man
Der sich doch nimbt der toiheit an
Vnd meint das man in rümen sol
Wan mā spricht d kā narrheit wol
Dargegen seind vil narren auch
Die auß gebuteet hat ein gauch
Die wellen von der weißheit sagen
Es sey gehawen oder geschlagen

m i

...r oteck wan̄ er nie stincke
...seind allein die hand kein kind
Kein brüder noch sunst noch fründ
Vnd hören nie auff arbeiten doch
Jr augen fülē kein reichtum och
Möcht gbencken nie we werck ich
Hab übel zeit ich gauch vn̄ tor (vor
Gott gibt manchē reichtum vn̄ ere
Vn̄ gebrihst seiner sel. nie ands mere
Dann das im got nie dar zū geit
Das er das buuch zū rechter zeit
Auch das nie niessen; nlich gtar
Jo es im frömbden füller spar
Tantalus der sitzt inn wassers lust
Vnd hat an vasser doch gebunst
Wie wol er sicht die öppfel an

Von der wißh[eit]

Nach hocher kunst st... li mäch...
Wie er bald werd maister. doo...
Vnd man in halt der welt ein l...
Dar von mā als ein vi. hüt s...
Der kan doch das betrac... a...
Wie er die rechte kunst erl...
Mit der er zū dem hymel k...
Vnd das all weißheit diser roc...
Ist gegen got ein torheit gzelt
Vil meinen sein auff rechtem u...
Die doch verirren an dem steg

Der tů dem waren leben fürt
Wol dem der auff dem weg nit irrt
Warm er in schon ergriffen hat
Darm offt der neben weg ab gat
Das einer bald kum ab der straß
Es sey darm das in gott nit laß
Ich sag für war, das nit so vil
Har labarynthus bey dem nyl
Irgeng, abzüg, verborgen stroß
Oder den Dedalus der groß
So jnüg hat in Creta gmacht
Vnd in so wunderlich volbracht
Mit engen wegen, ein vnd auß
Das kainer wol möcht kumen druß
Er wüst ein bsundern bschait dã vor
Das er möcht bleiben auff der spor
Vnd vnder gar vil tusent man
Bleib Theseus auff der rechten ban
Das er kam zů dem rechten zyl
Do ander sunst verdurben vil
Die yrten in der engen gaß
Oder die Minotaurus fraß
O wie vil jrrend an dem weg
Do mancher ist hinlessig treg
Vnd den zů gadt nit vnderstat
Der ander neben sich auß gat
Der drit gat as bald hinder sich
Gar wenig seind die gand fürsich
Dann sy hand angefangen schon
Gar wenig engent me nach gon
Dann sy den faden nit an rüren
Dardurch sy jr füßarit regieren
Vnd hand nie acht des ware licht
Do mit all ein den weg man sicht
Hercles in seiner ingem gdacht

Wes wegs er doch wolt habe acht
Ob er der wollust noch wolt gan
Oder allein nach tugent stan
In dem gedenck kamen zů im
Zwo frawen die er bald on stim
Erkant an jrem wesen wol
Die ein was aller wollust vol
Vnd hübsch geziert mit reden süß
Groß lust vnd freüd sy im verhieß
Doch wär jr end mit todt vnd we
Dar nach kei freüd noch wollust me
Die ander sach bleich saur vñ hört
Vñ hatt on freüd ein ernstlich gfert
Die sprach, kein wollust ich verheiß
Auff erd dañ arbeit in dem schweiß
Von tugent zů der tugent gon
Darumb würt dir dañ ewig lon
Der selben gieng do hercles noch
Wollust, rů freüd er allzeit floch
Darumb man billich von im seit
Wie das all wunder er erstreit
Vann er was ein so weiser man
All laster möcht er widerstan
Durch weißheit tugent vñ gůt sytt
Hat er im ewig ere erstritten
Aber wir thůnt im gar vnglich
Was yeder gunst das fleiße er sich
Vñ stelt dar nach mit füß vñ hend
Glück walts wo er zů port joch käd
Ein tail nemen für solch wesen
Wie sy r vn jren elteren lesen
Auff solcher gewohnheit sy auch bleibe
Die andern was sy sehen treiben
Ein gantz gmein, dem volgen auch sy
Vñ gat hin noch gleich wie ei vich

m ij

Gar wenig/ seind die sich anziehen
Dz sy durch weyßheit kunne fliechē
Vñ sich aufsichwingē durch jr tugē
Do mit sy leren in der tugent
Das ruder halten in den henden
Do mit d allt hans doch müg ledē
Wolt got als wir begeren all
Leben nach · serm wol gefall
Das wir begerten auch des gleich
zů han ein leben d ugentreich
Warlich wir fliehen manchen steg
Der vnß fürt auff den narren weg
Dye weile aber wir all nit wend
Gedenck wo ain yeder lend
Vnd blinend lebenn in der nacht
hant wir keyns rechten weges acht
Das wir gar offt selbs vissen niet.
Wo vns hyn füren vnser dütt
Dar auß entspring das vns all tag
Berüwen all vnser anschlag
So wirs erfolgen nit on me
Begeren wir nit minders we
Das kumb allein dar auß das wir
All hande ein angeborne begir
Wie vns dz recht gůt hye auff erd
Bekum on vel. vnd entlich werd
Dye weile aber das nit mag seyn
Vnd wir rten in veinsterm schein
So hat got geben vns das liecht
Der weyßheyt. dar vß man gesucht
Die macht d veinsternus in end
Wan wir sy nemen recht für hend.
Vnd zeygt vns bald dē vnderscheit
Der doren wey von der weißheyt
Da selben weißheyt stellen noch

Pythagoras plato der hoch
Socrates. vf. Al dye durch jr li
hand ewig rům erholt vñ ere
Vnd kunnden doch ergründen nye
Dye rechte weißheyt finden hye
Dar vm von in spricht got der ho
Jch will verwerffen kunst vnd la
Vnd weißheyt d dye hye weiß synt
Leren dye selb. dye kleinen kind
Das seind all die so weißheit hant
Ervolget dort jm vatterland
Wöll solch weyßheyt hand gelert
Werden in ewigkeyt geert
Wnd scheinen wie das firmamen
Welch hand gerechtikeyt erkent
Vnd dar jn vnderweisen sich
Vnd andere me. dye leüchten glich
Als L. aifer von orient
Vnd hesperus gen occident
Byon der meyster spricht da glic
Wie zů den megten gselten sich
Dy vmb penolpe lang zyt
Bülten vñ mochtn werden nit
Als tůnt dye hye nit kynnen gantz
Begreiffen der rechtē weißheit gla
Dye nahend. durch vil tugene jer
(Die jr meyde seind) doch vast zů
Wann yeder recht für aug. nem
War zů es nach sein tod jn . m
Der mensch wurd fliehen offt vñ die
Das. dz er meint es sey sein glück
Dann menschlich zů fell saint so v
Wer dye nit red versprechen will
Oder meint dye erzelen all
Der jrtz vnd bringt sein sum zů fall

Alſ freüd z welt nimbt traurig end
Ein yeder lüg wo er hat lend

Der falſche hengſt bin ich genant
Allen geſchlächten wol bekant
Wer mit vernunfft mein warten kan
Der würt geordnet vornen dran
Do von möcht ich wol diſputieren
Vnd mich ſelber auß bleſenieren
Weñ ich nit bedecht den ſchadē
Da mit ich gröſlich würd beladen
So mir y vil leüt ſtreichlen detten
Vnd aach in groſſen eren hetten
Da mit ich blut würd wie ein muß
Blib weder tag noch nacht im huß
Nun mag es doch nit anders ſein
An der hoirē hőff gedeckt mān mein
An des keyſers vnd künigs hoff
Dar inn ich ſtäts ſpring vnd louff

Man iſt vermüſſiger mit miter
Dann mit keyſren vnd küng vier
Es kumpt auch ſelten einer für
Der mich mit ſtreichlet vor der thür
Dar nach was er kumpt für dē herrn
Ich.erſt müſ er mich ſtreichlen lerē
Vnd mein dann gar eben pflegen
Das wirt ſeiner ſache gelegen
Wañ er d.ann.den außtreiten mag
Der mein vor.ye vnd ye gepflag
Der ſtreichlet den herrē an mein ſtat
Das ſein ſache gewiß für ſich gat
Welcher aber mich falſch nit kent
Des ſache würt gar bald geblendt
Man hat jn für ein ſchlechten man
Vmb dz er mich ſtreichlen kan
Ich wone in auch gerne bey
Den.die mich ſtreichlens laſſē frey
Dar vm̄ ich mich zü dē herrn mach
Do mā mein vormals ye gepflach
Von reten die neren vñ hoff geſind
Werd ich geſtreichlet gar geſchind
Wer anders zü hoff werd will ſein
Bey laib vnd güt vergeſſe nit mein
Ich will mich der ſtett auch nit erlā
Dor inne man ſtreichlen vohet an
Mich vnd auch all mein genoß
Dar vmb ich hye ſtand alſo bloß
Vnd laſ mich ſtreichlen yederman
Der treu mit falſchem vergeltē kan
Auff erden. ſeind deren alſo vil
Das ich jr nit gezelen wil
Dar vmb mich falſch am ſeyle fürt
Das mā mich in al' er welt ſpürt
Mancher förche er kum vom bret

Der mich sunst nit gestreichlet hett
Der streichlet mich ein andn zu leib
dar auß neid haß vñ rach sich spreit
Auch wachsen dar auß vil parthige
Dar an dye grossen zranz lig en
Mancher hayst ein andern thün
Das er zü thünd nem kein lon
Den hat er b. . er freündlich an
Vnd lachet dann über einen zan
Er vergißt mein nit zü streychlen
Vñ mit falschen worte schmeychle
Biß er zum herren alleine kumpt
vñ spricht anfilich bei mich befiht
Des. oder des einfaltikeyt
Er ist den sachen nit gemeyt
Also werd ich gestreychles wol
Vñ das ich warlich muß vnd sol
Vnmüssig sein all meine tage
Mich zü streichlen laß mã nie abe
Dz gar auß zelegē bräche verdriessen
Darũ der dichter wil beschliessen
Waũ alle dye mich streichlen thunt
Hand einen bösen falschen grunt
Vnd seind alle dye selbigen kind
Die mentel hencken nach dē wind

Wer kind vñ narren sich nimbt an
Der solt ir schimpf für gut auch hã
Er müß sunst mit dem narren gan
Vnd bē esel zwischem bei han

Schimpf nit verstã

Der . ein narr der nitt verstat
Waiñ er mit einē narren redt
Der ist ein narr der widerbille
Vnd sich mit einē truncknen schilt
Mit kind vñ narrē schimpfen wil
Vnd nit auffnemē narren spyl
Wer will mit iägern gon der hetz
Wer köglen will der selb auff setz
Der heul der bey den wolffen ist
Der sprech ich lyeg. dē neñ gebißt
Wortz end vñ wort ist v. nl weiß
Güts gend vñ böß hat ho. preßl
Wer gibt dz böß vñ güts auß
Die köpt böß nimer auß seim hauß
Der lachet des ein ander weint
Dō küpt es gleich. so ers nit meint
Ei n wein gern bey weisen stat
kin narr mit narren gern vmb gat
Das nyemans leyden mag ein narr

Das lüpt auff, ein hochmüt bar
Nt elayd gschicht ein narren dran
Das er ficht etelich vor im gan
Dañ er hab freüd, dz im finst all
Na hzang u. vñ zun füssen fall.
Vñ ob du merckst wye ich es mein
Ein stolzer wer gern her allein
Aman hat nit so grossen glust
Das in yeder man anbett sust
Als er hat leyt, das in ein man
Nit berret Mardocheus an
Nit not das man narren auf marck
Mä spürt ein narren an sein werck
Wer weiß wolt sein (als yeder sol)
Der gieng o narren müssig wol rc

Wer würfet in dye höh den bal
Vnd wart nit des widersal
Den er lüt in dem grab rñ tal
Wer will dye leüt erzürnen al

Böß thun vnd nit

Der ist ein nar d andes thut, (war. e
Das er von keim mag han für güt
Lüg yeder, was er andern tüg
Das in do mit auch wol bening
Wie yeder vor dem wald ein büllt
Des gleich im all zeit widerhylt
Wer andere stossen, oill inn sack
Der wart auch selbs des back ä slack
Wer vilen seyt was yedem büst
Der höit gar offt auch wer er ist
Wie Adonißdech hat ghört
Vil andern, als ward im der lon
Beryllus sang selb in der kü
Die er het andern gerüstet zü
Des gleich gschach auch Busirys
Dyomedy vnd Phalaris.
Mancher ein anön macht ein loch
Dar ein er selber fallet doch
Ein galg ein andern macht Aman
Do er ward selbs gehenckt an
Treü yedem wol lüg doch für dich
Dañ warlich, treü ist yetz ny sälich
Lüg vor was hinder yedem steck
Wol trauw, re t vil pferd hin weck
Ner yß nit ein neydischen man
Noch wöllest mit im zü tische gan
Dañ er vo stund an überschlad, t
Das du nie hast inn dier gedacht
Er spricht zü dier, freünd yß, vñ trinck
Doch t's ein hertz an dier gätz linck
Als ob er spräch wol günd ich s dier
Als hetts ein dieb gestolen mier.
Mächer der lachet dich an in schertz

Der dir noch heimlich iſt dein hertz

Wer nit im ſunner gaben kan
Der muſ in winter mangel han
Den berentantz dick ſehen an
Wan ſy überſchinebuck in gat

Wer in dem ſummer ſamelen kan
Das er den winter mag beſtan
Dem nein ꝛ wol ein weien
Vnd wer im ſumer nit will dun
Dañ ſchlauffen allzeit an der ſun
Der muſ han gut oꝛ vor iſt gewiſ
Oder muſ durch den winter ſich
Behelffen ettwan ſchlechtecklich
Vnd an dem dapen ſugen hör
Biſ er des hungers ſich erwer
Wer nit im ſumer machet hew
Der laufft im winter mit geſchrei
Vnd hat zu ſamen gbunden ſeyl
Köſſend das man im hew geb ſ
Der krieg im winter vngern er
Im ſummer betlens er ſich nert
Vnd muſ leiden manch übel zeit
Vnd heiſchet vil. wenig mã im g
Lern nart. vñ würd d omeiſſ glich
In gütter zeit verſorg du dich
Das du nit müſeſt mangel han
Wañ anderleüt zu freüden gan

Nit fürſehe bey zeit

Mã findt gar mãch nachgülteig mẽ
Dz iſt ſo gar ein wetterwenteſch (ſch
Das es ſich nienan ſchicken kan
Zu allem das es vahet an
Kein ding bey zeiten er beſtelt
Nit übernechtigs er behelt
Dann das er ſunſt ſo hinleſſ iſt
Das er nit gdenckt was im gebriſt
Vnd was er haben müſz zur nat
Denn ſo es an ein treffen gat
Nie wetter gdenckt er auff all ſtunb
Dann von den naſen biſz in mund

Gar dick die hechlen er entpfint
Vñ meint die warheit zu achtẽ blu
Wer ſtets zanckt. wie ein kind
Solicher narren gar vil ſu

Vñ auß eim rünſſeí werd ein bach
Mā müſſ yetz köſtlich redner dingē
Vñd ſy von vernē landē bꝛingen
Das ſy die ſachen wol werī̃ lugen
Vñ mit geſchwetz ein richter ⸍ triegē
So müſ̃ mā dañ vil tāg anſtellen
Do mit ⸗ tag ſolt müg auf ſchwellē
Vñ werd veꝛrütté̃. vñ veꝛzert
Me da ĩ der haubt ſach zu gehoͤꝛt
Rauch er verzert in peterlc me
Dañ jm auß ſeinem tag enſtee
Noch meint er warheit alſo bleibē
So er die ſach nit bald laſt enden
Jch wolt wem wol mit zecke̅ wār
Das er am ars hett hechlen ſchwār

⸿Von zancken

Von den narren wil ich auch ſagen
Dye in einer yeden ſach wenk cagen
Vñd neüt mit lieb land kumen ab
Do man nit voꝛ zanck vmb hab
Do mit dye ſach ſich lang verziech
Vnd man der gerechtikeit entfliech
Lond ſi ſich bitten. treiben manen
Echten. verleüten. vñ verbannen
Verlaſſen ſich das ſy das recht
Wol bugen. dz es nit bleib ſchlech:
Als ob es wär ein werchſin naß
Nit der Tay. das ſy ſeine der haß
Der in ⸗er ſchreiber pfuffer kunt
Der vogt. gw althaber. vñ fürmüdt
Vnd aduocat müß zu ſeim tiſch
Dar vo auch han ein ſchlegle viſch
Die kumen d̃ā die ſach wol breitt̃
Vñ jr garn nach dē wiltbret ſpreitt
Das auß am ſechle wirt ein ſach

Wüſt ſchäpper woͤt an reyñfig git
Vñ ſtoͤt gar offt die güten ſytt
Tugent lert ſich da vo auch nitt
So mā zu vaſt die ſawglock ſchitt

ij ⸗

Grob narren

Ein neuer heylg heißt grobian
Den will yetz füren yeder man
Vnd in an allem ort
Mit schëntlich wüstwerck weiß, vnd
Vñ weñ dz ziehe in ein schip (wott
Wie wol l gürtel hat klein glimpff
Her Glympfius ist leyder tod
Der nan dye saw bin oren hat
Schüt sy dz jr dye säuglock kling
Vnd sy den mottinger jm sing
Dye saw hat yetz allein den tãtz
Sy halt dz nareñchiffbins schwätz
Das es nit vndergang von schwär
Das doch groß schad auf erdē wär
Dañ wo narren nit dincken weñt
Er gelt yetz kum ein ditlein
Aber dye saw macht yetz vil iungen
Dye woltst rott hat weißher vntrüg
Vnd sy laßt niemã zů dē bret gan
Die saw allein die kron auff hett
Wer wol dye säuglock leüten kan
Der müß yetz sein do vornan dran
Wer yetz kan treibē sollich werck
Als trayb der pfaff vom kalenberck
Oder münch Eylsam mit seim bart
Der meine er tüg ein güte fart
mächer ø treibe solch weiß, vñ wort
Wan die horesles seh, vnd hort
Der doch was aller sü ten ort
Er sprech es hetts kein sinniger getõ
Suferins doff, ist worden blinde
Das schaffe dz banrē truckē sind
Der Ellerküng den vonanz hat

Mit wãst genůg, vñ selten f
Meint doc in sein ა sinn
Wie das er fast wol künni
Vnd stand in auch gar wol a
Wie wüst er sich doch stellen l
Dunckt in iñ seinem groben n
Es sey ja alles sampt g üt
Vnd bleibt vil iñ der groben
Stellen dar nach mit gantz flu
Vnd weñd der durch haben ri
So ist dann glinpfius nit d t
Ein yeder nan wil sauwerck t
Das man im laß dye büchsen b
Die mã vmb fürt mit esels schn
Die esels büchß wirt selten ler
Wie wol ein yeder t ein will gr
V bo mit schmieren sein sackp
Dye grobkeyt ist yetz kimmē an
Vnd wont gar nach in yedē ha
s mã nit vil vernufft t e trei
Was man yetz redt oder schreyb
Dz ist als auß der büchsen genon
Vor auß wañ pfaffer zů samtki
So hebt dye saw die metten an
Die preim zeit ist im esels than
Die tertz ist von sant Grobian
hämacher knecht stupen die se
Von grobos filzen ist d ext
Dye wüst rott sitzet in da n
Schēmer vñ demmer dar zů go
Dar nach dye saw zur vesper klu
Vnflat, vñ schäperion dann sin
Dañ würt sich mache dye comp
Wann mã all vol gesungen het
Das esel schwatz vnmüssig ist

Mit bergin schmer ist es vermist
Das, reicht ein gsell dē andern an
Den er will in der gsellschafft han
Der wüst will sein vn das nit kan
Mi schont nie got noch erberkeyt
Von allen wüsten ding man seyt
Wer kan der aller schiperst sein
Dē beützet man ein glaß mit wein
Vnd lacht sein das ds hauß erwag
Man bitt in dz er noch eins sag
Mā spricht dz ist ein guter schwāck
Do mit würt vns dye weil nit lanck
Ein nar den andern schreyet an
Biß güt gesell vnd frölich man
Seygrant.schyer.ebellit schyer
Waz freud auf erdē had sunst royer
Mann wier nit güt gesellen seyggen
Lod vns sein frölich prassen schweigē
Wier häd noch klein zeit hie auf erd
Das vns dz selb zü lieb doch werd
Dā wer i.üt tod abstürbt.der leyt
Vn hat dar nach kein frölich zeyt
Wier häd vō keim noch nie vnemē
Der vō der hell sey wider kummen
Der vnß doch seyt.wie es do stünd
Güt gsellschafft treiben.ist nit sünd
Dre pfaffen reden was sy wend
Vnd das sy dryß.vn yhens schend
Wer es so, stind.als sy vns schreiben
Sy dettn es nit selber treiben
Wann nit der pfaff vom teüfel seyt
Der hiert vō wolffen klagt sein leit
So hetten sy bey d neüt dar von
Mit solcher red narrē rmb gon
Vnd tünd mit irer groben rott

All wele geschenden vn andy gras
Doch werden sy zü letst zü spott rc

Mancher der stele nach geistlicheyt
Der an tüt pfaffen.klosterkleyd
Den es gereüwert vn virt im leybe
Vnd dret doch auff ein hoch pyree

Geystlich werden

Noch hat man anders yetz gelert
Das auch inns narrē schiff gehört
Des tüt sich brauchen yeder man
Jeder baur will ein pfaffen han
Der sich mit müssig gan erner
On arbeyt leb vn sey ein her
Nit das er dz ttg von andacht
Oder auff selen heyl hab echt
Sunder das er müg han ein here n
Der all sein gschwister müg eineren
Vnd loße in wenig dar zu ler n

n ij

ma̅ ſpricht er n...xg leicht dat kū kün
er darf nach gröſſen küſt nit ſine(ne̅
Echt er ein pfründen kan gewinnen
Vnd wigt prieſterſchafft ſo gerin
Als ob es ſey ein leichtes ding
Vnd bet ſole yetz ſorgen ſchwär
Sein der alſo ein prieſter wär
Vnd alſo dar nach hat geſtelt
het weger an...oers auſſarwelt
Da mit beſſer zu̅ ſchimpfen wär
Wañ das alſo cuter ſtat ſo ler
Lernung vnd a...nch weiſheit
Für war es würt im zu letſt leid
Dañ ma̅ findt yetz vil jüger pfaffen
Die als vil künnen als die affen
Vnd nemen doch ſel ſorg auff ſich
Do man kum ein vertrwet ein ſich
Wiſſen als vil von kirchen regieren
Als müllers eſl kan quintieren
Die Byſchpff die ſeid ſchuldig bra̅
Sy ſoltens nit zum orden lan
Vnd zu ſel ſorgen vor auß neüt
Es werent dan gantz tapffer leüt
Das einer wär ein weiſer hiert
Der nit ſein ſchaff nit im verfürt
Aber yetz wenen die iungen laffen
Wañ fy allein auch werdet pfaffen
So het ir yeder was er wolt
Es iſt für war nit alles golt
Das an dem ſattel ettwan gleiſe
Mancher di...xnd dar an beſcheiſt
Vñ laſt ſich iung zu prieſt r wahen
Der dann ſich ſelbs thut maledeien
Das er nit lenger gbeittet hat
Der ſelber mancher betlen gat

het er ein rechte pfründ g hat
Ee er die prieſtſch aft nam an
Es wär im d...zu k...nit
Vil weiche in i. durch der here̅ b;
Oder an ffdiß vnd jh...nnes t...ch
Dar ab er doch yſt wenig viſch
Man lechnet brieff eynander ab
Do mir das man entict el hab
Vnd wenen den bi ſchoff b...rieger
So fy nit irn v rderben lieg
Kein orn...r vich aus ferden iſt
Dañ prieſterſch aff de̅ narüg gbuiſt
Sy h...nd ſunſt abzug üb ral
Byſchoff vicari vnd fyſcal
Dem lehenherren ſein eygen fründ
Die kellerin vnd kleine kind
Die geben im erſt recht byrff
Das...kum in das narren ſchiff
Vnd vo mir aller freüd vergeß
Ach got es haltet mancher meß
Do weger wär erließ dar von
Vnd rürt dan alter ny nie an
Dañ got acht unſers opers nicht
Das in ſünden mit ſünde gſchicht
Zu Moyſi ſprach got der herr
Ein yedes thier das mach ſich ver
Vnd rür den heiligen berg nit an
Das es groſſe plag müſh...
Oza der an gerüret het
Die arch des ſtarb er an der ſteit
Chore das weirauch vaß rürt an
Vnd ſtarb. Datchan vnd Abyram
D z gweichte fleiſch ſchmeckt mächl
ö weint ſich grü bei kle ſtenkol wo
De̅ doch zu letſt würt feür vn b gla̅

Vñ ſtroden leüten iſt predigen güt
M. lÿſ: mich kund, ez in ei orde
Es iſt zü ein menſchen worden
Vñ es verſtand, ob das im ſey
G ie od. r ſchad, ſteckt es im brey
Wie wol güt gwonheit bringet vil
Reüt es doch manches vnderweil
Die dann verflüchen all ir fründ
Die viſch ſolches ordens ſind
Gar wenig ietz im kloſter gand
Ju ſolcher elt das ſy es verſtand
Oder die durch gots willen dar
Kumen, vnd nit mer durch ir nar
Vñ hand der gaiſtlicheit nit acht
All ding tün ſy dann on andacht
Vor auß in allen orden gantz
Do man nie halter obſeruantz
Solch kloſter katzen ſeind gar geil
Das ſchafft man bint ſy nit an ſeil
Doch leichter wär kein orden han
Dañ nit recht thün ein ordens man

Mancher vil koſt auff jagen leit
Das im doch wenig nutz auß dreit
Wie wol er dick ei weydſpruch ſeit
Das ſchafft die lugent wol gemeit

Von unnützs jagen

Jagen iſt auch on narheit nit
Vil zeit vertribt man vnnütz mit
Wie wol es ſein ſoll ein kurtzweil
So darff es dannocht koſtens vil
Dañ leidhüb. wynd rüde vñ bracke
On koſten füllen nit ir backen
Des gleich hund. vogel. vederſpyl
Bunge als kein nutz. vnd koſtet vil
Kein haſen rephün. vahet man
Es ſtat ein pfund den ieger an
Darzü darff man vil bercer zeit
Wie man in nach lauff. gäg. vñ reit
Vñ ſücht all berg tal. wald vñ heck
Do man verbag wert vñ verſteck
Mancher verdeucht nie dañ er jagt
Das ſchaffter hat nie recht gehagt
Der ander vacht ein haſen offt
Des er hat auff den kor. marck kauft
Mancher der wil gar freydig ſein

Wagt sich an löwen. bärn schwein
Oder steigt sunst dē gempsen nach
Dē würt der lon zum letsten doch
Die buren iagent in dem schne
Der adel hat kein vorteil me
Wann er dē wiltpret lang nach lauft
So hatz der baur heilich verkauft
Nemboricht sein erstē feind iagē an
Dann er von got was gantz verlan
Esau der iagt vmb das er was
Ein sünder vnd der gott vergaß
Wenig ieger als Humpertus
Fyndt man yetz. vnd Eustachius
Die liessen doch den ieger stode
Sust trauten sy nit dienen gott zc

Wer schiessen will. der lüg vnd triff
Dann thue er nit die rechten griff
So schüsse er zu dem narren schiff
Biß er im geit ein byff

Des schützen

Wölt es die schützen nit verdrieß, et
ich richt auch zu ein narrē schiessē
Vnd macht ein schützerein. an dem
Des mächer fele nit on sein (stadot
dar zu seit gabē auch bestelt(schadē
Der nechst beim zyl der selb der hel
zum minst er zu verstechen kumbt
Doch lüg er vnd heb nit in grund
Noch in die höch sunder ins zyl
Wann er den zweck sunst rürē will
Vnd tu sein anschlag nit zür yl
Vil seind die schiessen über auß
Eim bricht der bogen. senw vñ nuß
Der tüt am aschlag mächē schlypf
Dē ist verruckt stül oder schipf
Dem laßt das armbrust. so ers rürt
Dz schafft d windfad ist gschmieret
Dem steckt das zyl nit gleich alle ee
Vnd kan sein gnueck nit hal... me
Der hat gemacht gar vil det schütz
Die im doch seind gantz wenig nütz
Dz schafft. im würt die sau kü wol
Wann man zu letst verschiessen sol
Kein schütz so wol sich ymmer rüst
Er findt allzeit. das im gebüst
Dann diß dann ihens do nüt er bet
Ein verworrē.dz sein glimpf
Wann er nit her gesele dran
So het er frey. die gab gehan
Vor auß weiß ich noch schütze mer
Wann die ein schiessen horen ver
Do hin von allen landen küt
Zu ziehen auff die bestimbte zeit

Ä ʒe besten die man finden kan
Der einr die gab kun̄ voi wolt han
Das er all schüß halt an den zwec
Das einer dann ist so ein geck
Der weiß das er neüt gwinnet gei
Vnd darnoch do hin ziehen tar
Vnd do vei ʃich en auch ʃein heil
Ich nem ʃein zeitung fur ʃein teil
Ich will dz geltz in doppel ʃchwei
Die ʃaw wirt im jn ermel ʃchreie ē
ʒur weißheit mächer ʃchieʃʃen will
Vnd wenig treffen doch das zyl
Dz ʃchaffet mā zeygt nie recht dar na
Der halt zu nider der zu hoch   (ch
Der laßt ʃich buingen auff dē geʃeyg
Dē bricht ʃein anʃchlag gātz entzwei
Der thut als Jonathas ein ʃchuß
Dem fert ʃein anʃchlag hüwen auß
Wer weißheit eben treffen will
Der dūfft das er het ʃolche pfil
Der hercules hat me dann vil
Mit dem er draff das er geredt
Vnd was er traff viel todt zur erdt
Wer recht zur weißheit ʃchieʃʃe will
Der lug das er hab maß vnd zyl
Dann felt er oder hebe nit dran
So muß er mit den narren gan
Wer ʃchieʃʃen will vñ felt des reyn
Der dreit die ʃaw im ermel heyn
Wer jagen ʃtechen ʃchieʃʃen will
Der hat klein nutz vnd koʃten vil

Ich klitzels hans mitt meiner geigē
Kan nit vaʃt wol pfawen treiben
Darumb bin ich ein groʃʃer thor

Vñ zeücht mich mächer bei den oi

Groß römen

Die gecken narren ich auch bring
Die ʃich berühmen hoher ding
Vnd wöllent ʃein das ʃy nit ʃind
Vnd werē das all welt ʃy erblindt
Man kenn ʃy nit vnd frag nit noch
Mancher will edel ʃein vnd hoch
Des vatter doch macht bunlebum
Vnd mit dē kieffer werck gieng vm
Oder hat ʃich alʃo begangen
Dz er vacht mit einer ʃteheln ʃtangē
Oder rant mit ein iuban ʃpieß
Das er gar vil zu boden ʃtieß
Vnd will das man in iuncker nenn
Als ob n̄ an nit ʃein vatter ken
Dz mā ʃpiech maiʃter hans vō mātz
Vnd auch ʃein ʃun iuncker Vicentz
Vil rūmē hoher ʃa heu ʃich
Vnd bochen ʃtets zu viderʃtich

Vnd feind bou..narten in der hut
Alls ritter Peter von Bumbuit
Der will das viā jm ritter fpiech
Dāñ zů nunreen in dem gft ch
Gewefen fey. do jm fo not
Zů flichen was. d.is im dar kot
So hoch fein hofen hat befchleimbt
Dz māñ jm welchē můft das hembd
Vñ hat doch jhůlt vñ helm dar vō
Bracht.dz er fy.ein edel man
Ein hab ich hat farb wie ein reyger
Vnd auff dē helm einineff mit eyger
Dar bey ein ha:t.fitz in der mauß
Der will dye ayger brütten auß
Der felben narten findt man mere
Dye des wont haben gar große ere
Das fy feind gwefen vornen dran
Do es wolt an ein flichen gan
Lůg fy hinderfich langgeyt
Ob in nach kanen auch me leüt
Mancher jeie von fein vechel groß
Wie er be ftach. vnd yenen fchoß
Der doch vō im was wol als weyt
Er bet jm mit einer härbüchß neüt
Vil ftellen yerz nach edeln wappen
Wie fy füren vil lörwen dappen
Ein krönten helm vñ guldin feld
Dye feind des adels von benfeld
Ein teyl feind edel von den frarren
Des vatter fafi in růprechtz owen
Gainer můter fchilt gar mächen fürt
Das er willeicht am var... irt.
Vil hand des brief vnd figel gůt
Wye dz fy feind von edelm blůt
Sy wend dye ..ten fein von recht

Die edel feind in jrm gfchlecht
Wie wol ich nie gantz ftraf.. d
Auß tugēt ift all adel ge nact t: ad
Wer noch gůt fyet. ererne end kan
Den halt ich für ein edel man.
Aber wer hett kein tugend nitt
Rein zucht.fchā. ere noch gůte fyt
Den halt ich alles adels ler
Ob joch ein fürft fein vat er wär
Adel allein bey tugend ftat
Auß tugent aller adel gat
Des gleich.wil mancher boet : fa
Der nie gefach Sert. Clementein
Decret. dygeft. oder inftitut
Dann das er hat ein pyernien hut
Do ftat fein recht gefchriben an
Der felb buiff weifit...ls das er ka
Vnd dz er gůt fey auff der pfaiff
Darumb fo ftat hye doctor Gidff
Der ift ein gelert vnd witzig mā
Er greifft ein yeden dye ou... an
Vnd kan me dā mandy docto ka
Der ift doch in vil fchůlen gftant
In nachen vnd in ferien landen
Do doch dye geüch nie kamen hin
Dye mie gwalt went doctores fin
Man můß in auch hen doctor fag
Darum dz fy rot reck an wagen
Vnd dz ein afffein mütten ift
Ich weiß noch ein heifit hāne my
Der will all welt des über r. den
Er fey zů Nonwegen. vñ fchwidē
zů alfeir gfein. vñ zů Granat
Vñ do d pfiffer wechft. x nd ftat
Der doch nie kam fo vru hin auß

Hett sein mütter. das heim zü hauß
ein pfannküch. oder würst gebachē
Er hetes geschmeckt. vñ hörie krach. t
Des rümens ist auff erd so vile
Das es zü zellen nem groß wile
Dann yedem narren das gebüst
Das er wil sin das er nit ist ꝛc

Vil hand zü spil so grossen glust
Dz sy die kurtzwel achten süst
Vñ merckent nit künfftig verlust
Des haben sy in brüssent abnust

Von spilern

Sunst sind ich närscher narren vil
Dye all ir freüd hand in dem spyl
Meynend. sy möchten leben nit
Solten sy nit vmbgon da mit
Vñ tag vñ nacht spilen vñ rassen
Mit kartē. würffeln. vñ mit brassen
Die gātz nacht. auß vñ auß sy sessen

Das sy nit schlieffen oder essen
Aber man müß getruncken han
Dann spyl das zündt dye leber an
Dz mā würt dür vñ durstes voll
Des moigēs so entpfindt mās wol
Eyner sicht wie die güten byren
Der ander speüwet hinder die türen
Der drit ein farb an sich genomē
Als wär er auß dē grab ein krümē
Oder gleißt inn sein angsicht t
Gleich als vor tag ein schmidknecht
Dē kopff hat er also gebient (sicht
Das er den gantzen tag auff gunt
Als ob er fliegen vahen wolt.
Keiner verdienen mecht groß gölde
Das er an einer predig seß
Ein stund vñ er des schlaffs vergeß
Er wurd den koppff schlagē inn gere
Als ob d prediger auff joll höret
Aber im spyl gar lange zyt
Jtzen acht man des schloffes nit
Vil frawē dye seind auch so blindt
Das sy vergessen wer sy sindt
Vnd das verbieten all recht
Sollich vmischūg beyd gschlecht
Die mit dē mannen sitzen zemen
Ir zücht vñ gschlechtis sich nit scha
Vñ spilē. raslen. spat vñ frü (men
Das doch den frawen nit stat zü
Sy solten an der kunckel lecken
Vñ nit im spil bein mannen strecken
Wann yeder spilt mit seinem glich
Dürfft er des minder schamen sich
Do allerenders watter wolt
Das er vmb gabē loffen solt

Darū er zů lauffen vast geng was
Sprach er zů seinem vatter das
Billich wer. das ich alles bet
Das mich mein vatter hieß vñ bet
On zweifel ich gern lauffen wolt
Wa ñ ich mit künigen lauffen solt
Mã dörffte dar zů nit bitten mich
Wann ich b∙∙yemant meinen glich
Aber es ist yetz dar zů kummen
Das pfaffen. adel. burger. frummē
Setzen an köppels knaben sich
Die in nit seind an eren glich
Vor auß dye pfaffen mit den legen
Sehen ir spil lon vnderwegen
Wañ sy echt wol betrachten das
Ir. aufsatz vnd den algen has
Der Neythart ist sunst vnder in
Der regt sich mit verlust vnd gwiñ
Vnd auch das in verbotten ist
Kein spile tůn zů aller frist
Wer mit im selber spilen kan
Dem gewint gar selten yemats an
Vnd ist on sorg das er verlier
Oder dz man im flůch böß schwör
Die weile ich aber sagen sől
Was stand eim rechten spille wol
Will ich virgilium har bringen
Der also redt von selben dingen
Veracht das syl zů aller zeyt
Dz dich nit betrübt der schädlich geit
Dan spil ist ein vnsynnig begier
Dye all vernunfft zerstöret inn bier
Ir dappfern. hütent eüwer ere
Das eüch das spil bie m. verse re
Ein spiler můß par gelt vnd wär

Ob er verleürt. das han für gůt
bei zorn flůc∙∙ schwůr auß stoß
Wer gelt bringt ð lůg wol der sch
Dañ mächer zů dē spil köpt schr
Der doch zur düren anfigat lär
Wer spilt allei durch grossen ge
Dem gat es selten nach sein sin
Der hat gůt frid wer spilet nit
Wer spilet der můß auff setzen in
Wer all ürten besitzen wil
Vnd süchen glück auff yedem sp
Der můß wol auff zů setzen han
Oder gar dick on gelt heim gon
.wer drey sůcht hat. vñ stelt nach n
So werden vnser schwesten vic
Spil mag gar selten sein on sünd
Ein spiler ist nit gottes fründ
Die spiler seind des teüfels kind

Vil narren seind in disem druck
Die toren seind in mancher stuc
Den sitzt der esel auff den ruck
Ee dann so er schreyt guckguck

Gedruckt narꝛen

So vil seind in dem narren oꝛden
Das ich schier versessen wär woꝛdẽ
Vñ het des schiffes mich versombt
Hett mir der esel nit gerumbt
Ich bin ð den all ding tünd ꝺ꜀uckẽ
Wil mich recht i wickel schmꝛuckẽ
Ob mich der esel wölt verloꝛn
Vnd nit stätz auff maim ꝛuckẽ stoꝛn
Wann ich allein gdult dar zů hab
Hoff ich, des esels kümet ab
Doch hab ich sunst vil gsellen gůet
Die ꝺ꜀uckt als das mich ꝺ꜀uckẽ ꜱtůt
Als der nit volget ꝼůtem rot
Wer zürnet, so es mit ist note
wer vnglück kaufe wer trutt on sach
Wer lieber krieg hat. dañ gen. ach
Wer gern sicht mütwil sainer kind
Wer halt sei nach baur nit zů fründ
Wer leidet daz in ꝺ꜀uck sein schůch
Vñ in sein fraw im weinhauß sůch
Wer niers verzert dann er gewinnt
Vnd boꝛget vil so im zerint
Wer zeicht sein fravẽ ei anðn voꝛ
Der ist ein nar. gauch. esel. thoꝛ.
Wer gdeckt die vile.ð ſünðẽ sein
Vnd was dar vmß m.iß leiðẽ pein
Vñ mag doch frölich sein dar mitt
Der gehöꝛt auff den esel nitt
Sonðr der esel auff sein ꝛuck
Das er in gantz zů boden ꝛuck
Der ist ein nar. der sicht das gůt
Vnd nach dem bösen stellen tůt
Hie mit seind narren vil gerürt

Die biser esel mit im ſůert

Wen reüter.schreiber.greiffen an
Ein raißtẽ.schlechtẽ.bürschẽ man
Der můß die leber gessen han
Solt er schoꝛ erwoꝛgen ꝺꝛan

Reütter⸱ vnd schꝛei⸱

Schꝛiber vñ reüt.mã auch spot bei
Sy seyen in der narren rot
Sy bgon sich nach mit gleicher nar
Der schint heimlich der offenbar
Der wogt ſin leib in ꝺꝛuck vñ naß
Der setzt sein sel inns dinttenfaß
Der reüter stoßt vil scheüren an
Der chꝛeib er můß eï bauren han
Der veißt sey vñ müg trieffen wol

o ij

Do mit er rŷechẹn mach ſein kol
Wann yeder thät als er thůn ſol.
So waren ſŷ beid gelts wert
Diſer mit ſedent. der mit ſchwert
Möcht man jr beyd entberen nitt
Wañ ob der hand. nit wär jr ſchni:
Vñ durch ſŷ wurd daʒ recht verſert
Man auß dẽ ſtegere ſich nert.
Die weile aber auff eygen gwinn
Ein yeder ſtelt ſein můt vnn ſynn
So wöllen ſŷ verʒiehen mir
Das ichs jm narrenſchiff auch für
Jch hab ſŷ des gebetten nitt
Jr yeder ſelbs den fürlon gytt
Vñ will ſich auf ein neüwes ding̃
Sunſt kundẽ vil ins ſchiff ʒů bring̃
Schreiber vñ gleiſner ſeit noch vil
Dye triben yetz wild reütterſpil
Vñ neren ſich kurtz von der hand
gleich wie die raißknecht auf dẽ lãd
Es iſt warlich ein groſſe ſchand.
Das man die ſtraſſen nit will ſeyen
Das bulger kauffleüt. ſicher ſeygen
Aber ich waiß wol. was es thůt
Man ſpricht es mach dʒ gleyt vaſt
                              (gůt

Jch bin geloffen ſerr vnd weytt
wañ ich hãkei pferd dar auf ich reit
Nye lär das fleſchlin was all zeitt
Biß ich diß brieffdeũ narren beüt

So er nimbt vß dē rock eīn schwūck
Vñ kūm on antwurt. wider heim
Das seint die narren dye ich mein
Dem narrenschiff lauffen sy nach
Gyfinden es hye zwischen ach
Doch söllen sy sich des vermessen
Das sy des fleschlins nit vergessen
Dann jn jr leber. vnd geschyrr
Vß ... uffen. liegt wirt gantz dürr
Wie gut der schne erkūlung geyt
Wañ mā in findt üm summers zeyt
Also ergetzt ein traūrer bot
Den. der in außgesendet hot
Der bott ist lob vñ eren wert
Der bald kā werbē das mā begert

Hie kūmē keller. köch eehalten
All die des hauß sorg dūnt ... alten
Die will mā diß jar auß behalten
So sy ...dlich im schiff tūnd schal..

köch vnnd kel...

Ein böttlein erst vor vns hyn lieff
Das fragt nach dem narrenschiff
Dem gaben wier versalzen suppen
Dz er dē fleechlein wol möcht luppē
Jm was zū lauffen also goch
Das fläschlein es e braurē zoch
Wir wollen jm brieff geben han
Wolt es doch nit so lang still stan
Des kūmē wier die straß hi schlecht
Kellerr vñ köch. megd. eehalt knecht
Dye mit der kuche seint behafft
Wir tragē all auff nach kuntschaft
Dar auß kein thaūrē vns bestat
Auß vnserm seckel es nit gat
Vor auß wañ vnser herschaft nicht
Zū hauß ist vñ es nieman sicht
So schlēmen wir. vñ taberniere ...
frend prasser. wir mit vns hei fūrē
Vnd geben do gar manchen stoß
Der kanten. krusen. fläschen groß
Wañ nachts die herschaft schlafft
Vñ rigel tor beschlossen hat (gat
So brinckē wir daß nit des bösten
Wir lassen auß dē waß. dē grösten
Do mag mā es nit wol an speūren
Ans bett. wir dann ein ander fūren
Doch tūnt wir vor zwen socken an
Das vns die herschafft m... hör gan
Vñ ob ... ā schon hört etwas krachē
Mā went die katzē tūnt das machē
Also wil ye einer dē andern hofierē
Der schon nit m...ng mūß es rūm
Es sey mitt wein oder braten

Spꝛchͤ es gilt gleich wie es wil ha
Vnd da mit ſucht er herfür (ten
Es ſey voꝛ oder hinder der thür
Sy hond kein duren dar an
Es müß als über die herſchafft vßgō
Wie wol ſy treü ſein zů ſagen
Aber ſy tůn ſy bald ab nagen
Vn wenn ein klein zeit vmbh ar gat
So weut der herr das er noch hat
Jn ſeim veßlein ein gůten trunck
So macht d zapf daß glück glück
Das iſt ein zeichē dar zů dz (glück
Gar wenig iſt ine in dem faß
Dar zů wir dar auf fleiſlich achten
Wie wier zů richten vil der trachtē
Do mit den gluſt vn miagē reytzen
Mit kochē ſyedē braten ſchwaitzen
Mit röſten bachen pfefferbrey
Voll zucker würtz vnd ſpetzerey
Geben wir eim ein optimell
Der bey der ſtegen leidt gewell
Oder müß das von im purgieren
Mit ſyropen vnd mit kryſtieren
Des achten wir gantz naitz zů mal
Dann wier auch werdē dar bey vol
Vnſer ſelbs wir nit vergeſſen
Das beſt wir ab dem hafen eſſen
Dann ob wir hungerſtoꝛben ſchon
Mā ſpꝛicht es wer von wöll gethō
Der keller ſpꝛiche bꝛat mir ein wurſt
Her koch ſo leſch dir den d ꝛſt
Der keller iſt des weins veräter
Der koch der iſt des teüfels bꝛater
Hye tůt er gwonē bey den feür
Das im doꝛt würt kümē zů ſteür

Keller vnd köch ſeind ſelten ler
Sy tragen a..ff alles bey d ſchwā
Jns narren ſchiff ſtat all ir bger
Wo joſeph inn Egypten kam
Der fürſt der koch inn zů im nam
Jheruſalem gwann Nabursadam

Ich hett vergeſſen noch ſim mir
Das ich nit noch ein ſchiff ein fůr
Doch ich der buren narrheyt růr
Vnd mein toꝛheyt mit im ſpůr

Büriſch auffgeng

Die bauren einfeltig etwan waren
Neülich in kurtz vergangen jaren
Gerechtikeyt was bey den bauren
Do ſy flochē auß dē ſtett vnd nuirt
Wolten ſy in ſtrowen hüttelcht ſein
Ee dann dye bauren truncket wein
Dē ſy auch yetz wol nügen tilden
Sy ſtecken ſich in groſſe ſchulden

Wie wol in korn vnd wein gibt vil
Nement sy doch auff dorg vnd zyl
Vnd w端t bezalen nit bey zeiten
Man müß sy bannen vnd verleüten
Jn schmeckt der zwilch nit wol als
Die baurn wend kein gyppen meccē
Es müß sein lüdsch vnd mechelsch
Vñ gantz zerhacket vñ gespreitt kleit
Mit aller varb wild überwild
Vñ auff dem ermel ein gauchs bild
Das statt volck yetz von baurn lert
Wie es in bosheit werd gemert
All bschiß yetz von dē baurē kumbt
All tag hand sy ein nüwen fumt
Kein einfalt ist me in der welt
Die bauren stecken gantz vol gelt
Korn vnd wein haltens hinder sich
Vnd anders das sy werden rich
Vnd machen selber inn ein tür
Biß das der tunder kumbt für
Des gleich bey vnsern zeiten auch
Jst auff gestanden mancher gauch
Der vor ein burger kauffman was
Will edel sein vnd ritters gnaß
Der edel man gert sein ein frey
Der grauff das er gefürstet sey
Der fürst die kron des künigs gert
Vil werden ritter die kein schwert
Thünt bruchen für gerechtikeit
Die bauren tragen seiden kleid
Vnd gulden ketten an dem leib
Es kumbt do her eins burgers weib
Vil stelzer dan ein grefin thüt
Wo yetz gelt ist do ist hochmüt
Was ein gans von der ander sich

Dar auff on vnderlaß sy dicht
Das müß man han es thüt sunst we
Der Adel hat kein vortiel me
Man findt eins hantwercks mannes
Die bessers weret dreit an dē leib (weib
Von röck. ring. mätel. bouē chm.x
Dan sy im hauß hat überall
Do mit verwirbt manch byderman
Der mit sein weib müß betlen gan
Jm winter dündten auß ein krüg
Das er sein weib mag thün genüg
Wan sy heüt hat als dz sy gelägt
Gar bald es vor dē köuffler hangt
Wer frawen glust will hengē noch
dē freürt gar dick so er spricht schoch
Jnn allen landē ist groß schand
Keynen benügt me mit sein stand
Niemans deckt wer sein vorderē war
Des ist die welt yetz gantz vol doren
Das ich das warlich sagen mag
Der dry spytz der müß inn den sack

Dis narren freüwt neüt in der welt
Es sey dan dz es schmeck nach gelt
Sy seien vor oder nach gemelt
So ghören doch ins narren feld

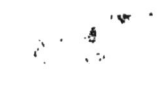

Welcher sich recht will besinnen
Der merck hau auff gar eben
ẃan her nach ist ein ander leben
Das nit würt vmb gelt kaſſt
zwar böß reichtů würt geſtrafft
Dan wer auff reichtum fleiſet sich
Der lůg auch das er bald werd rich
Vñ hat dar bey kei freüd noch můt
Iſt wol ein nan der ſo ſamelt gůt
Vnd weißt nit wem er ſolchs ſpart
So er über die lang bruck fart
Vnd darumb rechnůg geben můß
Die me gilt dan ein ander büß
Ein nan verlaſt ſein fründen vil
Die dan ſein gdencken kurtz zůr yl
Noch ſirch ſtu dir geb ſt hie gůt
Nit ſö ʒſt was das ewig thůt
Gar mancher in ſünd gůtt gewiñ
Darumb er in der hellen brint
Sein erben achten es gar klain
Sy hülfen im nit mit ein ſtein
Es iſt aber alles gar veracht
Sunder wie du gůt heltſt gmacht
Mã acht kei ſind. mort. wůcher ſch
Des gleich verretery der land (wiſ
Das yetz gemein iſt in der welt
All boßheit findt mã yetz ı ıb gelt
Gerechtikeit. vmb gelt iſt feil
Durch gelt kem mancher an ein ſeil
Wann er mit gelt ſich nit abkaufft
Vñ gelt vil ſünd bleibt vngeſtraſt
Vnd ſag dir tütſch wie ich dʒ mein
Man henckt die kleine dieb allein
E in brem nit in dē ſpiñ wep klebt
Die kleine mücklin es behebt

Verachtug armůt

Gelt narrẽ ſeind auch überal
So vil das man nit findt jr zal
Die lieber habẽ gelt dan ere
Nach armůt fragt yetz niemã mere
Gar kum auff erd yetz kumen auß
Die tugẽt hand ſunſt neüt im hanß
Man thůt weißheit kein ere me an
Erberkeit můß vert hyden ſtan
Vñ kůbt gar kum auf grůnẽ zweyg
Man wil yetz das mã jr geſchweyg
Vnd man nie vil ſag auch dar von
Weißheit mit armůt hat nitt plon
Vnd b.. reich. armans red nit acht
Hettes im ſchon ſalomõ gmacht
Vnd red geben in ſein ſinn
Doch hat armans red kein gewinn
Er hertʒ ben auch in der tuſchen ligẽ
So würt mã im hörn vñ ſchwigẽ
Aber zů letzſt würt mã doch inne

Ach ab ließ nit benügen sich
Die seinem gantzen künig rich
Er wolt auch nabubts garten h in
Do starb on recht der arm frümait
Allein der arm müß in den sack
Was gelt geit.dz hat gůtē gschmack
Armůt die yetz ist gantz vnwerd
Was etwan lieb.vñ hoch auff erd
Vñd was genem der gulden welt
Do was nyemans der achtet gelt
Oder der ettwas het allein
All dinng die waren do gemeinf
Vnd ließ man des benügen sich
Was on arbeit das ertreich
Vnd die natur on sorgen trůg
Nach dē mā braucht ward dē plůg
Do fieng man an.auch geitig sein
Do stůnd auch auff.wār nei dz dein
All tugend warend noch auff erd
Do man nit dan zimlichs begert
Armůt die ist ein gab von got
Wie wol sy yetz ist der welt spot
Das schafft allein das nieman ist
Der gdenck das armůt nit gebrist
Vnd das der nit verlieren magt
Der vor nit hat in seinem sack
Vñ dz der leicht mag schwymē wie
Wer nacket ist vnd an hat nit
Ein armer singt frey durch dē wald
Dem armen selten nit entpfalt
Die freyheit hat ein armer man
Das man in doch laße bettlen gan
Vnd ob man im joch gar nit gytt
So hat er doch best minder nitt
Bey armůt fand man bessern rat

Dann reichtum ye gegeben hat
Das weiset Caints Curius
Vnd der berömbt Fabricus
Der nit wolt haben gůt noch gelt
Sunder ere.tugent.er erwelt
Armůt hat g ben fundament
Vnd anfang allem regiment
Armůt hat gebauwen alle stet
All kunst armůt erfunden het
Als übels Armůt ist wol on
All ere auß Armůt mag erston
Bey allen völckern auff der erd
Ist armůt langyeit gwesen werd
Vor auß die kriechē dar durch hat
Vil stet bezwungen leüt vnd land
Aristides was arm gerecht
Epamynundas streng vnd schlecht
Homerus was arm vnd gelert
In weißheit Socrates geert
Phocion inn nytel über trifft
Das lob hat armůt in der geschrifft
Das neüt auff erd ye ward so groß
Das nit von erst auß armůt floß
Das Römsch reich.vñ sei hoher mi
An fencklich auß armůt her kam
Dann wer merckt vñ gedenck do bei
Das Rom von hirten gbawen sey
Von armen bauren lang regiert
Dar nach durch reichtum gātz ver
der mag wol merckē dz armůt fuert
Röm sch hat gethan dann grosses gůt
Wär Cresus arm.vnd weis gesein
Er het behalten wol das sein
Do man fragt Solon vñ beschei
Ob er het rechte selikeit

Dañ er was mechtig reich vñ werd
Sprach Solon mã solt hie auf erd
Kein heiſſen ſelig vor ſeim todt
Man weißt nit was naher gat
Wer meit dz er weſt ſtãd noch heüt
Der weißt doch nit. die künftig zeit
Der herr ſprach euch ſei we vñ leide
Ir reichen hanv hie eür─ freüd
ergetzlicheit in eüweren gůt
Selig der arm mit freyem můt
Wer ſamelt gůt durch liegts krafft
Der iſt vmmuß. vnd gantz zaghaff.
Vnd mache ſich veiſt. mit ſeim vn─
Dz er erwürg an todes ſtrick (glück
Wer einem armen vnrecht thůt
Vnd do mit haufen will ſein gůt
Der findt ein reichern dañ er gibt
Sein gůt ſo er in armůt blibt
Ule riche dein augen auff das gůt
Das allzeit von dir fliechen thůt
Dañ es glaich wie d Adler grynnt
Federt vñ flügt bald durch dē wint
Wär gůt auff erden reich hie ſein
Criſtus wär nie der ernſt gſein
Wer ſpricht dz im ſunſt neüt gbriſt
Dann daz on pfennig ſey ſein teſch
Der ſelb iſt aller weißheit en
Jm gbriſt me dann er ſagen kan
Vnd ver auß das er nit erkennt
Das er ſey dñwer dann er weñt rc.

Vil griffen den pflůg an gar reſch
Vnd enden übel doch zů leſt
Dz thůt der gauc   er bleibt im neſt
Wann ſy in nit haben feſt

Beharꝛē in gůttē

Vil leg   jr hãnd an den pflůg
Vñ ſeind von erſt inbrünſtig gnůg
zů waißheit vnd zů gůttem   rc
Steygent doch nit voll auft dē berg
Der ſy fürt zů dem himelrich
Sunder ſehen ſy hinderſich
Vnd gfelt im wol egypten land
Do y jr flaiſch heſen glaſſen hand
Vñ er im ſeibs ſücht ein auff ſchl─
Vnd nymbt zyl auff ein andern tag
Vñ ſpricht alltag biſl morgē ſt nie
Weyſt nie ob as erlebt od gãg (lãg
Dar durch ſeind narren vil verlon
Die allzeit byten wöllen biß morn
Aber ſy wollen kum beharren
Die ſelben toren vnd narren
Die in gůtem nie für faren
So leichtlich gůtheyt lenger ſparen

Jo ſy ſchon vahent an
Schwerlich will es im naher gan
Thůt als der wanckel můt
Der in keiner ſach nie gůt
Der wirt auch gantz veracht
Der ſein ſagen alſo gmacht
Vnd ſpricht morgen will ich
Gůt thon on zwifel warlich
Aber morge laſt ers hin ſchleiffen
Billich ſol man dann in begreiffen
Vnd ſein red nit achten mer
Wann er hat ir nit vil er
Die alſo in gůtem nit für faren
Thon ir ſach zů andern ſparen
Vnd la uſen zů den ſünden groß
Gleich wie der hůd zů ſeynem aß
Das er yetz dickmal geſſen hat
Die hand für war ein ſorglich ſtat
Gar kaum ein wund wider genyßt
Die me dann einſt auffgebrochē iſt
Wañ ſich der ſiech nit haltet recht
Dz wird vm ſein kranckheit ſchlecht
So iſt raſt ſorglich das er mag
Geneſen nit in langem tag
Vil we jer wär nit vahen an
Lun.I nach dem anfang doch abſtā
Gott ſpricht ich wolt du heiſt gſtalt
Das du wärſt warm oder gātz kalt
Aber die wile du law wilt ſein
So vnwilleſt du der ſelen mein
Ob einer joch vil gůtz hat gethon
So würt im doch nit der recht lon
Wann er nit bharret inn das end
Auß groſſem übel kam behend
Vnd ward erlöſt die haußfrau Loth

Aber do ſy nit hielt das gebott
Vnd widerumb ſach hinder ſich
Bleib ſy da ſtan gantz wunnderlich
Ein narr laufft wider zů ſeiner ſchell
Gleich wie ein hund zů ſeim qwell

Mag Abel gůt ſterck jugente jr
Han fryd vnd rů.o t.dt vor dir
Aal das das leben ye gewann
Vnd tötlich iſt das muß darvon

WIL BLEIBT

Mit kürtze dē toot

Wir werde i betrogen lieben freünd
All die auff erden leben ſeind
Das wir für ſehen nit bey zeit
Dē todt der vnſer doch ſchont neüt
Wir wiſſen.vnd iſt vns wol kunt
Das vns geſetzet iſt die ſtund
Vnd wiſſen nit wo wenn.vn wie
Der todt ließ nit keynen hye
Wir ſterben all vnd fliehen hyn

Dem wasser gleich zür erden ist
Darüb feint wir groß nachecht doré
Das wir mit gedencken in vil jaren
Die vns gott darum b leben latt
Das wir vns rüsten zü dem todt
Vnd leren. das wir müssen kunnen
Vnd mügen in kein weg entrynnen
Der weinkal. J ist gedruncken schö
Wir mügen nit dem kauffabston
Die erste stund. bieletst auch bracht
Vnd der den ersten hat gemacht
Der wüst auch wie d lest wom d stet
Aber die nanheit tüt auß ferbé (ben
Das wir gedencken nit dar an
Das vnß der tode nit hic würt lan
Vn vnsers hübsché haro nit schoné
Jech vnser grüné krentz. vñ kroné
Er heißt warlich hans acht sin nit
Dañ welché er begrifft. vnd schüt
Er sey wie starck. schön oder iung
Den lert er gar ein seitzen sprung
Den ich billich dé todt spring heiß
Das eim auß düngt grym. vñ sweiß
Vñ streckt. vñ krymbt. wie ei wimm
Dañ do thüt man den rechté sturm
O tode wie starck ist dein gewalt
Seldt du hin nibst beid iung vñ alt
O todt wie gar herr ist dein nam
Dem adel gwalt vnd hohen stam
Vor auß dem der sein fraid. vñ müt
Allein seit auff das yeirsch güt
Der thüt mit gleichen pissz schüt
Der künig Sal vnd herren hüt
Er acht keyn pomp. g. wale. vñ güt
Den bast er wie den baum an thüt

Darumb ein dor ist. wer all tag
Flücht dann er nit entrynnen mag
Vnd meint wañ er sein schelle schüt
Er zi in der tode darumb sech nit
Auff sollich yung an yeder har
Kunt das er auch von hinnan far
Vnd er erlaubet sey dem todt
Wann von dem leib die sel auß gat
Mit gleiché gsatz der todt hin fart
Als das. das leben ye berürt
Du stirbst. d bleibt noch lenger hu
Vnd bleibt die lang noch keyner m
Die tusent jar erlebten schon
Die müsten doch zü letst auch gon
Es ist kum vmb ein rock zü thun
Das nach dem vatter leb der sun
Der vor dem vatter sty. bt zü zeit
Dañ i an synd auch vil kelber hä
Je einer fert dem andern nach
Wer nit wol stribt d synde ia m
Des glich ir nanheit auch ichan
Die vmb ein totten truren. weyn
Vnd in vergünnen seiner rü
Do wir doch all begeren zu
Dann einer fert zü früg do hin
Do er müß ewigklichen syn
Ja gschicht gar mäch wol daran
Das got im rüfft zeyti sun dañ
Der todt ist manchem nur gesent
Das er on ware trübsel vnd pein
Vil hand den tode auch selb begert
Der todt vil danck an dé bewart
zü den er kam ee man rüfft
Vil gefangen er in fraiheit schüff
Vil bat er auß dem kercker bracht

Vn der was ewigklich er acht
Dz glück teyle vngleich güt vn reich
Aber der tod macht es alles gleich
Der ist ein richter. der gantz mitt
ettwas ablost. dmüch yemans bytt
Der ist allein der all ding lont
Der ist. der nye keim ye hat gschont
Die keim gehorsam er ye wart
Sy müsten all auff sein fart
Vnd ,in tantzen nach seinem reyge
Bäbst. keyser. künig. bischoff. leyen
Der mancher noch nie hat gedacht
Das mã den vorärz im hat bracht
Das er müß tantzen an dẽ zotter
Den westerwelder. vñ den trotter
Het er sich vor dar zů gerüst
Er wer nit so stümpfling erwüst
Dañ mãch groß nan ist yez do hin
Der sorg hat auff die grebniß sin
Vnd levt dar an so grosses güt
Das es noch mãchen wundern tůt
Als man solum das jrm man
Arthemysia hat gemachen lan
Vnd so vil kosten dran geleyt
Mit grosser zierd. vnd reylicheyt
Das es der siben wunder eins
Ist. dye man findt jm erden kreiß
Ouch groser im Egypten land
Die man pyramides hat genant
Vor auß als Chamis macht ei grab
Dar an er heuckt sein güt vñ hab
Do dreii mal hundert tausent man
Vnd sechtzig tausent wercken an
Dan er rmb kun gab also vil
(Der ander kost ich schweige will)

Kein fürsten ich so reich yez halt
Der das allein mecht han bezalt.
Des gleich amasis auch im macht
Wie Rhodope hat eins volbracht
Das was ein groß torheit der welt
Das man legt ein so mechtig gelt
An greber. do. man würffet eyn
Die äsch seck vñ schö[l]nenbein
Vnd gab so grossen kosten auß
Das mã den würme macht ei hauß
Vnd durch der selen willen nit
Tůt bye doch leben müß all zyt
Dye sel hilfft neut ein köstlich grab
Oder das mã groß marmel hab
Vñ auff bëck schilt. helm banergroß
Hye leit ein herr ist wappenes gnoß
Haw mã im dan inn einen stein.
Der recht schilt. ist ein todten beut
Dar an würm. schlange. krotten nage
Das wappen. keyser. buren tragen
Vnd wer hie zücht ein feyste wenst
Der speißt. sein wäppner aller lëgst
Do ist ein vechtë. reyssen. brechen
Die freünd sich vm dz güt erstechen
Welcher es gantz behalten well
Die teüfel seind gewiß der sel
Vnd tünd mit der wüst triumphierẽ
Von ein badin das ander füren
Von eytel kelt in eytel hyz.
Wir mëschẽ leben gantz ön wiz
Das wir der sel. nit nemen war
Des leibs wier sorg nymmer dar
All erd die ist gesegnet gott
Wol leyt t.r do wol ist tod
Der hymel mauchen todten deckt

Der vnder keynen stein sich streckt
Wie kund der hon ein schöner grab
Den dz gestian leücht obnen ab
wer wol stirbt des grab ist dz höchsi
Der sünder tod. der ist der böst rc

Wer meint got well in straffen nitt
Dar vmb das er beyt lange zytt
Die schlecht d tunder b : noch heit
Das selbig seind wol torecht leüt

Uerachtung gottes

Der ist ein narr der gott veracht
Vnd wider in vicht tag vnd nacht
Vnd meint er sey dem monschen glich
Das er schweig. vñ laß fatzen sich
Darnñ mächer sich dar auf verloßt
So in der tunder nit anstoßt
Sein haißs, d bald vñ schlecht ï tod
So er sein boßheyt hat v. nacht
Oder nitt striber g helich

Das er nit me törff fürchten sich
Dann gott t vh sein vergessen dod
Das er so lang jor beytret noch
i werd im dar nñ lonen ouch
Do mit verj wiv sich mächt e: goud
Der erst in seinen sünden verhart
Dar vmb dz im got ettwan spart
Meint er jm greiffen an den bart
Als ob er mit jm schimpfen wolt
Vnd got vertragen söllches soc.
Hör zu o der. würd witzig narr
Verlaß dich nit auff solche hart
Es ist warlich ein grausam bande
Welcher gott fallet in sein hande
Dañ ob er ioch langzeit dein schont
Dir wirt des beitens wol gelont
Manchē laßt sünden got der herr
Das er īm dar nach straff des mer
Vnd jm bezal das vnd das ein
Mā spricht es mach dē seckel rein
Mächer der stirbt in sünde klein
Den tüt got sollich gnad dar ait
Das er in zeytlich nimbt von dan
Do mit er nit vil sünd auff lad
Vñ grösser werd der selen schad
Got hatt all reüwern zugeseyt
Ablaß. vnd sein barmhertzigkeyt
Reim sünder er doch ye ver zich
Das er in so lang leben ließ
Biß er reüwet vñ nem besserung an
Oder dz er reü würd entpfan.
Got geb ei dick sein gnad noch heüt
Vñ will jin doch moin geben neüt.
Ezechias von got erwarb
Dz auff sein gsatzezyl er nit starb

Sind lebt noch dañ fünfzehē joʒ
Baldysar durch sünd sei zil kā voʒ
Die hand võ aller freüd inn treib
Die Mane. phares. Chetel schreyt
Er wars zů leicht: an den gewicht
Dar vñ ward im entzuckt sei licht
Vñ merckt mit dʒ sein vatter voʒ
Durch gott gstrafft voʒ mauchē joʒ
zů besserūg vnd bůß sich kert
Dar vmb ward er von got erhöʒt
Das er in viheo gstale nit starb
Durch reü er gnad vñ zil erwarb
Eim yeden ist gesetzt sein zeyt
Vnd zal der sünd. dar über neüt
Dar vmb zů sünden nieman yl
Wer vil sünde. der ist bald zum zyl
Vil seind yetz tod in disem joʒ
Hetten sy sich gebessert voʒ
Vnd ir stund glaß vmbköʒt bey zeyt
Sy lebeñ noch on zweifel heüt ꝛc

Wer lestert got mit flüchē. schwerē
Der lebdnit schäd. vñ stirbt on eren
bis dʒ solchs auch nit tůt weren
Vñ sich võ got so gantz tůt keren

Von gottes lestern

Dye gröſten narren ich auch kenn
Dye ich nit weiß wie man sy nenn
Die nit benieget an aller sünd
Vnd das sy seind des teüfels kind
Sy müssen offenlichen zöugen das
Wie sy seyen in gottes haß
Vnd haben inn gantz widerseyt
Der hebt got sein vnmechtigkeyt
Der ander im sein marter für
Sei miltz. sein hiern. sei kröß vñ nier
Wer yetz kan vngewonlich schür
Dye dann verbieten tůnd all, recht
Dē helt mā für ein frischen knecht
Der můß ein spieß ein ambrust han
Der gthar allein wol vier bestan
Vnd auß der fläschen freüdig sein
Moʒtlich schwür tůt mā bei dē wein
Vnd bey dem spil vmb wenig gelt
Nit wunder wär ob got dye welt

p ij

Durch ſolche ſchwůr. ließ vnd gon
Oder der himel brech dar von
So leſtert. vnd geſchmächt mã got
All erberkeyt iſt leyder todt
Vñ gat mit recht keï ſtraff dar nach/
Des leid wir vil plag vnd rach
Dʒ es all welt merckt.hört. vñ ſicht
Nie wunder ꝛ ꝛ got ſelher richt
Got mags dye leng vertragen nicht
Dann er entpfalch.das mã ſolt tůn
Verſteinen.der Jſraheleüten ſůn
Sennacherib der flůchet gott
Vñ wart gplagt mit ſchåd.vñ ſpot
Lyacon vnd metzencius
Entp fand das.vnd Anthiochus ꝛc

Wer meint dʒ vns got ſtrafft zů vil
Das er vns plaget vnder wil
Ꝛ ꝛs plag iſt nit ein viertel myl
Wann got geyt vns ein kurtz zil

Ein narr iſt.wer für wunder hellet
Dʒ got d l ꝛ ꝛ ꝛ krafft dye welt
Vñ ein plag ſchickt.d andern noc
Die weile vil criſten ſteigen doch
Vnd vnder den.vil geyſtlich leüt
Von den vil faſten.gbet allzeyt
Geſchehen ſtätz on vnderloß
Doch hör.es iſt kein wunder groß
Dan du nit findeſt einen ſtadt
Jn dem es yetz mit zügel gat
Do mit abutem ſy.vnd gebruch
Dar zů ſo iſt des weiſen ſpruch
Wañ du zerbrichſt.das ich dir hat
So wilt vns beydē ꝛ ꝛ ꝛ dañ raw
Vnd das wir arbeyt hand verloꝛn
So ſf cht auch ſunſt der herꝛ mit
Wann jr nit haltē mein gebot Gen
Will ich eüch geben plag. d eod
Krieg hunger.peſtilentz vnd brü
hytz reiff kelt.hagel.tunders feür
Vnd meren das.von tag zů tag
Vnd nit erhören bet noch klag
Ob joch moyſes vnd Samuel
Mich bet.ſo bin ich doch der ſe
So vindt.die nie von ſünden lott
Si můß han plag.weile ich bin got
Man ſech allein an iüdiſch lande
Was ſi durch ſünd verloꝛen hande
Wie dick ſy got vertriben hatt
Durch ſünden auß der heyligē ſtat
Dye chriſten hand das auch verloꝛn
Do ſy verdienten gottes zoꝛn
Mein ſoꝛg iſt wir verlieren me

Vnd das es vns noch übler gee rc

Wer sein mul vmb ein sackpfeif gi•
Der selb seins thu•••••••• üsset nit
Vñ müß offt gan so er gern rüt
Der selb all zeyt gern jm schadē lyt

Torecht wechsel

Vil grosser arbeyt hat ein narr
Wie das sein sel zur hellen far
•••• kein Einsydel vor ye hat
Jn aller wüst vnd heimlicheyt statt
Do er••••• vastend. bettend gott
Mã sicht was hochfart arbeyt hat
Wie mã sich mutzt schmiert nestel
vñ heiet drück lich i māchewiß (buiß
Der geit treübt manchē über see
Durch vngewitter reg vnd schne
Jn Norwegen Pylappen land
Kei rü noch rast die büler hand
Bülschafft ist leicht zu aller frist

Nait vnstäters auff erden ist
Cupido treyt sein bogen bloß
Auff yeder seyt ein kocher groß
Jn eim hat er vil hacken pfil
Do mit trifft er der narren vil
Die seid scharpf.guldē hacketh spitz
Wer troffe würt d kumbt võ witz
Vñ dantz har nach am narrē holtz
Jm andern kocher vogel boltz
seid stüpf. mit blei beswärt nit licht
Der erst macht wütd. d'and flücht
Den trifft cupido den entzyndt
Amor sein brüder. das er bünt
Vñ mag nit löschen wol die flammē
Die didoni jr leben nam
Vnd macht das media verbrant
Jr kind. dē brüd todt mit jr hande
Tereus wär auch kein widhopf nit
Pasiphae den stier vermitt
Phedra Theseo für nie nach
Noch süchet an jr stieffsun schmach
Nessus wär nit geschossen tod
Troy wär nit kumē in solch not
Scylla dē vatter ließ sein hor
Do mit ich aber red wie vor
Vnd wider auff den wechsel kum
So heysset der wol narr vnd thum
Der übel zeit jm macht vñ die nüte
Für andere bye jm baß zimpt
Die jm würt an leib vñ sel so hart
Aber mun ist so gantz vanart
Jn zeytlichem vnd bösem lust
Get niern•ler auß noch vmb sust
Spyler haben ar h übel zeyt
Vil mer d schnapphan . der do reyt

Auff dÕ halßacker wagent ſich
Des praſſers will gſchweigen ich
Der all zeit vol iſt wein ſein hertz
Wz drück d̕ leid vñ heilich ſchmern
Des yſers zeit iſt nit die beſt
er voicht ein andern gauch im neſt
Sein eygen glider kocht der nidt
Nyemans durch gottꝰ ere ſich leidt
Der in gedult an ſech ſein ſel
Als Noe Job vnd daniel
Gar vil ſeind.den das böß gefelt
Gar ſelten der das güt erwelt
Erwöllen güntz ein waſer ſoll
Das böß kumpt all tag ſelbs woll
Wer gibt bz himelreich vmb miſt
Der iſt ein nar.ſo vil ſein iſt
Sein tuſchen der geneüſſet nit
Wer ewigs vmb zergänckflichs gìt
Vñ das ichs kurtz mit wouē bgreiff
Gìt er ein eſel vmb ein pfeyſſ tē

Die wücherer fìren wllde geweib
Den armen ſend ſy ruch vnd herb
Nit achtens.dz all welt verderb
Neüt me dann das jnen vil werd

wuther vnd fürkouf

Dem ſolt man greiffen zü der hubl
Vñ jn. oye zecken wol ab kluben
Vnd ruppfen die fluckfeder auß
Der hinder ſich kaufft inn ..en hauß
Als wein vnd kon jm gantzen land
Vñ vöicht weder ſünd noch ſchad
Do mit ein arm mä neützet fund
Vñ bürgers ſterb mit weib vnd kind
Do durch ſo hat mä yetz vil d...
Vnd iſt dañ vernig böſer h...
Nun galt der wain kum t .. en pfüd
In einem monat es dar zü kunpt
Das er yetz gillet treiſſig gern
Alls gſchicht mit weyſen.rockē kan
Ich wil vom übernutz nit ſchreiben
Den mä mit zainß vñ gült tüt treibe
Mit leihe bletſchkauf vñ mit boige
Mächē ein pfüd gewint ein moige
Me dä es thün ein jar lang ſold

Mã leihet eim yetz müntz vmb gold
Für zehē schreibt mã eylff inns büch
Gar leidlich wär der iuden gesücht
Aber sy mügen ... bleiben
Die kisten dye iuden vertreiben
Mit inдē spieß die selben rennen
Jch kenn vil die ich nit will nennen
Die treibē doch wild kauffmãschatz
vñ schweigt dar zü all recht vñ gsatz
Jr vil sich gen dē hagel naygen
Der lachen, auff den reiffen zaygen
Doch gsicht dar gegē auch gar dick
Dz mächer henckt sich an ein strick
Wer reich wil sei mit schad ð gemei
Der solt ligen vnder eim todtē stein.
Noch fint nã nanen manigfalt
Die sich verlōd auf jr güt vñ gwalt
Als ob es ewicklich solt stãn
Das doch tüt wie ð schne zergon
Sōli.)s wil jr keiner bedencken
Vnd wil dar von keiner wencken
Die auff wücher setzen jr heyl
Den seind jr selen gar wol feil
Dem den ich nit wil nennen
Sorg ist sy werden in lernen kennen
Dā ... dann abwürt kauffen
Das darumb sy dann yetz lauffen
Vñ bstelen fürkauff nacht vñ tag
Ja alles das in werden mag
Es sey mit korn wein dar noch
Stat an reben, zü tal oder hoch
Den kauffen sy ab dem arm ... an
Gend jm ya bey zeitten dar an
Das er nümer verdenwen mag
Dar nach machē sy dañ ein schlag

So sy in jren mutz vñ sack
von gefast dz nyemã mag
Wider sy noch thon mit warheyt
Dann jr geschrey ist also breyt
Das es niemen wider treiben kan
Da mit so müß daß der gmein man
Sōlich teürung von jm gemacht
hond vnd leiden iu.er macht
Vñ nemē zü merckt wie mãs beüt
Dann alweg fint mã dye weil neüt
Daß wz sy zü marckt thon füren
Da mit sy die esel gar grob rüren
Vñ halten dar auff ein gebot
So reüwet es möcht erbarmen got
Das es also zü sol gon
Er laßt ein fremden dar bey ston
Da mit mã in nit müg erkennen
Er müßt sich sunst des schemen
Oder schickt sunst einen dar
Der dann mitt worten getar
Darumb bitten als er wol weißt
Vñ spricht nach seins herē geheiß
...üpff zü vñ für mirs heim
spricht dann der nit neün
Also würt dann ein gschrey so groß
Da mit ð gemein mã würt bloß
Vñ dar zü grossen hunger leyden
Jch wil sunst vil armüt geschweige
Die doch durch gschrey würt gema
Dē genē dē es auch würt nach (cht
Villei.. : so sy es hond klein acht
So hilfft dañ jr fürkauffen neüt
Ouch ... der bürg noch lüt
Sund es müß ...'s bar bezalt sein
Es sey joch von korn oder wein

Narheit iſt vñ groß gůt vñ gwalt
Niemã es lange zeit behalt
So ich durch ſich all reich da her
Aſſyrien. meden. perſyer.
Macedonũ vnd kriechen land
Carthago vnd der römer ſtand
So hat es al'. gehan ſein zil
Got weiß t wol wann .. wil
Das wir jm rechnung müſſen gebē
Darumb ſol wir nach eren ſtreben
Das er vnß in vnrecht nit fin
An wůcher noch an böſem gwin

Wer hochfertig iſt vñ tůt ſich lobē
Vñ ſitzen vil allein vaſt oben
Dē ſetzt der teüfel auff ſein kloben
Vñ můß ſitzen im held ofen

überhebung der ho
chfart

Der fäiret a' Fein ſtrowen tach
Der auff der welt rům ſetzt ſein ſach
hi all ding rů aů Fr ettlich ere
Dē würtz zů legt nein anders mere
Dann dz ſein won in hat betrogen
So er bauwet auf ein regenbogen
Wer welbet auff ein dennin ſul
Dē wirt ee zelt ſein anſchlag ful
Wer rům vñ weltlich ere hie begart
Der wart nit, dz jm döte me werd
Mäch nar halt ſich gar hoch dar
Dz er auß wälſchē lädē kum (umb
Vnd ſey zů ſchůlen worden weiß
zů Bononiy zů Pauy. Pareiß
zur hohe Eyen inn der ſapientz
Auch iſt der ſchůl zů O. yens
Vñ der rotaffen geſchen hett
Vñ metre pirt de Comniger
Als ob nit auch inn teutſch wäre
Noch wär vernüft ſinn. hö vcc zait
Do mit mã weſheit küſt möcht lerē
Nit not ſo ver zů ſchůlen keren
Wella will lern in nüſein land
Der fund yetz bücher aller hand
Dz niemě mag entſchuldigē
Er wöll dann liegen läſterlich
Mã meint etwã es wär k. ler
Dann zů Athenas über mer
Dar nach mã ſy. bein walhen fand
Jetz ſicht mã auch in trütſchē land
Vñ ghriſt vns neüe. wär nit ð wen
Vnd dz wir teütſche wol went ſein
Vnd mügen kein recht arbeyt thän
Wol dem wer hat ein weiſen ſin
Ich acht nit dz mã vil kunſt kinn

Vñ stell do mit nach hochfart groſ
Vñ meiñ dar durch sei stoltz vñ klug
Wer weiß iſt. ó kñ lüſt genüg
Wer lert durch ſed ſart.vñ durch
Der spiegelt sich allei der welt(gelt
Gleich als ein nerrein die sich nutzt
Vnd sp yeglen tüt der welt zü nutzt
So sy auff spant des teüfels garn
Vñ macht vil sele zür hellen farn
Das iſt das keützlein.vnd der klo b
Do durch der teüfel sücht groß job
Vnd hat gefürt manchen hinn
Der sich beducht vor witzig sinn
Balaam gab Balach einen rott
Das Iſrahel erzürnet gott
Vnd nit mecht in dem streit besten
Das es durch frawen zü nüſt gott
Her Judith sich nit auff goiert
Holofernes wer nit verfürt.
Jesabi sträich sich varben vol
Das sy meint jhebn gfallen wol
Der weiß mñ spricht.ker dich gesch
vó frawe sy reizt dich zur sünd(wid
Dann nerrin vil seind also geyl
Das sy ir gesicht bald bieten feyl
Vnd meinen es soll schaden nit
Ob sy ein blick dem narren gyt
Warlich gesicht bringt böß gedäck
Vnd setzt einen auff den narrebäck
Der dar nach leichtlich nit abstat
Biß er den heher gefangen hatt.
Hett Bersabe irn leib bedeckt
Sy wär durch eebruch nit befleckt
Dyna sole schowen fröm ibde man
Gyß vñ ir jügfrawschafft sy kam

Ein dem ócig fraw iſt eren wert
Vnd würdig das sy werd geert
Aber welch hochfart nymbt für hed
Dere hochfart iſt auch gätz on end
Die will auch allzeit vornen dran.
Das niemant mit ir gstellen kan.
Die gröſt weißheit auff aller erd
Iſt.künnen thün das yeder begerdt
Vnd wo mñ bz für güt nit nimbt
Doch künne thün bz yedem zimbt
Wer aber frawen thün will recht
Der müß etwan sein ine dañ knecht
Dañ sy gar offt durch blödikeyt
Me thon dann durch ir listikeyt
Der hochfart dye do hand gots haß
Steigt stätz auff ye baß vnd baß
Vnd felt zü letſt zü boden doch
Zü lucifer ins hellen loch
Hói hochfart.es küpt dir dye stuno
Dz du spüchst auß dei aygne müd
Wz büigt mein hoher müt mir fröd
So ich hie sitz in trübsal.leyd
Wz hilft mich gelt güt vñ reichtüm
Wz hilft ó wele ere.lob.vñ rüm
Es iſt nicit dann ein schat gesin
Ougenblicklich iſt es da hin
Wol dem der diß alls hat veracht
Vnd hat allein ewigs betracht.
Neñt.dunckt ein narren hye so hoch
Es felt mit im zum lötzsten doch
Vñ vor eūß dye schentlich hochfart
Die hat an ir natur vnd art
Das sy der höchsten engel styeß
Vom hymtel ab. vñ auch nit ließ
Im paradeyß den erſten man

Sy mag noch ...t auff erd besian
Sy můß ye súchen iren stůl
Bey Lucifer in hellen pfůl
Súcht sy den. d ser hat erdacht
hochfart ist bald zur hellen bracht

Ere vatter vñ můtter allzeyt
Do mit dyr got lang leben geytt
Vñ würst gesetzt in schanden nitt
Vñ verdienst auch dort die ewig zit

Er vatter vnd mut

Der ist ein nar d kinden gytt   (ter
Do er sein zeyt sole leben mitt
Verlassend sich auff gůten won
Das in sein kind nit sollen lon
Vnd jm auch helfen in der not.
Dē weünscht mā allen tag den tod
Vñ würt gar bald ein überlast
Den kinden sein ein vnwe d gast
doch jm geschich sol halber recht

Warlich ist er an witzen schlecht
Das er mit worten im last klusen
Des soll man inn mit kolben lusen
Doch lebt der selb nit lang auff at
Dem watt............ur seind vnwert
Jū mit d veinster.lescht das licht
Wer vatter vnd můtter ert nicht
An sein vatter beschult absolon
Das inn sole vnglück zmig an gon
Des gleichen ward verflůch: Thā
Do er enblőst seins vatters scham
Balthasar hatt nit vil glück
Das er sein vatter hew inn stück
Sennacherib von sein sünen starb
Jr keiner doch das reich erwarb
Thobias gab seim sun die ler
er sole sein můter han in er
Dar vmb stánd künig Salomon
Seyner můter auff von seinē tron
Als Coriolaus auch hat gethon
Die sin rechab. lobt selber gut
Das sy hyelten irs vatters gbott
Wer leben will spricht got der here
Der biit vatter vñ můtter ere
So würt er alt. vnn riechen sere zc.

Im chor gar mache nar ..ch stat
Der vnnütz schwätzt.hilft.vñ rat
Dz schiff vñ wag vō land bald gat
Er besorgt nit wie es im kor stat

Das schlecht er in der kierchen an
Wie er auffküst gschyff vnd gschyr
Vñ bringt vil neüwer mer har für
vñ hat groß fleiß vñ ernstlichgberd
Do mitt dz schiff nit wendig werd
Er gieng ee auß dem chor spaieren
Dz er dē wagē recht möcht schm e.ē
Aber von den dar ich nit trucken
Dye in den chor allein tünd gucken
Vnd zeygen sich mit presentieren
Träffen doch bald wider die türen
Das ist andächtig gebet. vñ gůt
Do mā sollich ding auf richten tůt
Da werden pfrenden wol werdient
So man t e n roiaffen zů gient

Schwetzē im chor

Vil stond in kierchen. vnd im chor
Die schwetzen. ratten durch das jor
Wie sy zůrichten schiff. vnd karr
Das mar zōn Tarragonien far
Do seit mā vō dē welschē krieg
Do lügt man. das man redlich lieg
Vñ ettwz neüwes bring auf die ban
Als wirt die mettin gefangen an
Vnd werd dick zů der vesper zeyt
Vil ꝛ nit. trib nit der geyd
Vnd dz man gelt geb in dem chor
Sunst weren sy on die kierch vil jor
Es wär besser vñ weger eim
Er blib gantz über all do heim
Vñ richt dz klapper bencklein zů
Vñ seinen genß marckt anderschwo
Dann das er in der kierchen wil
Sich jrē vnd sunst ender vil
Das mancher nit außrichten kan

Mächer fröt sich. auf frömbde hab
Wie er vil erb vñ trag zum grab
Die mit sein gbein nuß werffen ab
Vñ weich wasser i tragē übers grab

Hoffnung auff erb

Ein narꝛ ist.wer sich dar auff spitzt
Dz er eins andern erb besitz
Oder sür in kum.in den rat
Sæi gůt pfreůnd æpt besitze nach tot
Mächer eins andern todt sich frœit
Des end er niꝰmer me beschoꝛt
Hofft einen crugen hin iꝰ grab
Der mit seim gebein wuꝛffbieten ab
Wer hoffet auff ein andern tod
Vñ weißt nit wañ sein sel auß got
Der selb den esel tůt beschlagen
Der in geit narren berg würt tragen
Es sterben iung starck frœlich leüt
So findt man auch vil kelber heüt
Es gat allein nit über dye kůg
Ein yeden sein armůt benůg
Vnd bgꝛe nit das er grœsser werd
Lꝛ wilder vmblauff ist auff erd
Bulgarus arbt auch ē sein sun
Das er nie hat gehofft zů thůn
Pyramus sach sein kind all sterben
Dye er hofft. sy wurden sein erben
Absolō seis vatter tod nach schleich
Vnd reicht sein erbteyl ab der eych
Manchē ein erb würt über nacht
Auff das.er voꝛ nie hat gedacht
Mancher ein erben überkunt
Dē lieber wär in erbt ein hundt
Nit yedem gat nach hoffens won
Als abraham.vnd Simeꝛ
Laß vœgelein soꝛgen.warn got will
So kůpt dz glück zeit ent nd zil
Dz bœst erb ist iꝛ vatterlandt

Do wir hin hoffen alle sandt

Mancher solt zů der kierchen gan
Vnd an dem feürtag müssig stan
Der sich doch vil gꝛchefft nibt an
Vnd kůpt doch nit wol da van

Verfürůg am feir

Dz seind burger zů affenberck (tag
Dye all ir sachen.vnd ir werck
Sparen allein auff gbannen tagen
Dē einen můß man roß bes
Dem andern knœpflein setzen an
Dz man nůn langst sole ha gethan
Do mã saß bey dē spyl vnd wein
Den füllet man die spitzen sein
Vil hudelen můß mã dar ein stossen
Dē můß man an tůn rœck vñ hosen
Das mœcht er sunst nit legen an
Hett ers nit auff ein feyrtag gethan
Die kœch zů richten feür.vñ glůt

E. mã die kyerchē morgens auf tūt
So sibt mã bey i schlēmē vñ brasse
Ee yemās recht kūbt. auf die gassen
So seind dye weinhäuser schier vol
Das treibt mã on end yemer dol
Vor auß auff dē gebannē tagen
So andre werck seind vnderschlagē
So müt mã faren mit den karchen
Der feirtag manche macht zünarrē
Der mint der feyrtag sey erbacht
Das kleiner arbeyt gotnit acht
Als dz mã holtz in spilbret schlag
Vnd kartē sitzt e n gantzen tag
Vil land sunst wercken jr gesind
Vñ hab kein'acht dz dienst vñ kind
Zū kirchen.predig gotz dienst gott
Oder früg iū der meß auffston
Dē mett wēd sy erst recht auß kochē
Den sy gesotten hand die wochen
Kein hantwerck ist dem nit gefüg
Das es am feyrtag etwas tüg
Sy seind dem pfennig also gferd
Als kein tag me wär auff erd
Ein teyl stād schwärtzē auf d gassen
Die andern sitzen spilen.prassen
··· chom jm wein do me zerint
Daß er ein woch nit arbeyt gwint
D ermüß ein schmürtzler.hüpler se
Wer nie will sitzen bey dem wein
Tag vñ nacht biß dz dye kartē krig
Oder d morgē lufft har weygt
Dye ieden sporten vnser ser
Das wir dē feyrtag tünt solch er
Den sy noch halten also stiff
Das ich sy niet inns narren schiff

Wolt setzen.wann sy nit all stund
Sunst irtren.wie ein taubert hund
Ein arm man holtz am feyrtag laß
Vnd ward versteint allein vin das
Die Machabeer wolten niet
Am feyrtag weren sich zü streyt
Ir wurden vil erschlagen todt
Man samlet nit das l. irrel brott
Auff dē feirtag als gott gebot.
Aber wir arbeyten on not
Vnd sparen vil auff den fertag
Dz wir nit thün wend ander tag.
O narr den feyrtag halt.vnd ere
Es seid noch wercktag vil vñ mere
Wann du schon sülest in dē grundt
Auß geytikeyt all laster kumpt

Der ist ein narr betrurt all tag
Vmb das er nit gewenden mag
Oder den reütwer das er hat gethon
Ein' gütz.ders doch nit kā varston

Geben vnd reiitwē

Der ist ein nar. der schencken thůt
Vnd dz nit gybt mit gůtem můt
Vnd dar zů saur vñ übel sicht
Dz ein neüe liebs da von geschicht
Do mit er gab vñ lon verleürt
So in seb. schenck so vast bedeürt
Als tůt auch der. d eñ was gůt
Durch gottes ere vnd willen thůt
Vnd hat doch reü. vñ leyt dar von
Wañ got im nit gleich gibt den lon
Dann d mit eren schencken well
Der lach vñ sey ein gůt genlse
Vnd sprech nit zwor ich thů es vn/
Will er nit. bâck vñ lō entbern (gern
Dañ gott sicht auch des gab nit an
Der nit mit fröden schencken kan
Jeder das sein behalt wol
zů scheck man niemā zwingen sol
Allein auß freyem hertzen gat
Dye schenck. dye yede wol an stat
Selte verlore würt der danck
Wie wol er etwan kumet lanck
So würt es doch gewölich schlecht
Dann zwen vmb ein ist faden recht
Ob einer schon vndanckbar sey
Findt mā dar gegen eren frey
Ein danckbaren weysen man
Der ~ alles wider gelten kan
Aber wer schenck verweisen tůt
Der wil dē tranck nit han für gůt
Vñd will nit warten wider gob
Verweissen schenck ist gar grob
Wā sicht den uber die achsslen an

Der sein gůttheit verweissen kan
Vnd würt iin sunst neüt nie dar vō
Nestor. pelius. vnd laertes
Beklagten sich in alter des
Das sy zů lang liess leben got
Do sy jr sün anschowten todt
Wer Pyramus gestorben vor
Vñ hett gelebt nit so vil jor
Sech er nit leyd so iemerleich
An sun. fraw. tochter stat. in reich
Wañ Mythuidatco vñ Marius
Cresus vnd der groß Pompeius
Nit werend worden also alt
Werent sy tod in grossem gwalt
Dar zů sprich ich das alter ist
Ein kranckheyr der doch gebrist
Wär hübscheit jm vn seinem kind
Wür schet. der sůcht vsach zů sünd
Wär helena nit gewesen schön
Pariß het sy in kriechen gelorn
Wär heslich gsein Lucrecia
Sy wär geschmächt nit also
Het dyna kroppff vñ hofer ghan
Sichem hett sy gelassen gan.
Es ist gar selten dz man drey
Bynander schonheyt vn ...
Als ich vor hab vō Spurcina gseyt
Vor auß die hübschē ha..sen nun
Dye weren all byebiey yetz thůn
Vnd meinē sy seyen darūb geschafē
Das sy yede fraw angaffen
Vnd gefflen sy an wie die affen
Dye werden doch gefellet dick
Dz mā sy sticht in narren strick.
Mächer weinst heüser fraw vñ kid

Oder das er vil gulden fiind
Vñ des gleich gauckels dz gott wol
Erkent. wie es geraten sol
Dar umb gibt er uns etwan nit
Vnd dz er gibt. nimbt er zů zyt
Ettwan so plagt er uns dar mit
Etlich de gwalt auch wünsche noch
Vñ wie sy steygen auff vast hoch
Vñ btrachten nit dz hoher gwalt
Dest hyher wider abher falt

Tragkeit findt mā in allē gschlechtē
Vor auß in dienst megtē vñ knechtē
Den kā man nit gnůgsam lonen
Sy künne doch ir selbjt wol schonē

Von treg vñ tul

Kein besser nart in aller sach
Ist.dan der all zeyt kan tůn gmach
Vñ ist so treg dz im verbrent
Sein schinbein.ee er sich verwent

Wie rauch den augen ist nit gůt
Was essich auch den zenen tůt
Des gleich der träg vñ ful tůt schel
Denen. dye hand gesendet in
Ein treger mēsch ist niemā nutz
Dann das er sey ein winterbutz
Vnd das mā in laß schlaffen gnůg
Sitzen bym ofen ist sein fůg
Sellig der merckt mit seinem kaist
Wer müssig gat der ist der narist
Die müssiggende.strafft der here
Vnd gibt der arbeyt lon. vnd ere
Der böß vind. nimbt d tragkeit war
Vnd segt gar bald sein samen dar
Tragkeyt ein vrsach aller siind
Macht murmeln Israhel dye kind
Dauid dett eebruch. vñ todschlag
Dar umb das er träg nůessig lag
Daz Carthago wz gantz vmbkert
dar vm ward rom auch gātz zestört
Ein grössern schade rom entpfieng
An dz das Carthago vnder gieng
Dañ sy von streyt entpfieng dar vor
Von jr.hundert vnd sechzehen jor
Der träg der nit gat gern her für
Der spricht d lew stat vor der thür
Der teuecht hunb in heym behalt
Fulkeyt erdenckt ein verwort bald
Fulkeyt sich widerwent. vñ für
Gleich wie d engel vor der thür ꝛc.

Hie hab ich gstelt noch vil zů samen
Die narzen seind vñ thů sy manen
Mā vinꝛt sy auch wol hie mit nam
Der anꝰn narzer sich doch schame

Zi müssen auff der kappen stan
Dann jr ni....heit so offtlich ist
Das yede tüch zur kappen gbürt
Des gleich all dye verzweiffelt hat
Vñ seind verstrickt inns teüfels bad
Als törecht frawen böse weiber
All kupplerin pfawen treiber
Vnd andere die in sünden sint'
Vnd inn jr narheyt gantz erblint
Do mitt wil ich auch deren gedöch
Die sich selber tödten oder hencker
Die seind nit wierdig dir g satz
Oder daz man sy ler vnd fatz
Doch ghören sy in d narren zal
Jr narheyt gibt inn kappen all ze

Außlendig narren

Noch seind sunst vil vnnützer leüt
Die wüst gantz in der narren heit
Vnd seind dar inn verhart gantz
Gebunde auff des teüfels schwantz
Vnd sein zü bringen nie dar von
Will ich stillschweigend für sy gon
Vnd sy lon in jr narheyt bleiben
Vnd von jr toiheyt wenig schreiben
Als Saracenen Türcken Heyden
All die vom glaube seind gescheide
Den gleich ich auch die ketzer schäl
Die halte zü Prag den narren stül
Vnd hat gespreyt auß jren stand
Dz sy auch yetz hat Merhern land
Die wölst in die narren kappe tretten
Gleich wie all die anders anbetten
Dann drey personi eir waren got
De vnser glaub ist wie ein spott
Die ich nit für schlecht narren han

Ich it eüch herren groß vnd klein
Bedencke den nutz der gemein
Sehend eüch nit selbe... allein
Lone mir all mein narre kapp mit er

Wañ ich gedeck sinis vñ schad (bes
So mã yez speürt in allem land
Von fürsten.herren.landen stett
Wär wunder nit ob ich schon het
Mein augen gantz der zecher vol
Das mã so schmälich sehen sol
Den kristen glauben nemen ab
Verzeich mã mir. ob ich schon hab
Dye fürsten auch gesetzet hat
Wir nemen(leyder)gröblich war
Des christen glauben not. vnd klag
Der mindert sich von tag zu tag
Zum ersten hand dye ketzer herr
Den halb zerrissen vñ zerstört
Dar nach der schätlich machamet
Jnn mer.vñ mer verwüstet het
Vnd den mit sein jrisal geschent
Der vor groß was in orient
Vnd was glöbig alles Asia
Der Moren land vnd Affrica
Jetz hant dar jnn wir gätz neüt me
Es möcht einē hörten stein thün we
Was wir allein verloren hand
Jr klein Asien.vñ kriechen land
Das mã die groß Turckey yetz nēnt
Das ist dem glauben abgetrennt
Do seind dye siben kyerchen gsin
Do hat johannes geschriben hyn
Do ist so ein güt land verlorn
Dz es all welt möcht hö vschworn
On das man inn Eroupa syt
Werloren hat in kurzer zyt
Zwey keysarthüm.vil künigreich

Vil mechtig land vñ stet des gleich
Constantinopel.Trapezunt
Die land seind aller welt wol kunt
Achayam.Etholyam
Boeciam.Thessaliam
Thraciam macedoniam
Atticam.vnd beid missiam
Auch tribulos.vñ Srordiscos
Bastarnas sambt vnd Chauricos
Euboiam genennet Nigrapont
Auch peram Capham.vnd Jbū
On ander schaden.vnd verlust
Die wier erlitten haben sunst
Jn Morea.Dalmacia
Steyr kerten.vnd Croacia
Jn hügern.vñ d windische marck
Jetz seind die türcken also starck
Das sy nit hand das mer allein
Sunder dye Tünow ist jr gemein
Vñ tünd ein einbruch.wã sy went
Vil bistum kierchen seind geschent
Jetz greifft er an Apuliam
Dar nach gar bald Siciliam
Jtalia dye stoßt dar an
So würt es dan an rom auch gan
An lombardey.vñ welsche land
Dē veind dē hät wür an der hand
Vñ wend doch schlossen sterbē all
Der wolff ist warlich iun dem stall
Vñ robt der heyligen kirchen schaff
Die weile der hiert leit in dem schlaf
Die röm.sche kierch vier schwestern
Do mã hielt patriarchē stadt (hat
Constar-inopel.Alexandria
Jherusolem.Am'iochia

Die feind yetz kümē gantz dar von
Es würt bald an das haubt auch gōn
Das ist als vnser fünden fchuld
Reins mit dē andern hat gedult
Oder mittleyden feiner fchwär
Jeder wolt das es gröffer wär.
vñ gfchicht vns als dē ochfē gfchach
Do einer dē̄ andern zü fach
Biß das der wolff fy all ergreyf
Erft gieng dē löften auß ō fchweiß
Jeder der greifft yetz mit der hand
Ob noch kalt fey fein mur vñ wād
Vñ gedenckt nit dz er vor löfch auf
Das feür ee es jm kumt ze hanß
So küpt jm dann reü. vnd leytt
Zwitracht vñ vngehorfamkeyt
Den kriften glaub zerftörē thät
Ōn not vergeüft man chriften blüt
Niemā gedeckt. wie nach es jm fey
Vñ wont doch alweg blaiben fiey
Biß jm vnglück küpt für fein thür
So ftoßt er dañ den kopff har für
Die porten Europe offen finde
zü allen feyten ift der vindt
Der nit fchlaffen noch rüen thüt
Jn teürft allein nach chriften b̄
O rom do du heift künig vor
Do waft du eyē̄en lange jor
Dar nach inn freihelt werdft gefürt
Als did̄ ein gemeiner ratt regieret
Aber do mā nach hochfart ftalt
Mach reichtū vñ nach hohē gwalt
Vnd burger wider burger vacht
Des gemein nutzes niem. acht
Do ward der gm. e zum vō̄ergon

zü löeft ein keyfer vnberthon
Vnd vns fol hē gwalt vñ fchein
Bift fünfzehen hundert jor gefein
nd ftäts genomē b̄ vnd von
Gleich wie fich mindern thüt ō mō
So er fchwinder vñ im fchein gebüft
Das yetz gar wenig an dier ift
Dar nach die thürcken hand fo vil
Das als zü zalen nām vil wil
Vil ftät fich braucht hand iñ gewa
Vñ achten yetz keins keyfers mer
Ein yeder fürft der gantz bricht ab
Das er da von ein feder hab
Dar vmb ift es nit wunder groß
Ob joch dz reich fey blutt vnd bloß
Mā binde ein yeden̄ das ein
Das er nit wordn foll das fein.
Vnd la den yeden in feim ftadt
Wie ers biß har gebrauchet had
Durch gott ir fürften fche…it
Wz fchad zü letft dar auß werd gan
Wan joch hin vnd kem das reich
Jr bliben auch nit ewigklich.
Ein yedes ding mefterckung hat
Wañ es beynander gfammlet ftā
Dann fo es ift zerteylt von ē
Ein hellikeyt in der gemein
Auffwachfē die bald all diz mā cht
Aber durch mißhell. vñ zwitracht
Werden auch groffe ding zerftört
Der theütfchē lob was hochgeert
Vñ hat erworbē durch folch rüm
Dao man in gab das keyferthüm
Aber die theütfchen flyffen fich
Wie fy vernichtē felbft ir rich

Do mit die stût zerstôrung hab
Byssen die pfärd jr sibw. rz selb ab
Wötlich yetz auff den füssen ist
Der cerastes. und Basiliſt
Mscher würt vergifften sich
Der gifft dar schmeycht dē römsche
Aber jr herrē künig vn land (rich
Nit wöllen gstatten solch schand
Wz' dē römschen reich zů stan
So mag dz schiff wid auffrecht gā

Jr haben zwar ein künig milt
Der euch. wol fürt mitt ritters schilt
Der zwinget tůgall land gemein
Wan jr jm helffen wend allein
Der edel fürst Maximilian
Wol wirdig ist der römschen kron
Dem kumpt on zweifel in sein hād
Die heylig erd. vn das globte land
Vn würt sein anfang thůn all tag
Wan er allein euch treüwen mag

Werfē vō euch solch schmach vnd
Dañ kleynes hares. walt got (spot
Wie wol. wier verloren hand
Sind doch noch so wil christē läd
Frum künig fürsten. adel. gmein
Das sy dye gantze welt allein
Gerümen. vnd wil bringē balde
Wan mā allein sich zamen halt
Treü. früd. vn lieb sich bruchē tůt
Jch hoff zů gott. es werd als gůt
Ir sindt regierer doch der land
Wachē vn thůnd vō euch all schād
Dz mā euch nit dē schiffmā glich
Der auff dē mer fleiße schlaffes sich,
So er das vngewitter siche
Oder ein hund der billet nicht
Oder ein wachter der nit wache
Vn auf sein hütt hatt gätz kein acht
Stond auff vn wachē vō dē troum
Warlich. die axt stat an dem bom
Ach got gib vnsern höubtern ein
Das sy ſůchen die ere dein
Vnd nit yeder sein nutz allein
So hab ich aller sorgen kein
Du gebst vns sigk in kurtzē tagen
Das wir dir ewig lob thůn sagen
Jch mane all stett d gantzē welt
Wz würde vn tytel die seind gezelt
Das sy nit thůnd alls die schiffleüt
Die vneintß seind. vn hād ein streüt
Wan sy seind mitten auff dem mer
Jnn wind vnd vngewitter ser
Vnd ee sy werden eis der für
So nimt r die galee ein grimtrür
So ist dann klein hilff erlorn

Ob man schön spricht ich hetz vnd vorn
Das es also wär ergangen
Darumb so lond euch verlangen
Hiezu ma chen rid vnd ün
Vñ dë thürckë widstand zů thůn
Der doch nimbt so groß überhand
Nit lůg ein er licher ob sein wand
Noch gantz sey vnd nit   linn
Anders er kumpt on mye hierin
Für war es würt eüch allen leid
Ein yettlicher bey zeytten scheid
Wer oren hab der merck vnd hör
Dz schifflein schwäncket auff dë mer
Vañ christus yetz nit selber wacht
Es ist bald worden vmb vns nacht
Dar vñ jr die nach eüwerm stadt
Dar vñ gott außerwöllet hat
   tz jr sont vornen an den spitz
Nit lond das es an eüch ersitz
Tůnd wz eüch zimpt nach eüwerm
do mit nit großer werd ô schad (grad
Vñ gätz abnë dye Sinn. vñ mon
Das haubt vnd glider vndergon
Es laßt sich eben sorglich an
Leb ich, ich man noch mähen dran
Vnd wer nit an mein wort gedenck
Die narren kapp ich jm schenck rc.

Wer yetz kan streichë dë hengst
Den selben du aller meyst an reist
Vnd ist zů allë bschiß der gengst
Der meint zů hoff sein aller lengst

Vom kalbe hengst

Mit kr ein verdeckt schiff yetz recht
Dar ei ich setz der herren knecht
Vñ ander die zů hoff gond schlaff
Vnd heimlich bey den her .. stecken
Do mit sy sessen gar allein
Vñ vngetrengt von der gmein
Dann sy sich nit wol mügen leiden
Der ein klubt federn ô streicht kribë
Der liebkoßt. Der rünt inn die oren
Das er auff kum in kurtze, jm .. j
Vñ sich mitz deller schlec j ner
Mancher durch liege würt ein har
Dann er den kurtze streichen kan
Vnd mit dem falben hengst vñ gä
zů blasen viel ist er geschwind
L j mantel hencken gen dem wid
zů düttlen hilfft yetz manche für
Den sunst lang zeit blib vor der thür
Wer schlagen kan har vnder woll

Der selb zú hoff gern bleiben soll
Do ist er warlich lieb. vnd wert
Der erberkeyt man do nie begert
Mit torheyt tůnd sy all vmb gon
Wend mir die narrenkapp nit lon
Doch strigelt mancher offt so ruch
Dz in der hengst schmitzt in dē buch
Oder geyt im ein dreyt in die rippen
Das im dz teller felt in die krippen
Der selben wär gůt müssig gon
Wann man sunst weißheyt wolt ufstón
Wann yeder wär als er sich stelt
Dē man für frum. vñ redlich helt
Oder stelt sich als er dann wär
Vil narrenkappen stünden lär

Ein zeichen der leichtfertigkeyt
Ist glauben was ein yeder seyt
Bey dem do nit ist vil warheyt
Ein klapperer bald vil leüt vertreyt

Von oren blasen

Der ist ein narr. der vast ins haubt
Vñ leichtlich yedes schwetzē glaubt
Das ist ein anzeig zů eim toren
Wann einer dünn. vñ weyt hat oren
Man halt in nit für ein redlich man
Wer einen will zů ruck an gan
Vnd schlagen ee dann ers im sag
So er sich nit geweren mag
Aber verlügen hinder ruck
Das sol yetz sein ein meyster stuck
Das man nit leicht versetzen kan
Das tůt yetz treyben yederman
Mit hinder red. abschnid der ere
Verraten vñ der gleichen mere
Das kan man werben. vñ verklügen
Do mit man müg dest baß betriegen
Vñ schaffen dz mans glaubt des
Den andern teil hört man nit me
Ein vrteyl über manchē gat
Der sich noch nie verantwurt hat
Vñ sein vnschuld noch nit endeckt
Dz schafft er ist im sack ersteckt
Als Aman Mardocheo dett
Syba der knecht Myphibo seth
Groß Alexander lob erholt
Das er nit leichtlich glauben wolt
Den die verklagten Jonatham
Bald glauben kein gůt als ye nam
Adam wär nit der gnaden beraubt
Hett er nit bald öfrawen glaubt
Vnd sy dem schlangen seyner wort
Wer bald glaubt der stißt dick ein mort
Nit yedē geyst man glauben sol

Die welt ist falsch vñ liegens vol

Wer nit dye rechte kunst studiert
Vñ wiert am narren seyl gefürt
Vñ nach d gschnifft sich nit regiert
D er selb im wol dye schellen rürt

Unnütz studieren

Der studenten ich auch nit feyr
Sy hand dye kappen voz zu streür
Wan sy allein die streiffen an
Der zipffel mag wol naher gan
Darn so sy solten vast studieren
So gont sy liever büb elieten
Dye wennt acht all kunst gar klein
Sy lernen lieber yez allein
Wz vnnütz vñ nit fruchtl r ist
Das selb dē meysten auch gebrist
Das sy der rechten kunst nit achten
Vnnütz geschwä allein betrachtē
Ob es wöl tag sein oder nacht

Ob hab ein mensch ein esel gmacht
Ob soctes oc plato lauff
Sollch ler ist yez d schülen kauff
ind bz nit natz ñ gantz bnmb
Die tag vñ nacht gad do mitt vmb
Vñ kreützgē sich vñ ander leüt
Kein bessere kunst achten sy neüt
Dar vmb origenes von jnt
Spricht dyes seind die frösch cresint
Vñ die hund bs mucke die da hūnd
Gedurechtet Egypten land.
Do mitt so gat die iugent hyen
Zo seid wir zu Leips.Erdfoit. Wie
zu Heydelberg.Mētz.Basel gstädē
Kūmē zu leist doch heim mit schädē
Das gelt ist verzört do
Der truckerey seind wir dan fraw
Vnd t nan lat aufftragen wein
Dar auß wirt dann ein henscleiß
Zo ist das gelt wol an
Studēten kappe vil schellen han ꝛc

Mā spürt wol in der archemey
Vnd in des weines artzney
Wz falsch vñ beschiß auff
Voz denē auch kein mensch ist frey

Von falſheit

Betrieger ſeind vñ falſcher vil
Dye den recht zum narren ſpil
Falſch lieb.rat fründ vñ faiſch gelt
Vol vntreü iſt yetz gantz dye welt
Brüderlich lieb.iſt blind vnd tod
Auff btrogenheyt ein yeder gat
Da mit er nutz hab.on verluſt
Ob hundert doch verderben ſuſt
Keiu erberkeyt ſicht man me an
Man loßt es über dye ſelen gan
Echt man eins dings müg kume ab
Got geb ob tuſent ſturben drab
Vor anß.loſt man de wei nim bleibe
Groß falſcheyt tüt man mit jm treibe
Salpeter ſchwebel.todten beyn
Weideſch ſenff milch vil krut vntreï
Stoßt man zum puncte in dz faß
Die ſchwangern frawe trincken daz
Das ſy vor zeyt geneſen dick

Vnd ſehen ein ellendat anblick
Vil kranckheit ſpünge auch dar auß
Dz mächer fert ins gerner hauß
Man tüt ein lam roß yetz beſchlagen
Dz wol gehört auff de ſpittel wage
Das müß leren auff filtzen ſtan
Als ſölt es nachts zur metten gan
So es von armüt hynckt vñ zelt
Müß es doch gelte yetz ſein gelt
Do mit beſcheiſſen wir dye welt
Man hat klein moſſen vñ gewichte
Die elen ſeind kurtz zü gerycht
Der kaufflad müſi gantz veinſter ſa
Dz man nit ſeh des tüches ſchein
Die weile thüt einer ſehen an
Was naren auff dem laden ſtan
Geit ſy d wagen einen truck
Das ſy ſich gen der erden buck.
Vñ fragte eins wie wil man h…ich
Den taume wigt ma zü de fleyſch
Man kum ſpat oder rechtfrü
Es felt hart er ſchlöcht ei bein hin zü
Ma ere de weg yetz zü der furch
Dye alte müntz iſt gätz hardurch
Vñ möcht nit lenger zeit beſton
Het ma jr nit ein zuſatz gethon
Die müntz die ſchwechert ſich nitt
Falſch gelt.iſt worde jetz gemei klei
Vñ falſch ꝛ rat.alch geiſtlich
Münch prieſter begei blor brüd tret
Vil wolf gond yetz in ſcheffen kleid
Do mit ich nit vergeß hye bey
Den groſſen bſchiß der alchemey
Die ma jt dz ſilber gold.auff gat
Das ve iſt iun bz ſtecklin gthan

Er goglen vñ verschlagen grob
Sy lond ein sehen vor ein prob
So würt dañ bald ein vnck drauß
Den guckuß manche trib von hauß
Der vor gar sanfft vñ trucken saß
Der stoßt sein gschirns affenglas
Biß ers zů pulver so verbrent
Das er sich selber nit me kennt
Vil hand also verderbt sich
Gar wenig seind sy worden rich
Die doch dar von nit wöllen lon
Sy haben dann den gar außgethõ
Die also auß bley silber werd mach.
Gar törlich tůnd sy iren sachen
Dann Aristotiles der gycht
Die gstalt der ding wadlê sich nicht
Vil fallen schwär in dise sucht
Die doch dar auff gat wenig frucht
Für golt man kupffer yetz zů rist
Müß dreck mã vnder pffer mischt
Mã kan dysbelzwerck alles ferben
Vñ tůt es auff dz schlechtest gerben
Das es behelt gar wenig hor
Vañ was kum treyt ein viertel jor
So bedörfft er dann eins neüwen
Vñ hat in den der selb koff gereüwt
Also ye einer dem andern tůt
Vñ kan jm ye ylicher auffstoße ei hůt
Vnd fart vil hie mit vn reüw für
So kũ.. z sy auß wendig hinder thür
Dar zů welt yetlicher das wär
Als mißhädes vñ boßheyt ler
Aber keier wil hye nit dar an gdecke
Als dê seckel nach d… fl…g hencken
Zů verkauffe mit dreck vn… robisent

Es gät jm gleich wen trifft dz zil
Die fulen hering man vermist
Dz mã verkaufft sy gar fiir frisch
All gassen sein fürkauffer vol
metzerwerck tribe schmeckt gar wol
Fyrn. vñ neü. mã vermencklen kan
Mit betrügniß gat vmb yeder man
Kein kauffmãschatz stat iß sei weid
Jeder mit falscheyt vertreiben bgat
Das er seins kroms müg kümen ib
Ob eo gall. überbein joch hab
Sellig on zweifel ist der man
Der sich vor falsch yetz hyeten kan
Dz kind sein eltern betrügt vñ mog
Der vatter hat keier sippschafft frog
Der wirt den gast.d gast dē würt
Falsch vntreü.bschiß würt gantz ge
Dz ist dr endkrist gůt fürloff (spürt
Der wi… iñ falsch tůn all sein kouff
Daß wz er gdenckt. heyßt tüt vñ lat
Würt neüt dã falsch vntreü vkart

Sãt · petter · lxxxiii

Sad ich den fürloß han gethon
Vo dene die mit falsch zeit vmbgon
So find ich noch die rechtē knaben
Die bey dē narrenschiff vmbtraben
Wie sy sich vñ sunst vil betriegen
Die heylig gschrifft krümē. vñ biegē
Die gend dē glaubē erst ein biß
Vnd netzen das bapeirē schiff
Ein yeder etwas reisset dar ab
Das es dest minder bott me hab
Rüder vñ rinnē nimbt dar von
Das es dest ee müg vndergon
Vil seind in jrem sum so klüg
Die danckend sich sein witzig gnüg
Das sy auß eygner vernunfft einfall
Die heylig gschrifft außlegen all
Daran sy felen doch garofft
Vñ wirt jr falsche ler gestrofft
Dañ sy auß andern gschrifft wol
Der allen halb dye welt ist vol
Möchtē sunst vnderrichten sich
Wañ sy nit wolten sunderlich
Gesehen sein für. ander leüt
Do mit verfert das schiff zu zeyt
Dye selben man wol trunckē nēnt
Das sy dye warheit hand erkent
Vnd doch die selb vmbkeren gantz
Do mit mā sicht im schein vñ glātz
Das seind falscher prophaten ler
Vor dē sich hütten heysst der her
Die anders die gschrifft vmb keren
Dañ sy der heylig geyst selb thut leren
Die hand ein falsch wag in der hēd
Vnd legē drauff. als dz sy weud
Vñ treibē jr vil dz selbig wesen

Dz sy dañ in jten büchern nit lesen
Machēd eins schwär das andr liecht
Do mit d glaub yetz vast hin zücht
sunn mit wir d verkerten ston.
Jetz regt sich vast der scorpion
Durch sollich anreytzer. võ denē het
Geseyt Ezechiel der prophet
Die überträter des gesatz
Die suchen dē endchrist sein schotz
Das er hab etwas vil entwor.
Wañ schier verlauffē seind sein jor
Vnd er vil hab dye bey jm ston
Vnd mit jm int sein falscheit gon
Der würt er han vil in der welt
Wann er auß teilen würt sein gelt
Vñ all sein schätz würt fürhar bringt
Darff er nit vil mit streichē zwingē
Dz merteyl würt selbs zu jm lauffē
Die helfen jm das er dann mag
Die gütten billigen all tag.
Doch werdē sy die leng nit faren
Jn würt bald brechē schiff vñ karē
Wie wol sy faren vmb vñ vmb
Vñ würt die warheyt machē krum
so würt zu letst doch warheyt bleibē
Vñ würt jr falscheyt gar vertreiben
Die yetz vmfert inn allem stand
Jch worcht daz schiff vñ nim zu lad
Sant peters schifla ist im schwäcd
Jch sorg gar vast den vndergācd
Die wellen schlagen all seyt dran
Es würt vil sturm vñ plagen han
Gar wenig warheit man yetz hört
Die heilig gschrifft würt vast vkört
Vnd vnder weil yetz aufgeleyt

Dann sy ő mund der warheyt seyt
Verzeich mir recht wen ich hie tryff
Der endchrist sitzt jm grossen schiff
Vnd hat sein botschafft auß gesand
Falscheyt verkünt er. durch all land
Falsch glauben. vnd vil falscher ler
Wachsen vő tag zů tag ye mer
Dar zů tůnd trucker yetz gůt steür
Wann mã vil bücher wierfft ins feür
Mã brant vil vnrecht falsch dar in
Vil trachtē allein auff gewinn
Von aller erd sy bücher süchen
Der correctur ettlich wenig rüchen
Auf gro ssen beschiß vil yetz studierē
Vil trucken wenig corrigieren
Sy lügen übel zů dē sachen
So sy mēnlein. vn mēnlein mache
Si tё d inn selber schad. vn schand
u kächer der truckt sich auß dē land
Die mag dz schif dann ntm getrage
Sy müssot an den narrot wagot
Das einer tůg den andern iagot
Die zeyt die kůpt. es kumpt die zeyt
Ich fürcht der endchrist sey nit weit
Das mã dz merck so nenē war
Auff dreü ding vnser glaub stat gar
Auff abplauß. bücher vn der ler
Der mã yetz gãtz keins achtet mer
Die vil ő gschrifft spürt man do bey
Wer merckt die vile der truckerey
All bücher seind yetz fürtx . bracht
Dye vnser elettern ye hand gemacht
Der seind so vil yetz an dr zal
Das sy neütz gelt überal
Vnd mã jr schyer neüt achet mer

Des gleichen ist es mit der ler
So vil der schůlen man nie fand
Als man yetz hat in allem land.
Es ist schier nieman , tzt auff erd
Do nit ein hohe schůl auch werd
Do werden auch vil gelerter leüt
Der mã doch yetz gantz achtet neüt
Die kunst verachtet yeder mã
Vnd sicht sy über dye achsel an
Die gelertē müsen sich schier schāmē
Jr ler vn kleid. vn jrs namen
Man zeücht die bauren yetz har für
Die gelerten müssen hinder die thür
Mã spricht schaw vm dē schludaf
Der teüfel bschißt vns wol mit pfaffē
Das ist ein zeichē dz di kunst
Kein ere me hat. kein lieb. noch gunst
Do mi wirt abgon bald die ler
Dann kunst gspiset wirt durch ar
Vnd warm mã jr kein ere .tzt an
So werden wenig dar nach ston
Der ablas ist so gantz vnwert
Dz niemã dar nach fragt noch gert
Niemã wil me dē abblaß süchē
Jo mächer wolt in jm nit flüchen
Mancher geb nit ein pfennig auß
So jm der ablaß kumpt zů hauß
Vnd würt jm dar zů kummen doch
Er reychet inn verer das zů Och
Dar vm es vns gleich also got
Als denē mit dem himel brot
Di waren des so gar vertrütz
Sy sprachen es wer inn vnnütz
Jr sel vnwillen dar ob hett
Vnd machten dar auf ein gspöt

Das tůt man mit dem ablauß auch
Der wůrt vacht durch mächē goch
Darauß nim ich mir ein bericht
Jtz ſtat ð glaub gleich wie ei licht
Wañ das wil gantz verfaren hin
So gibt es erſt ein glātz vñ ſchin j
Das ich es freilich ſagen mag
Es nach ſich vaſt dē iungſten tag
Seyt man dz liecht der gnad vacht
So n irt es bald gātz wardē nacht
Des gleichē voi nie nie wůrt gehóit
Das ſchiff dē bodē vaſt vmbkeert ꝛc

Wer durch liebkoſen vnd trauwoit
Die warheit ſeizt an ein oit
Der klopft dē endchriſt an die poit
Vnd wůrt ꝛ v got nůmmer erhoit

warheit verſweigē
Der iſt ein nar.wer wůrt zerſtóit
Jm ſein gemůt.ſo man anfeit

Vnd mit gewalt ī. zwingen wól
Das er dye warheyt ſchweigē ſól
Sein weißheit vnderwegen lon
Vn ſoll den weg der toiheit gon
Den der on zweifel anhyn feit
Der ſich an ſolche trowoitkert
Die weile doch got.auff ſeiner ſeyt
Jſt vnd beſchirmet dē allzeyt
Der von d warheit ſich nie ſcheidt
Das er zů keiner zeit beleydt
Sein füß wer auff ð warheit bleibt
Bald ð all vigend von im treibt
ı in weiß mā ſtat der warheit zů
Ob er ioch ſech Phalaridis kū
Wer nit kan bey der warheit ſton
Der můß den weg der toiheyt gon
Het ionas warheit kundt bey zyt
Der viſch het in verſchlucket nie
helyas hiel mit warheit pieß
Dar vmb fůr er ins paradeiß.
Johannes floch der narren lonff
Darumb kam chriſtus zů ſeim touff
Wer einen lieplich ſtraffen thůt
Ob ers ioch nit hat gleich fůr gůt
So wůrt doch etwan ſein die ſtund
Das es im zů verdencken kumpt
Vnd gróſſer danck nimbt vñ ſtrof
Dā ob er redt dz mā gern hoit(woit
Daniel kein lieb tat neien wolt
Als er Balthaſar ſagen ſolt
Vnd im die warheit legen auß
Dei gelt ab(ſpiach er) in dei hauß
Der engel hindert balaam
Darumb ꝛs er die gaben nam
Vñ wol hůn wil r die warheyt
r ij

Des ward verkürt als das er seyt
Der esel stroff den der inn reyt
Zwey ding mag mā verbergen niet
Zu ewig zeyt sicht man das diys
Ein stat gebauwē in der höh.
Ein narr er stand sitz oder gee.
sicht mā doch bald wesē vn bscheit
Warheit sagt man inn ewigkeyt
Vnd wirt sich nyemen me verligen
Wañ narren schö dē halß ab schneit
Warheit ert mā durch alle land
Der narren fröd ist durch alle land
Ich bin gar offt gerennet an
Weile ich ditz schiff gezimbert han
Ich soll es doch ein wenig ferben
Vnd nit mit eychen rinden gerben
Sunder mit linden saft schmieren
Vnd ettlich ding etwas glosieren
Aber ich ließ sy alle erfrieren
Dz ich anders dann warheit seyt
Warh eyt die blaibt inn ewigkeit
Vnd wirt eim vnd die augen ston
Wañ nimer wär diß büchlein schö
Warheyte ist stöicker dann all die
Mich hinder reden, oder fye
Wann ich mich het kört her an
Ich müst byn grösten nañen stan

Wer wil d warheit bey beston
Dem wirt on zweifel lone der lon
Der muß gar vil dannen er han
Die in zu abkeren vnderstan

Hinderūg gutheyt

Der ist ein narr durch all sein blüt
Wer hinderen wil eins andern güt
Vnd er zu weren vnderstat
Do võ er entphaht kein schad
Vnd sicht gern das ein andere sey
Im gleich vñ steck inn narren brey
Dann narren allzeit hassen thünd
Die so mit gütem ding vmb gond
Ein thor den andern nit gern sicht
Dem rechtē torē doch geschicht
Das er in fröden sich nit spar
Das er allein nit sey ein narr
Dar vmb er all zeyt fleisset sich
Wie yeder man sey seynen glich
Vnd rat das er nit sey allein
Der narr der trag den kolben heim
Wañ mā sicht einen der do will
Recht thn vñ sein inn ... still
so spricht mā ...

Er wil allein sein ein Carthuser
Vnd treibe ein aposteüzer stodt
Er will verzweiflen gantz an gott
Wir wend ebzt als wol erwerben
Das vns laße got in gnadē sterben
Als er.wañ er schon tag vñ nacht.
Leyt auff dē knüwen.bet. vñ wacht
Er will vasten. vñ zellen bauwen
Er gt vr web got noch ō welt truwē
Got hat vns nit darumb geschaffen
Das wir münch werdē oder pfaffē
Vñ vor auß dz wir vns entschlagen
Der welt wir went kein kuttē tragē
Noch kapp sy hab dañ schellē auch
Schaw vñ dē nariē. vñ dē gauch
Er möcht'n ich in der welt han gthō
Vil gütes vñ het noch grossen lon
Enphangen het er vil gelert
Vnd auff den weg der selligkeyt kert
Dann das er da leyt wie ein schwein
Vñ möst sich in der zellen sein.
Oder bricht im sunst so vil ab
Dz er kein fraid noch kurtzweil hab
Solt. wie er thüt. thün yederman
Jn der Carthuß die kutten an
Wer wolt die welt fürbas meren
Wer wolt die lüt weisen vnd leren
Es ist gottes will. noch meinung niet
Das mā der welt sich so abschütt
Vnd auff sich selb allein hab acht
Solch red tund nariē tag vñ nacht
Die in der welt hand als jr teil
Des suchen sy nit selen heil.
Hör zu. würst du joch weiß vñ klüg.
Es wären dennocht nariē gnüg

Wañ du schō hetst münchß gberd
Es wären nariē me auff erd
Wär yeder gesein dein gleich
Es wär kein mensch im hymelreich
Wañ du joch werest ein winzig gsell
Es füren dannacht vil zur gell
Aber du wilt dich als des nit bsinnē
Vnd würst es doch zu letst innen
Das dir beschicht auff ein sturz
Vñ hast web dórt noch hie kein nutz
Also dir selber recht geben
Vnd wider redest die da leben
So geystlich auch für dich vñ mich
Soltest dust tün es verdrüß dich
Vnd magst doch an dir nit han
Dz du güthat wilt vnghindert lan
Zwar nun ist es doch kein schimpff
Vñ bügt dir auch weder nurz noch
Solche böse gewöheit (glimpf)
Würt dir zum ersten leib
Dier allein ist zu nest dein leib
Der selber zu got dem herren scheyb
Het aber einer drey selen oder vier
So hetsten güt die ein zu leihen mier
Aber so ich nit me hab dan ein
So muß ich für sy sorg hā allein rc.

Wer hie anzund sein ampel wol
Vnd bünnen laßt sein liecht vnd ol
Der selb sich ewig fröwen sol
Den got ans in ergetzen wol

r iij

Wer hung find vn waffen scharff
Der es nit me dann er bedarff
Vn hüt vor füllung sich der süß
Dz ers nit wider speüwen müß
Coch ein weyser gechling stirbe
Sei sel doch nyemer me verdierbt.
Aber der nar vnd vnweiß man
Verdierbt vnd müß sein huß ghan
Jnn ewikeyt in seinem grab
Dem fröm de laßt er sel. vnd hab
Rein grösser tot ward nie gemacht
Dann der das künfftig nit betracht
Es brent manch baum in helle glůt
Der nit wolt tragen gůte frucht

Ablaßung guttheit

Der ist ein nar. der zů der zeit
So g... sein letztes vrteil geyt
Och vrteiln müß auß eygnem můd
Das er verschlagen hat sein pfůnd
Das jm entpfolhen hat sein her
Das er do mit sole gwinnen mer
Dem wyrt das selb genomen hin
Vnd er gworffen in die pein
Des gleich auch die jr ampel hant
Verschüt. vnd nie mit öl gebrant
Vnd wend erst suchen ander öl
So yetz auß farend ist die sel.
Vier kleine ding feind auf der erd
feib veiser doch dann menschlich gbärd
Die omeiß die keiner arbeyt schont.
Ein heßlein das jm velsen wont.
Die hewstefft. die kein künig hand
Vnd ziehen doch zů veld allsand.
Ein yedt gar auff sein henden auß

Zur rechten hand findt mä die kron
Zur lyr... den die kappen ston
Den selben weg all narrē gon
Vnnd finden entlich bösen lon

Von lon d'weißheyt

Nach grosser kunst stelt mancher thor
Wie er bald werd meyster, doctor
Vnd man in halt der welt ein licht
Der kan doch das betrachten nicht
Wie er die rechte kunst erler
Mit der er zů dem hymel ker
Vndt as all weißheit diser welt
Ist gegen got ein torheit gezelt
Vil meinen sein auff rechtē weg
Die doch verirren ab dem steg
Der zů dem waren leben fůrt
Wol dem der auff dem weg nit irrt
Wann er in schon ergriffen hat
Dann offt var neben weg abgat
Das einer bald kumbt ab der straß
Es sey dann das in gott nit laß
Hercles in seiner iugend gdacht
Was wegs er doch wolt habē acht
Ob er der wollust nach wolt gan
Oder allein nach tugend stan
In dem gedanck kamen zů im
Zwo frawen die er bald on stim̄
Erkant an jrem wesen wol
Die ein. was aller wollust vol
Vnd hůt sich geziert mit reden sůß
Groß lust vnd fröd sy im verhieß
Der end doch wär d' tod mit we
Darnach kein fröd noch wollust me
Die ander sach bleich, sur vnd hert
Vnd hat on fröd ein ernstlich gfert
Die sprach kein wollust ich verheiß
Kein rů. dann arbeyt in deim schweiß
Von tugent zů der tugent gon

Dar vmb wirt dir dann ewig lon
Der selbē gieng do hercles noch
Wollust. rů. freüd er allzeit floch
Wolt gott als wir begeren all
Leben nach vnserm wolgefall
Das wir begerten auch des gleich
Zů han eũ leben tug mit reich.
Warlich wir fliehen manchen steg
Der vns fůrt auff den narrenweg.
Die weile aber wir all nit wend
Gedencken wo ein yeder lend
Vnd lebend blintzend in der nacht
Hand wir keins rechten wegs acht
Das vns gar offt selbs wissen nitt
Wo vns hin fůren vnser tritt
Dar auß entspringt das vns alltag
Bereürwen all vnser anschlag
So wirs erfolgen nit on we
Begeren wir nie minders me.
Das kumpt allein dar auß. das wir
Allhand ein angeborne bgir
Wie vns das recht gůt hie auff erd
Bekum on vel. vnd erstlich werd
Die weile aber dz nit mag sein
Vnd wir irren in vinstern schein
So hat got geben vns das liecht
Der weißheit dar vō man gesicht
Die macht der vinsternuß ein end
Wann wir sy nemen recht fůr hend
Vnd zeigt vns bald den vnderscheyt
Der toren weg. von der weißheit
Der selben weißheyt stalten noch
Pythage as. plato der hoch
Socrate vnd all die durch jr ler
Hand ewig rom erholt vnd er

Vnd künden doch ergründen nie
Die rechte weißheit finden hie
Dar vmb von in spricht got der her
Jch wil verwerfen kunst vnd ler
Vñ weißheit d die hie weiß sind
Leren die selb.die kleinen kind
Das seind all die so weißheyt hand
Eruolget dort jm vatter lond
Die solche weißheyt hond gelert
Werden in ewikeyt geert
Vñ scheinen wie das firmament
Welch hand gerechtikeyt erkent
Vnd dar in vnderweysen sich
Ynd ander me die leüchten glich
Als Lucifer von origent
Vnd hesperüs gen occident
Bion der mayster spricht.das glich
Wie? den megten gselten sich
Die vmb penolope lang zyt
Bülten vnd mochte in werden nit.
Als tünd die hie nit künden gantz
Bgreiffen,d rechten weißheit glätz
Die nahend durch vil tugent zier
(Die ir megd seind) doch vast zů ir
All freüd der welt nimbt trurig end
Ein yeder lüg wo er hin lend
Das er in übel wie werd bgriffen
Vñ i nit zur glücke had werd gpfiffe
Dar an lt ein yetlicher gbencken
Rechet ers lang můß er doch wicke
Jetz ee er würt alt sechtzig jar
Es velt hart er stirbt zwar
Gdacht do er düssig iar alt was
Nit anders dá er, wile du sige das
Du dich recht wölst richte in besitz

So bschicht es gern dz köpt d gyrn
Das er aber heyl.nit schaffen mag
wo mit so kummen dann die tag
Das offt würt die zey als kurtz
Das mancher nimpt ein sturtz
2. dacht wir recht wie ob stott
Vns wurd geholffen vsser not

Ir gesellen.kunipt hernach ye hand
Es sey zů schiff oder über land
So faren wir ins schluraffen land
Vñ gsteckt doch jm mer vnd sand

Schluraffen schiff

Nit,mein. vns naten sin allein
Wir hand noch brüder groß vñ klein
Jnn allen landen über al
Ondlnd.ist vnser namen zal
Wir varen vmb durch alle land
Von Narbon hin Schluraffe land
Dar nach wend wir gen jnötflases

Vnd das land gen nanengott
All poit durchsüchz wir vn gstad
Wir farē vmb mit grossem schad
Vnd künnen doch nit treffen wo l
Den stadē do man lenden sol
Vnser vmbfaren ist on end
Dann kainer weiße wo er zu lend
Vn had doch kai rū tag noch nacht
Auff weißheit vnser kaier acht
Das zu hand wir noch vil gespannē
Trabanten vil vnd Curtisanen
Die vnsarm hoffstätz ziehen noch
Kummē ins schiff zum letzstē doch
Vnd farē mit vns auff gwin
On sorg, vernunfft, wißheit vn sinn
Tund wir für war ein sorglich fart
Dañ kaier sorgt lügt merckt vn wait
Auff tablemaryn vn den compaß
Oder dē außlauff des stindenglaß
Noch minder des gestiernes zwäg
Wo hyn bootes visa gang
Arcturus oder hyades
Des treffen wir Simplyades
Das vns die felsen an dz schiff
Zu beyden seyten gond ain büff
On knützsche dz ga r zu trimmen
Dz weig auß dē schifbruch schwimē
Wir wagē vns durch mal fortun
Des kämē wir zu land gar kum
Durch Scillā Syrtim vn Charibd
Vn seind gantz auß dē rechten tri bb
Des ist nit wunder ob auch wir
Im mer sehen vil wunder thier
Als delpheinen vnd sirenen
Die sigen vns sieß Cantiloten

Vn machē vns als vast entschlaffē
Dz vnsers zu lend ist kein hoffen
Vnd müssen sehen vmb vnd vmb
Cyclopem mit den augen krumb
Dem doch Vlysses das auß stach
Das er vor weitzheit inn nit sach
Vn jm kein schadē zu mocht fügir
Dann dz er bullen her vnd lügen
Gleich wie ei ochs, dē wirt ei streich
Nit minder d weise von jm waich
Vn ließ in schreige greinen, wan enn
Doch warf er noch mit grosse steinē
Das selb aug wachßt jm wider ser
Wann er ansicht der narren her
Golspert ers auff gen inn so witt
Dz mā sunst sicht jm antlit nüt
Sein mul spazyert zu beyden oren
Do mit verschluckt er manche toren
Die andern die jm schon enrir
Der würt Antiphates doch innen
Mit seim volck der lestrogynung
Die gond erst mitt den narren vmb
Dann sy sunst anders essen nitt
Dann narren fleich zu aller zyt
Vnd trincke blüt für jren wein
Do würt d narren herbeg sein
Homerus hat diß als erdacht
Do mit mā her anf weißheit acht
Vn sich nit wagt leicht auf das mer
Hie mit lobt er Vlyssem jer
Der weise rät gab, vn gut anschlag
Die weile mā stritt vn vor troy lag
Vnd wie der zehen jar dar noch
Mit grosse glück durch all mer zoch
Do Circe mit jr tranckes gwalt

Sein gsellen kert in thieres gstalt
Do was vlisses also weiß
Das er nit nã tranck oder speiß
Biß er das falsch weib über böst
Vnd sein gesellen all erlöst
Mit einẽ krut das mã moly heißt
Also half im auß mächer not
Sein weißh ... und vernünftig rot
Die weile er aber ye wolt hören
Mocht er die leng sich nit bewaren
Im kem zů letst ein widerwind
wer jm sein schiff zerfürt geschwind
Das im sein gesellen all ertrincken
All rüder schiff segel versincken
Ein weißheit jm zů hilff doch kam
Das er allein.auß nacket schwam
Vnd weist von vil vnglück zů sagen
Ward doch von seim sun erschlagen
... en kloppft an seiner eigen thür
Do kund weißheit nit helfen für
Niemas was der in kennen kund
Im gantzen hoff allein die hund
Vnd starb darumb.dz mã nit wolt
In kennen.als man billich solt.
Do mit kum ich auff vnser für
Wir süchen gwynn in tieffem mür
Will das schiff schon zerbrechen
Wöll wir vns . ff dẽ wege rechen
Dann wer jn mer nit kan schwimẽ
Der mag wol auf den wagen bingẽ
Doch mag er auch fallen herab
Weise mit wie er kümpt auß dẽ grab
Der wind der treibt sy auf vñ nider
Das narren schiffküpt m... hatweid
Wan es recht vnvergangen ist

Dann wir hand weð sinn noch lyß.
Das wir auffschwimmen zů dem stad
Als der vlysses nach seim schad
Der nie bracht nacket mit jm auß
Dann er verlor vnd ka zů hauß.
Wir faren auf vnfalles schlyff
Dye wellen schlagen übers schiff
Vnd namen vns vil Galioten
Es würt an die schifleüt auch gerotẽ
Vnd auch zů letst an die patrõ
Dz schiff tůt wüst in schwäcke gon
All hilff vñ rat hat vns verlon
Wir werden in die hari vndergon
Der wind verfört vns mit gern alt
Ein weiß man.sich do heim behalt
Vnd nem bey vns ein weißlich ler
Wag sich nit leichtelich auff dz mer
Er künn dañ mit den winde streiten
Als vlis..s der zů seinen zeyten
Vnd ob dz schiff gäg vnder ioch
Dz er zů land künn schwimmen doch
Dar vmb ertrinckt narren vil.
Zum stad der weißheyt yeder yl
Vnd nem dẽ rüder in die hend
Do mit er wißt.wo er hin lend
Wer waß ist kumpt zů lãd mit fůg
Es seind doch on das narren gnůg
Der ist der böst der selber nül
Weise.wa... mã tün oder lassen sol
Vnd dẽ man nit darf vnderweisen
Sund die weißheit selb tůt preysen
Ob R ... iß schiffs sich hat versũbt
So wart er biß ein anders kumpt
Er würt gselschafft finden gering
Mit den er gaudiamus sing

Ober das lied jm namen don
Wir hand vil bruder wissen gelon

Der ist ein nar der nit verstat
So jm unfal zu handel gat
Das er sich weißlich schick dar ein
Unglück wil nit verachtet sein

Verachtüg ungefell

Vil seind die wundren alle frist
Wie es kumpt das gantz nieman ist
Der sich nit klag das jm gebrist
Niemã der sich benieg lat
Mit seim hanttierung wesen stat
Keinen benügt me mit seim glück
Das jm vernunfft vñ got gibt dick.
Vnd lobt all zeyt eins andern wesen
Meint das selb jm auch außerlesen
Ein alter reuter der lang zeye
Mit arbeyt tag vñ nacht auß reyt

Der spricht die kaufleüt hãb güt tag
Dar gegen ist der kauffleüt klag
Wann sy die wind auffsehen ston
Vnd über schiff dye welleu gon
Das reüter spyl vil ringer sey
Dann jm mag glück bald wone bey
In einer stund kumpt todes glück
Oder als bald frölicher schick
Aber jr für halt sy lang zeyt
vñ schluckt gar dick schif güt vñ leüt
Wã morgens frü mich einer weckt
Vñ mir vñ rat sein hãbel entdeckt
So gdenck ich als ein aduocat
Wie das ein baur güt leben hat
Dz er doch sein zeyt müg auß schlafe
Die bauren offt sich selber straffen
Wie dz glück jr vast trag dz schonen
Das sy nit auch in stetten woren
Das ist allzeit jr klag vnd schreigen
Zy meinen das die selig steigen
Die burger in den stetten sint
Also seint alle stät erblint
Das keinen mitt seim wesen benügt
Wann nun got jede solchs zu fügt
Vñ spräch wol antich wil euich gebe
Ein yeden nach seim willen leben
Jr sollen tuschen hie auff erden
Der reüter soll ein kauffmã werben
Der kauffmã reüterey begon
Der aduocat der soll auch hon
Des bur... wesen. vnd der bur
Soll ziehen hinder die stat mur.
Nun faren hin glück zu allzyt
Was stond jr stil wes gond jr nit
Freylich jr wend euich erst bedecken
Das jr so langsam ymher wencken

Jch mein ð kauffhab eüch beraüwē
Jch gthōrē eüch felbs niet getreüwē
Jch meint jr woltē gdufchet han
Wie fehē jr ein ander an.
Jch fich wol das yeder wil bleiben
Vñ fein hāzierung fürter treibē
Nie fei vneilūr fich laffen benūgē
Das jm nit gott gröffers ūfūgen.
Vñ er verderb in alten tagen
Dē fein fchiff biß her hatt getragen
Der felben narē man offt acht
Die jr tag erlich hand herbiacht
Vñ lond fich nit benūgen mit
Biß dz der brey gāz würt verfchlit
Vñ vahe jm alter etwas an
Do mit er meinet fich baß began
Vñ will erft ein neü wefen leren
Das fich bas baß vor mūg neren
So würt er fchiff erft recht vmkēre
Wā do er vor ift außgefchwommē
Do mag er nim zur fchiffled kūmē
Manchē ift nit mit vnglück wol
Vñ ringe dar nach doch yemertol
Dar vmb foll er nit wunder han.
Ob jm das fchiff werd vndergan
Ob vnglück etwan ioch ift klein
So kumpt es felten doch allein
Dann noch der alē fpruch vñ fag
Vnglü vñ har dz wechßt all tag
Dar vmb dē anfang mā abwend
Man weiß nit wo ð ambzig lend
Wer auff dz mer fich wage dūt
Der darff wol glück vñ rutter güt
Dañ hinder fich f zð gefch wind
Wer fchiffen will mit wider wind

Der weiß nit nach wind feglen lert
ein nart hat bub ein fchiff vmkēt
.r weiß der halt in feiner hand
Den rüder vñ fart leñe zū land
Ein nart verftat fich nie auff für
Dr vñ er offt nimbt ein grüne rūt
ein weiß mā fich vñ andere fūrt
Ein nart verdirbt ee ers fpürt
Alls ift den narē auch gefchehē
Die mā am voidern fchiff mag fehē
Die jr fchiff gantz verfūret hand
Sy wolten ins fchluraffen land
Vñ meintē fladē tācher fiinden
So mūgen fy das mer nit grinden
Jch für nach vñ blib auch do hidē
Wie wol ich hett ein eyzn fchiff
So hat mir doch gefele der griff
Daz ich mich hab felbs gāz verfūrt
Dz fchiff brach mir ee ichs fpürt
Dañ ich die weißheyt niet zū hōit
Des mag ich nim zū land auß kōē
Zet nit fich gefchickt nach wifer ler
Alexander in hohem mer
Dz jm fein fchiff warff an ein feyt
Vñ het gericht fich nach der zeyt
Er wār jm mer ertrunckē gfein
Vñ nie tod an vergiffter wein
Pompeius hat großrūm vñ ere
Das er geraniget het das mere
Die mer rauber vertriben all
Zett in Egypten doch vnfall
Xen der fchlūg mit geiflen fer
Die vnd vñ zwag mit gwalt dz mer
Dz es mūft thūn alles dz er gebott
Doch mocht er zwingē niet dē tod

nach grosse glück groß vnglück gåt
Wadt waßheit.tuged an in hand
Die schwimmē nacken wol zů land
Als spricht sebastianus Brand

Wer nit acht auff der kierchen gbot
Vnd vnsers waren glauben spot
Der würt also gestrafft von gott
Das er bleibt in der narren rott

Beltz glebig narren

Groß narren seind auch zwifels on
Die vnserm glauben widerston
Vnd gots stathalter so verachten
Dz sy sein gbot vnd ban nicht achtē
Vnd sich verwicklen in ein knoppf
Dar inn jn dick erwogt der kopff
Got hat sant petern geben gwalt
Das er der kirchen schlüssel halt
Vn durch in all seis stüls nachkümē
Haben des gleichen gewalt genomē

Was sy tůnd binden hie auff erd
Das das im himel gebunden werd
Wem sy hye schliessen auff sein båd
Dem tůt nyemās kein widerstand
Dar vmb dz warlich narren sind
Vnd in jr torheit gantz erblint
Die nitt gehorsamkeyt erze igent
Der kirchen in demů: jr neygen
Die doch ein meysterein ist allein
Ein einzig gsponß.on flecken rein
Ein einzig rock.on nat vnd felt
Ein můter.haubt der gantzen welt
Die nit beschliesset jren schoß
Dem sünder jrrend klein vnd groß
Der sich zů jr in temůt ker
Billich hat die all würd vnd er
Dann sy nit stirbt nymer zergat
Seyd got für sy gebetten hat
Das nitt peters glaub zerganc
Wie wol dz schifflein leit vil zwāck
Dar vmb die kierch.vou anefang
In turcht.widerwertikeyt
Gewachsen auff vnd vast gebreyt
Durch gdule jr veind zů allen stůdē
Gedrücket ab vn überwunden.
It mit der dorn hat sy geblüt
Dann got sy allzeit hat beheit
Vnd will das sy nitt lig vnd schloff
Sunder jm treulich weid sein schof
Vnd stets sůch der selen heyl
Abwend dz böß.dz gůt vrteil
Wer solichē gwalt gotts widerstat
Der selb der widerstat auch got
Dan dyck.ylig kirch mag irren nitt
Ob schon ein bapst jrret zů zyt

i ij

Vnd als ein mensch sich übersicht
Soll kein mensch doch straffe mich
Allein würt er vorr got gericht.
All andere vrteyle er allein
Vnd würt geurteylt doch võ keim
Jo soll mã fleißlich bitten gott
Das er in bhiet vñ seinē stodt
Dann au¨ vñd aller gnadē teyl
Nach got. stat an des apstres heyl
Wer zweyfelt das der selligsey
Dem solch würd vñ gnad wont bey
Vnd ob er schon ieüt gütes thüt
hat er den schatz doch alles güt
Vnd mag den teylen wo er wil
Wie vil er geyt hat er doch vil
Das soll man jm gehorsam sin
Niemã sich setzen wider in
£. sey keyser künig. hertzogen
¨ el geistlich. mã. kind. vnd frawē
Mag endlich niemãs sellig werden
Wer widersstat dem babsst auff erdē
Ob schon ein künig yrdisch gwalt
In zeyttlicheyt besitzt vnd halt
Iber dye so jm sein vnderton
Wie doch dye sum übertrifft dē mõ
Des gleichē ist grösser vnderscheyt
Des künig:s vnd der geystlicheyt
Wi wol dk¨ zig nimbt dz schwert
Do mit das er das vnrecht wert
zü sh. uff der bösen. deren dye
Sich mißbrucheu des schwertes hie
Do mit er die gliten er beion
So soll er doch nitt vnderston
Durch sich straffen di geystlicheit
Alle weil die kierch das. lb vertreyt

Dann wie mag der dē nachgesht. at
Empfolher ist der yrdesch gwalt
Vrteiln über göttlich ding.
Wie mag der sun straffen gering
Den vatter vñ den meyster sein
Der iunger nun ist kundlich schein
Das gott hat seiner priesterschaffe
Geben ein sollchen gwale vñ krafft
Das sy die künig. fürsten hören
Vnd all kristglobigen sont at
Vnd werden dar vmb vetter genāt
Vnd meyster durch all christen lant
Nach dē beweisen würt grimelich
Das gantz niemans soll setzen sich
Wider die kierch vñ bäbstlich stül
er ghöt dañ inn die kätzer schül
Vñ vnderstand den rock zertrennen
Dē c¨ e gschufft on nat tüt nennē
võ g. ssern gwale wil ich nũ singē
Des bapstes. vñ in lossē ligē
Nit not ist dz ich den eu such
Es gehört nit in das narren büch
Die weisen wissen wol dar von
Die narren went das nit verston
Dar vm sich mächer also verfünt
Dz jm leib. sel ere güt verschwinde
Der sich an dem stein hat verletzt
Das er wüst ward zü ru. t gesetzt
Ein nat. ist wer dar wider strebt
Der ist weiß der einfeltig lebt re

Mich nan der richt auß yeder mã
Der sein kapp nit außziehen kan
Der henck der katzen die schellen an
Vñ wil sein doch kein wort nit han

Hindren des guten

Mancher ð hat ein luſt dar ab
Das ich vil narren geſamelt hab
Vnd nimbt dar bey ein nuꜩlich ler
Wie er ſich von der narheyt ker
Dar gegen iſt es mächem leydt
Der meint ich hab jm war geſeyt
Vnd gthar doch offlich reden nicht
Dann das er ſchiltet diſ gedicht
Der katzen henckt die ſchellen an
Die jm auff beyden oren ſtan
Vnd macht ſich argwenig dar mitt
Das er warheyt mag hören nitt.
Wie wol er meint dē argwoc flieché
Vnd kan das in ein anders ziehen
Jo ſpricht er was bringt er do her.
Schribt vns allein ein narren mer
Dz gauckelmennlein kan ſunſt nytt
Dann mit narren vertreiben ſein zyt
Vnd gat jm doch kein nuꜩ da von

Er ſolt mit ſeinen rechten vmb gon
Vñ gelt gewinnen durch die ranché
Das bringt jm wenig in die kuchen
Der narren dichter hört auff nit
Vnd ſammelt wenig geltts dar mit.
Halt ſtil man biſ ich die kappē ſchit
So will ich dir ein antwurt geben
Jch kann dich wol du künſt mir ebē
Du biſt der ſelben narren ein
Die auff das gelt hand acht allein
Vnd machſt dz ſelb mit kein gemei
Süſt hat dich der neid alſo beſeſſen
Dz du dein ſelbs haſt gātz vergeſſen
An deim antlit ſichts yederman
Kein menſchē ſichſtu frölich an
Du lüſt gleich als ein hund ð grint
Verguſt mir dz mich die ſuñ bſchit
ſo du mei glück mir nit magſt wēdē
Wolſtu doch diſ gedicht gern‘ lāē
Do mit ich wüd vő dir veracht (dē
Jch hab dir ein groß kapp gemacht
Die drücket dich dānacht ſein zů eng
Du darffſt nit treiben ſolch gedreng
Mich alſo vor den leüten beſchemē
Solteſt dich ſelb bey ð naſen remen
Vnd ſüchen dich baß in dem büch
ich weiß wol dz dich truckt ð ſchüch
Jch ſich dirs an der naſen an
Du wollſt gern noch ein kappen hā
Dar vñ rimpſtu dich ſtätz on maß
Vñ ſlechſt vñ dich on vnderlaß
Ein reüdig roß das leydt nit lang
Das mā mit ſtrigeln vmb es gang
Wirft mar vnder vil hund ein bein
So ſchreygt der troffen wirt allein

f ij

Hettstu mir die cappen laffen ligen
So türfstu jetz nit solch nachschnüge
Ich han gewißt voz hin weißlich
Das narren wurden schelte mich
Dye weile ich dich hör also bellen
Göck ich wol dir gefall der ich ell
Behalt dir die bleib wie du bist
Red joch wei y was dir eben ist
Man hört dir an dein worten an
Du müßt mer thüchs zur kappe han
Man het erkant dich nit leichtlich
Hettstu nit selbs verschwetzt dich
Dannacht müstu die warheyt k te
Tüt es dir schon dein hertz verseren
Wem nit gefalt diß narren büch
Der laß das das ein ander such
Der leicht gern zu der weyßheit lauf
Ich bit keinen das er es kauff
· ell dann witzig werden drab
Vnd ziehen selb die kappen ab
Ich han lang zeyt gezogen dar an
Vnd wil mir doch nit gätz ab gan
Wer strafft das er nit verstat
Der kauff diß büch es tüt jm not
Wem aber das nit woll gefall
Der bleib recht in der narren zal
Als mit gespä auch gern wil bleibe
Der meit ich solt dis büch nit schrei
Ein yeder wes er sich verstat (den
zu der lieb vn meinung hat
Wer warheit widersprechen gethar
Vn weiß wil sein der ist ein narr

Leiht wär es narren vo en an
Wa im sud, sund vo narrheit la

Welcher das schon wolt vnda si
Der würd doch vil gehindert dran

Entschuldigug des dichters

Ich gdenck so ich schier bin am end
Erst an die narren, deren vmb
Bescheissen all muren vnd wend
Vnd jr verborgen haimlich leiden
Das tünd sy an die wend auff krade
Jeder wil schreiben ein kramantzen
Das man seh welche weg er tantze
Vnd das er hab ein sundern reygen
J. L. S. dila. men st mit eygen
Die selb der narren kolb wiest wist
Sy gent jr narheit in geschrifft
Sy ziehen auß ein büchstab schon
Dar über malet man dann ein kron
.. o wo man vor hat ein argwon
Lüpt man recht bei dem büchstab wan
Wo in der narr hab troffen gar

Do schreibt man hoffnung. lieb frid
Do bricht ein hertz auff füres rost (trost
Do gat dar durch ein jeg ein strol
Als essen sich die narren wol
Wer nit solch reimen schreib, n kan
Der soll nim sein ein weydelich man
Als ob man heimlicheit müst man ?
Ich hab es auch nit in ocht erleiden
Ich müst auffziehen offentlich
Was mir an lag, vnd enger mich
Also bin ich dar hinder kümen
Dz ich diß gschrift hã für mich gno
Vñ ãgezeicht mei heilich leidê (men
Gleich wie die narren tün mit kreidê
Dê doch würt wenig nutz da von
Dann das sy an den wenden ston
Vnd daz sim,t yeder man künd lesen
Das auch ein narr do sey gewesen
Doch hab ichs dar vmb nit gethon
Das ich wöll haben solchen lon
Den man yetz an den wenden such
Ich hoff es soll diß narrenbüch
Mir bringen entlich bössern lon
Wañ ich im anders nach will gon
Wem yeder dent. lont jm zu letst
Der dienst des herren ist der best
Daß warlich ist die belonūg schmal
Die nū hie süche jm iamertal.
Doch sein wir all dar auff gestissen
Als wiest hat vns ô narr beschissen
Das wir vor hetten gern den lon
Ob wir schon hetten neüt gethon
Des ist er auch ein grosser thor
Wer ein werckma den lon gibt vor
Der macht nit wirschaft auf dê mer
(dê

wer nit vff künfftig blöuŋ werckt
Gar selten würt verdient der lon
Der vor verzart ist vnd verton
Das werck gar langsam naher gat
Das mã nracht auff vorgessen biot
Dar vmb het man mir vor gelont
Das ich der narren het geschont
Ich het mich wenig dar an kert
Jo hab ich sy yetz vast gemert
Dar zu das gelt wär yetz do hin
Es mag die leng nit bey mir sin
Es hett mich nit langzeyt gewerbt
Als alles das do ist auff erd
Das ist vnnütz. torecht geacht.
wã ich auch dißvom gelt het gmacht
Sorg ich mir wurd nit gleicher lon
Ich hette warlich lengst lassen ston
Aber die weile ichs hab gethon
Durch gottes ere. vnd nutz der welt
So hab ich weder gunst noch gelt
Noch anders zeytlichs gesehen an
Des will ich got zu zeigen han.
Vñ weiß doch dz ich nit mag bleibê
Gantz vngestrafft in meinê schreibê
Den gütten will ichs lossen nach
Jr ein red. straff auffnneue auch.
Dann ich mich des geen got bezüg
Ist etwas hie dar an ich laüg
Oder sey wider gottes lere
Der selen heyl. vernufft. vnd ere
Solch straf nim ich auf mei gedult
Ich wil' am glanbê nit han schuldt
Vnd bitten hie mit yederman.
Das man von mir für gut wölt hã
Vnd nit zu argem messen auß
f iij

Nach ergerniß.ki/and nemen durß
Dann ich habs darumb gedicht
Es ist warlich mein meinung nicht.
Aber ich weiß das mir geschicht
Gleich wie ð blůmē die wol rúcht
Dar auß das bynlein hunig zúcht
Aber wann dar auff kumpt ein spiñ
So sůcht so gᵗ ſt nach jren gwiñ
Kein ding auff erden wörd so gůt
Es wurd böß wañ mã gift drauf tůt
Das würt har inn auch nitt gespart
Ein yedes tůt nach seiner art
Wo nůt ist gůtz in einem hauß
Do mag man nůt gůtz tragen auß
Wer nit gern hört vō weißheit sagē
Der würt desto ffter von mir klagen
Dem hört man an sein woiten bald
Mᵗ er lut lauffet vor dem wald
ᵗ buͦch muß ein zoylum han
Aljo tůt mir auch mein gespan.
Der nůt verstat.noch minder kan
Noch mag er seinē můd nit schliesse
Dañ in ſunſt all ding tůnd verdriesse
Doch will ich in nie offtlich nenne
Wañ er diß liße er würt sich schamē
Jch hab gesehen manchen thor
Der aufferhöbt was hoch entbor
Gleich wie dᵉʳ zedar libany
Der ducht sich seiner narheyt fry
Jch n rt ein weile vñ hört sein niñ
Jch sůcht in er gab mir kein stimm
Man kund auch finden nit die statt
Do der selb nar gewonet hat
Wer oren hab der merckᵉ vñ hört
Jch schweig ð.wolff ist mir nit ver

Ein nar strafft manchē rer berz..t
Das er nit weyß was jm anleyt
Můſt reder sein des ander mick
Er wои ꝺ bald innen was in truckt
Wer .ill der leß dis .arenbůch
Jch weiß wol wo mich truckt ð ſch
varuñ ob mã wolt scheltē mich(ůß
Vnd ſprechē artzt.heyl ſelber dich
Dann du auch biſt in vnſer rott
Jch kenn dz vñ verrieh es g.ᵗt
Das ich vil torheyt hab gehoit
Vnd noch jm narren kütel gon
Wie vaſt ich an der kappen ſchüt
Wil ſy mich doch gāz laſſen nit
Doch han ich fleiß vñ ernſt an kert
Do mit(als du ſichſt)han gelert
Das ich yetz kenn der i..arten vil
Wie wol ich auch bin in dem ſpil
Hab rᵗ it doch fürter ob got will
Mit wytz mich beſſern mit der zeit
Ob mir ſo vil gott gnanun geyt
Ein yeder lůg das er nit fel
Das jm nit bleib der narren ſtrel
Die kapp verhaſſt jm an dem leib
Gedenck ein yeder was ich ſchreib
Wo er hin lend.vnd wo er bleib
Dann welcher jm ſelb felt dar an
Der wüe den ſpot zum ſᵗ ꝺen han
Des ſey ..n yeder nan gemant
Als bſchleůſt Sebaſtianus Brant
Der yedem zů der weyßheyt rat
Er ſey was weſens.ober ſtabt
Zuᵗ gůt werck mã kam nie zů ſpat

End des narre gonés schiffs

Hie endet sich dz neü schiff
auß Narragóia So zu nutz
heylsamer ler. ermanung. vnd ervolgung. der weiß
heyt. vernunfft vñ güter sytten. Auch zü verachtüg
vñ strauff der narheyt. blintheit. Irsal vnd torheit
aller stãt. vnd geschlächt. der menschen. mit besun
derm fleiß. nütg. vnd arbeyt. gesamelt ist. mit merer
erlengerung. vnd scheinbar licher erklerung. durch
Sebastianum Brant In beyden rechten doctorē.
Gedruckt zū Straßburg auff die Vasenacht. bye
man der naren kyerchweich nennet. Im jar nach
Cristgeburt Tusent vierhundert vier vnnd nentig
Vnd dar nach gedruckt auß dem selbigen Straß
burgerschen exe plar zü Augspurg in der keyserliché
stat võ Hannsen Schönsperger Im jar nach Cri
sti vnsers herren geburt Tusent vierhundert fünff
vnnd neünzigosten. Am sampstag vor vnsers her
ren auffart

Nach ergernuß. ... vñ nemen buß
Dann ich habs darumb gedicht
Es ist warlich mein meinung nicht.
Aber ich weiß das mir geschicht
Gleich wie d blůmē die wol rücht
Dar auß das bynlein hunig zücht
Aber wann dar auff kumpt ein spiñ
So sücht so g Ft nach jren gwinn
Kein ding auff erden ward so gůtt
Es wird bōß wañ mā gift drauf tůt
Das wird har inn auch nit gespart
Ein yedes tůt nach seiner art
Wo neüt ist gůtz in einem hauß
Do mag man neüt gůtz tragen auß
Wer nit gern hōrt vō weißheit sagē
Der würt desto ffter von mir klagen
Dem hōrt man an sein worten bald
W̓: er lut laufft vor dem wald
˜ · bůch můß ein zoylum han
Auő tůt mir auch mein gespan.
Der neüt verstat. noch minder kan
Noch mag er seinē můd nit schliesse
Daň in sunst all dig tůnd verdriesse
Noch will ich in nit oftterlich neuñ

Ein narr strafft manchē rē: der z..t
Das er nit weyst was jm anleyt
Můst yeder sein des ander ruck
Er wou) bald innen was in truck
Wer . ill der loß dis . artenbůch
Ich weiß wol wo mich truckt d sch
vauñi ob mā wolt schelcē mich (ůb
Vnd spreche arzt. heyl selber dich
Dann du auch bist in vnser rott
Ich kenn dz vñ veriech es g : t
Das ich vil torheyt hab gehort
Vnd noch jm narren kütel gon
Wie vast ich an der kappen schüt
Wil sy mich doch gāz lassen nit
Doch han ich fleiß vñ ernst an krt
Do mit(als du sichst)han gelert
Das ich yetz kenn der ...rrerı vil
Wie wol ich auch bin in dem spil
Hab r ir doch fürter ob got will
Mit wytz mich bessern mit der yß
Ob mir so vil gott gnaun geyt
Ein yeder lüg das er nit fel
Das jm nit bleib darnarren strel
Die kann nichalff im ...

End des narꝛgonés schiffs

Hie endet sich dz neü schiff
auß Narꝛagönia So zu nutz
heylsamer ler. ermanung. vnd eruolgung. der weiß
heyt. vernunfft vñ güter sytten. Auch zü verachtüg
vñ strauff der narheyt. blintheit. Jrsal vnd toiheit
aller stät. vnd geschlächt. der menschen. mit besun
derm fleiß. müg. vnd arbeyt. gesamelt ist. mit merer
erlengerung. vnd scheinbaꝛlicher erklerung. durch
Sebastianum Brant Jn beyden rechten doctoꝛ.
Gedruckt zü Straßburg auff die Vasenacht. bye
man der narten eyerchweich nennet. Jm jar nach
Cristgeburt Tusent vierhundert vier vnnd neütig
Vnd dar nach gedruckt auß dem selbigen Straß
burgerschen exẽplar zü Augspurg in der keyserlichë
stat vö Hannsen Gschönsperger Jm jar nach Cri
sti vnsers herren geburt Tusent vierhundert fünff
vnnd neünzigosten. Am sampstag voꝛ vnsers her
ren auffart